边疆省区旅游空间结构的形成与演进研究

黄 华 著

科 学 出 版 社
北 京

内 容 简 介

本书从边疆省区旅游空间结构要素入手，深入探讨了边疆省区旅游空间结构形成与演进的动力机制、机理及优化模式。并以在边疆省区旅游业发展中具有代表性和先进性的云南省为例进行了实证研究，对改革开放以来该省旅游空间结构形成与演进的整体脉络进行了详细梳理。本书不仅对边疆省区旅游空间结构的完善和优化具有重要启示，而且有助于科学理解新时代边疆省区旅游空间区位的"中心—边缘"转化轨迹，为边疆省区全面有序融入"一带一路"大格局、推进国内国际双循环发展等提供理论支撑。

本书可供从事旅游学、地理学、区域经济学等相关领域的科研与教育工作者、政府相关人士参考借鉴。

图书在版编目（CIP）数据

边疆省区旅游空间结构的形成与演进研究 / 黄华著. —北京：科学出版社，2024.3

ISBN 978-7-03-070690-4

Ⅰ. ①边⋯ Ⅱ. ①黄⋯ Ⅲ. ①地方旅游业-旅游业发展-研究-云南 Ⅳ. ①F592.774

中国版本图书馆 CIP 数据核字（2021）第 238270 号

责任编辑：邓 娟 / 责任校对：姜丽策
责任印制：张 伟 / 封面设计：有道文化

科学出版社 出版
北京东黄城根北街16号
邮政编码：100717
http://www.sciencep.com
北京盛通数码印刷有限公司印刷
科学出版社发行 各地新华书店经销

*

2024年3月第 一 版 开本：720×1000 B5
2024年3月第一次印刷 印张：12
字数：250 000

定价：130.00元

（如有印装质量问题，我社负责调换）

前　言

区域的本质是空间，对空间的准确理解是构建地理学学科体系的前提。旅游地理学作为人文地理学的一个分支，空间结构研究也理所应当是旅游地理研究的主要方向之一。旅游活动离不开游客的空间位移，旅游地之间的空间竞争、目的地与客源地之间的吸引与通连、旅游企业的位置选择，这些问题都与空间过程有关。旅游产业布局从某种意义上来说就是一个空间动态的实施过程。

一定的旅游经济发展阶段对应相应的旅游空间结构，适当的旅游空间结构促进旅游经济发展。随着旅游地社会生产力的发展和旅游业的进步，旅游地的空间结构必然也会相应地演变发展，并呈现一定的规律性；处于不同发展阶段的旅游地可能具有不同的空间结构特征，发展阶段相近的不同旅游地也可能由于多种因素的影响而呈现出空间结构特征的不一致。所以，在区域旅游地发展进化的过程中，应该随时关注区域内外的社会经济和文化旅游业发展背景的变化，及时对区域旅游地空间结构的演进与发展进行必要的研究，从而科学地进行干预、调控甚至重构，进而提高空间旅游经济效率、缩短旅游业发展的时间和成本，推动旅游业的快速健康发展。由于旅游资源的不可转移性，具有多样化偏好的旅游者总是希望去更多的地方旅游，这就带来了旅游活动的空间分散；而旅游成本又将旅游活动拉向靠近需求的地方，在旅游市场需求相对集中的情况下，旅游成本约束带来了旅游活动的空间集聚。显然，需要结合旅游业的实际来对区域旅游空间结构的形成与变化进行科学解释、及时分析。

中国广域的地理空间和迥异的旅游业发展水平导致各地旅游空间结构存在着各自的特殊性。新时代中国政治、经济、社会和文化的战略作出新的调整，要求加强省域尺度旅游空间结构的研究和调控，以此促进旅游业的转型升级和结构调整，更好地适应国家供给侧结构性改革的需要，激发旅游业的多重效应。省域旅游地如何结合国家新的战略和旅游业发展背景进行新增长极的培育、内部空间关系的优化、空间结构的调控，是新时代各级文旅部门和旅游学者应该关注的问题。

我国陆域边疆省区普遍地域辽阔、文化多样、景观丰富、神秘而原始，是改革开放以来面向国内外旅游市场的重要支撑板块，云南、四川、西藏、新疆、吉林、辽宁等边疆省区分别在不同的国内外细分市场拥有较大的影响力。边疆省区远离国家的政治、经济、文化中心和主要旅游市场，毗邻外国、边境线长、民族众多、边界和地缘环境复杂，其区位及区域旅游空间结构不同于内陆腹地和沿海地区，无论在理论还是实践上均表现出一定的特殊性和典型性。

当前，边疆省域旅游业进入重要转型机遇期，面临着多方面的国内外发展背景的变化与机遇，给其旅游空间结构带来了深刻的变化动力：一是我国深入贯彻"高水平对外开放"与"区域协调发展"的新发展理念，云南省、广西桂林市、海南岛等被列为国家旅游综合改革试验区（2010年），内蒙古满洲里、广西防城港被设立为边境旅游试验区（2018年）；二是国家正加快构建以国内大循环为主体、国内国际双循环相互促进的新发展格局，这将极大影响边疆省区旅游空间结构的转型；三是近年来国家开展了大规模、高标准、超前性的交通基础设施建设，对于改善边疆省区旅游交通区位条件、提高旅游资源的可达性具有划时代的意义；四是随着乡村振兴战略和安边固边兴边工作的不断加强，党中央和各级政府高度重视边疆省区的发展、团结和稳定，符合边疆省区特色经济要求的旅游业成为边疆实现跨越式发展的重要先行行业和推手；五是共建"一带一路"倡议、全球发展倡议、次区域经济合作等不断推进，内陆开放和沿边开放水平不断提升，以边境旅游为切入点、以跨境旅游合作为突破的国际旅游合作必将为边疆省域旅游业的发展注入新的活力，从根本上改变其市场结构、旅游产品结构、旅游品牌影响和空间成长路径。边疆省区必须有效抓住旅游业转型机遇，加强对旅游空间结构的研究和调控，进行新增长极培育、内部空间关系优化与设计，以促进边疆省域旅游产业的高质量发展。

从空间结构理论的角度，研究边疆省区旅游空间结构的发展与演进特点，总结其特殊模式和优化路径，是本书的主要思路。本书由理论和实证两大部分组成。理论部分首先详细回顾国内外的相关研究成果，在界定边疆、边疆省区、旅游空间结构概念的基础上，辨析区域旅游空间结构要素、边疆省区旅游空间结构的组合及功能；其次从环境、旅游资源、旅游产品、经济条件、政治条件、技术进步条件等方面分析我国边疆省区旅游空间结构形成与演进的驱动因素及整体特点；再次探讨边疆省区旅游空间结构形成的中心地、点轴空间、轴辐式空间等过程原理，剖析边疆省区旅游核心—边缘空间结构形成原理、旅游梯度推移原理、边界地区旅游业边缘不对称原理、地缘政治原理；最后总结出边疆省区旅游空间结构优化的背景、内涵、模式，归纳出边疆省区要构建三核牵引的多中心旅游空间结构、以国际旅游大通道促进旅游轴线耦合发展、推进多枢纽轴辐式网络空间结构形成、加强对外开放与合作等四方面的优化重点。实证部分首先在介绍云南省旅游空间结构形成背景的基础上，分析改革开放以来云南省旅游空间结构的重心变化和旅游经济收入分布变动，揭示省域旅游收入的增长与时空变化，进而对云南省旅游空间结构的趋同与分析进行了检验；其次，分别从1988年、1999年、2010年、2019年等时间截面探讨了云南省内旅游经济联系强度、旅游经济隶属度、旅游空间结构特征，归纳了云南省旅游空间结构形成与演进的特征；最后，提出了云南省旅游空间结构的优化对策。

经过研究，本书得出如下结论：①边疆省区旅游空间结构包括旅游节点、旅游轴线、旅游域面、旅游边界和旅游流等要素。②环境条件是边疆省区旅游空间结构形成与演进的孕育因素，决定了边疆省区旅游节点（轴线、域面）的形态具有不规律性、相异性、多样性、分割性、边缘性，同时也提供了对外开放的先天优势；旅游资源条件是边疆省区旅游空间结构的基础因素，有助于打造与多元甚至破碎的地理单元相对一致的旅游节点（域面）；旅游产品条件是边疆省区旅游空间结构的支撑因素，牵引着边疆省区旅游空间结构的外向化拓展与有序嬗变；经济条件是边疆省区旅游空间结构的激发因素，薄弱的经济基础使得边疆省区对外部旅游客源、资金、技术、政策和口岸等有着较大的依赖性，缺乏常规经济产业发展基础的地方往往会更加重视旅游发展；政治条件是边疆省区旅游空间结构形成和演进的重要传导；国际地缘政治和国内旅游发展政策影响着旅游要素的空间配置和旅游空间结构的发展方向、时序；技术进步条件是边疆省区旅游空间结构的促进因素，快速旅游交通、节事信息传递等在很大程度上决定了各旅游节点（轴线、域面）的区位与旅游资源等势能转化为旅游产业动能的可能性与效率。③边疆省区旅游空间结构的形成与发展，可以分为节点状离散发展阶段、点轴状发展阶段、放射串珠状发展阶段和轴辐网络状发展阶段，旅游中心地原理、旅游点轴结构原理与轴辐式旅游网络结构原理都分别在不同阶段发挥了不同的作用，轴辐式旅游网络空间结构是边疆省区旅游空间结构的最高级阶段。④边疆省区旅游业核心—边缘结构特征明显；旅游空间结构的梯度推移方式多样；省际边界与国界地区大都属于旅游业边缘地区和中低梯度地区，且国境边界地区与省际边界地区的旅游业呈现一定的不对称状况，国境边界地区旅游业整体水平更高；地缘政治关系的不同阶段分别对边疆旅游空间演进产生了深远的影响。⑤边疆省区旅游空间结构的优化要突出非均衡协调发展模式。要突出三核牵引的多枢纽多中心轴辐式旅游空间结构战略，以国际旅游大通道建设带动旅游轴线的耦合发展，特别是发挥航空交通对大尺度、跳跃式旅游发展轴线和主要旅游枢纽的促进作用，以旅游桥头堡战略推进边疆省区周边旅游经济带（圈）建设。⑥改革开放以来，云南省入境旅游总体呈现出由非均衡到均衡的发展趋势，有向集中型分布的转变趋向；国内旅游空间结构发育相对更均衡、协调。全省旅游总收入的市（州）际差异主要是地带内差异和地带间差异的共同影响所致；县域旅游收入空间结构的核心—边缘特征明显。云南省的旅游外汇收入增长基本表现为分异，人均国内旅游收入出现了一定的趋同趋势；全省国际旅游与国内旅游经济增长都存在向低收入组、高收入组的趋同。⑦从 1988 年、1999 年、2010 年的共时性分析来看，云南省旅游空间结构历经了节点离散型、点轴型、放射串珠型阶段，正在向以昆明为中心的轴辐式网络旅游空间逐步转化，体现出了阶段性、差异性、等级性，以及中心、梯度、边界、资源、交通、民族区域等空间指向性。⑧云南省旅游空间结构形成与演化受到了环境条件、旅游资源条件、经济条件、旅游产品条件、技术条件、政治条件的耦合作用与关联性影响。其中，环境条件与经济条件的影响已经逐步下降甚至不太显著。⑨云南省应该构建昆明、西双版纳、大理—丽江三大旅游极核，逐步将红河州建设为未来云南省真正的旅游热点；整合省域旅游空间网络，促进省内旅游一体化发展；促进中低梯度地区旅游业逐步发展的同时，要推动滇中、滇西北、滇西、滇西南等旅游业较为发达的地区率先一体融合；构建面向境外与省外纵深的旅游合作体系，使云南成为中国与南亚、东南亚以及印度洋、太平洋旅游合作的重要跳板与通道。

目 录

第1章 边疆省区旅游空间结构要素及功能研究 1
1.1 相关概念 1
1.2 边疆省区旅游空间结构要素判识 3
1.3 边疆省区旅游空间结构组合 11
1.4 边疆省区旅游空间结构的功能 15

第2章 边疆省区旅游空间结构形成与演进的动力机制 18
2.1 我国边疆省区基本情况 18
2.2 边疆省区旅游业发展情况 19
2.3 边疆省区旅游空间结构形成与演进的驱动因素 21
2.4 边疆省区旅游业的特殊性 37
2.5 边疆省区旅游空间结构的特殊性 39

第3章 边疆省区旅游空间结构形成与演进的过程和机理 43
3.1 边疆省区旅游空间结构形成与演进的过程 43
3.2 集聚与扩散：边疆省区旅游空间结构形成与演进的"点—轴—网"过程机理 47
3.3 中心与边地：边疆省区旅游核心—边缘空间结构原理 62
3.4 等级与跳跃：边疆省区旅游业梯度推移原理 67
3.5 国界与省界：边疆省区边界地区旅游业边缘不对称原理 75
3.6 开放与封闭：边疆省区旅游空间结构形成的地缘政治原理 81

第4章 边疆省区旅游空间结构的优化模式 88
4.1 边疆省区旅游空间结构优化的宏观背景 88
4.2 边疆省区旅游空间结构优化的内涵 91
4.3 边疆省区旅游空间结构优化的目标 92
4.4 边疆省区旅游空间结构优化的非均衡协调发展模式 93
4.5 边疆省区非均衡协调空间优化的重点 94

第 5 章　云南省旅游空间结构形成与演进的背景 ················· 118
　5.1　云南省基本情况 ·· 118
　5.2　云南省旅游空间结构形成的地理背景 ······················ 119
　5.3　云南省旅游空间结构形成的旅游资源总体基础 ·············· 127
　5.4　云南省旅游空间结构形成的旅游产业发展基础 ·············· 128
第 6 章　云南省旅游空间结构形成与演进的历时性分析 ··········· 131
　6.1　云南省旅游空间结构重心的演变路径 ······················ 131
　6.2　云南省旅游经济收入的首位度分布变动 ···················· 134
第 7 章　云南省旅游空间结构形成与演进的共时性分析 ··········· 138
　7.1　云南省内旅游经济联系强度变化 ·························· 138
　7.2　云南省内旅游经济隶属度变化 ···························· 143
第 8 章　云南省旅游空间结构形成与演进的总体特征 ············· 148
　8.1　阶段性 ·· 148
　8.2　差异性 ·· 149
　8.3　等级性 ·· 150
　8.4　空间指向性 ·· 151
第 9 章　云南省旅游空间结构的优化对策 ························ 158
　9.1　壮大节点、培育中心：构建三大极核，完善旅游节点体系 ···· 158
　9.2　促进交通、打造轴线：深化国际大通道建设，整合省域旅游
　　　 空间网络 ·· 166
　9.3　拓展腹地、省内一体：加快省域边缘地区发展，促进省内旅游
　　　 一体化发展 ·· 170
　9.4　外展空间、跨界互动：因应中国—东盟合作，促进面向国内外的
　　　 旅游融合 ·· 174

参考文献 ·· 177
后记 ·· 183

第1章　边疆省区旅游空间结构要素及功能研究

相关概念和旅游空间结构要素的判别是边疆省区旅游空间结构研究的基础，本章借鉴国内外相关研究成果对边疆省区旅游空间结构的概念和要素进行了分析，并总结了边疆省区旅游空间结构的功能。

1.1　相　关　概　念

1.1.1　边疆

边疆是一个含义较广的政治地理概念，至今还缺乏专门而统一的定义。作为一个与内地相比较的概念，边疆一般指与相邻国家接壤的地区，是国家疆域的边缘性部分。我国的边疆包括海疆和陆疆。

在对边疆的定义方面，马大正的界定可谓最全面、详尽。马大正（2004）认为，我国的边疆包括海疆和陆疆。陆疆是指沿国界内侧有一定宽度的地域，既要有与邻国相接的国界线，又要具有自然、历史、文化诸多方面的自身特点；海疆是指领海基线以外的国家地域，包括领海、毗连区、专属经济区和大陆架等国家的管辖海域和岛礁。

陆地边疆是中国历史上最古老、最基础性的边疆（宋才发，2021）。本书讨论的边疆，特指具有国界、与他国陆地相邻的沿国界内侧的、包含一定腹地的地区。对广大的海疆暂不论及。内陆边疆地区就是处于国家与国家之间连接点的两侧，由陆上国界线而形成的带状区域。国界是构成边疆的重要因素，陆地国界是一条明确的线。有的论著把贵州等地处西部内陆的少数民族聚居省区也称为边疆地区，显然，这与通常理解的边疆概念不一致，它们不具备边疆应具备的国界、邻国及国界内侧的三大要素，只能算边远地区。边疆、边境、边界其实是三个不同的层次：边疆可以泛指国家下一级的行政区域，具有行政区域的完整性；边境是指靠近国界线的区域，一般指代为边境县市；边界则是国界线附近范围更小的带状或线状区域（彭永岸等，1998）。

边疆成为一个独立、完整的可供人们进行研究的客体，是由内涵十分丰富而复杂的中国统一的多民族国家及其边疆发展的历程问题所决定的。作为一个区域性概念和历史性变动的结果，直到现代国家开始确立了边界，边疆才逐步成为以具有国际法意义的边界来划分的区域。新中国成立以来，边疆研究最明显的特点就是把边疆概念和民族概念紧密结合起来。党和政府、学界，都把边疆与民族、边疆问题与民族问题结合在一起进行思考和研究，边疆问题、边疆治理常被纳入到民族问题和民族政策中进行研究。在当前中国的政治话语和学术话语中，"边疆民族地区"的概念在较长时期内成为主导性的话语，单独的"边疆"概念较少出现。

当然，简单地以"边疆民族地区"概念代替"边疆"概念并不妥当，"边疆"概念更显准确与必要：一是汉族也是部分国境边界附近区域的主体民族，"边疆"和"民族地区"之间存在一些差异；二是尽管在一定时期内民族问题是某些边境地区经济、社会问题的核心和关键，但边疆问题毕竟不能等同于民族问题，在以区域主义代替族际主义治理边疆的当代，应该以一个纯粹的"边疆"概念来取代"边疆民族地区"的概念（周平，2008）；三是在统一多民族的国情下，边疆形象不再是区别于其他民族的他者，过去以族际为核心的传统观念必然向以国家为核心的现代观念转变（秦永红和付乐，2020）。

1.1.2 边疆省区

从行政区划的校勘来看，边疆应该有两个层次：一是狭义的边疆，即与边界相邻的县级行政区域；二是广义的边疆，即与边界相邻的省级行政区域。中国狭义的边疆地区是指凡是有边境线的边境县的总和，而广义的边疆地区则不但包括了有边境线的省区，有的还将宁夏回族自治区、贵州省、青海省等也划为边疆地区。

本书从沿边开放、边境旅游发展、我国行政区建制的国情以及旅游要素整体性发展等角度出发，所研究的边疆省区特指陆疆省区，即有陆地边境线的省（自治区）。为保持中国行政域省区的地域完整性，本书把沿边的9个陆疆省区作为边疆旅游空间结构的研究客体，包括：内蒙古自治区、西藏自治区、新疆维吾尔自治区、广西壮族自治区、云南省、甘肃省、黑龙江省、辽宁省、吉林省。其中，甘肃省陆上边界线相对较短，广西壮族自治区、辽宁省同时也属于海疆省区。

1.1.3 旅游空间结构

旅游地理学中的旅游空间结构描述主要从两个角度入手，一是从需求面出发，通过对旅游流的描述来反映旅游空间结构；二是从供给面出发，通过旅游供给的空间分布的描述来反映旅游空间结构（翁瑾和杨开忠，2005）。区域旅游空间结构的研究，需从旅游空间位置、距离、方向、扩散（空间广度）和继承性（动态尺度）等五大基本旅游空间要素方面加以探讨（杨新军，1999）。

本书认为，旅游空间结构是指各旅游要素以及各种旅游经济活动在区域空间中的相对位置、空间分布和空间组合形式。作为区域旅游经济的重要结构，旅游空间结构反映了区域旅游经济客体在空间中的相互作用以及相互关系，反映了这种关系的客体和现象的空间状态及聚集程度，是旅游活动在地理空间上的投影和区域旅游发展状态的重要指示器。

1.2 边疆省区旅游空间结构要素判识

区域旅游空间结构要素的识别和分析是区域旅游空间结构的研究基础。最早系统解释空间结构要素的美国地理学家哈格特（Haggett，1965）在描述空间结构模式与秩序时分解出运动、路径、节点、节点层次、地面等五个几何要素，之后又增加了扩散为第六个要素。哈格特假定在一个存在空间差异的社会里存在着相互作用的需求。例如，X 地的居民与 Y 地的居民进行贸易，Z 地的人需要自己不能解决的货物和服务，这样便产生了不同地方之间货物、居民、货币、思想等的运动形式，这就是第一个要素（运动的模式）；因为运动要沿着特定的路径进行，所以空间结构第二个要素是关于路径或网络的特点；网络有其边缘和交点，这就是第三个要素（节点）；空间结构的第四个要素是空间节点的层次；第五个要素是地面，在地面上布满了节点和网络，在不同的地面，有不同的土地利用方式；变化会导致空间结构重组，变化的主要原因是发生空间扩散，因此空间扩散是组成空间结构的第六个要素。

也有学者认为现代区域空间结构包括节点、域面和网络（刘再兴，1996）；或认为空间结构由点、线、网络和域面组成（李小建，1999）；或将空间结构要素归纳为节点、梯度、通道、网络、环与面（顾朝林等，2000）；或认为在区域经济发展过程中，节点的内聚力不断增强，内部逐步形成以节点为中心、由强至弱的经济发展梯度，这种梯度通过各种渠道联结起来，从而形成经济中心、经济腹地和经济网络三大基本构成要素（程必定，1989）。

学者很早就开始了对旅游空间结构要素的探讨。Pearce 在英格兰吉尔伯特、法国 Miege 和德国 Poster 的工作，都旨在识别区域旅游开发的空间影响要素和过程（Pearce，1995）。他曾提出区域旅游供给的五大空间影响要素，即吸引物、交通、住宿、支持设施和基础设施（Pearce，1999）。在我国，许多学者认为旅游空间结构为节点、通道和域面等要素的集合（刘俊，2003；张凡和薛惠锋，2004；卞显红，2008）。其中，节点要素一般是旅游活动最密集、最活跃的地方，节点以其自身的功能在各个方向上构成一个空间吸引域，即节点区域。通道要素是指在城市地域空间上具有确定线段的旅游交通线路。域面是节点和通道要素赖以存在的空间基础，具有确定的空间范围；域面作为各种旅游活动的场所，其空间范围和内部要素的密集程度等都会随它们与节点的相互作用和影响状态而变化（张玲，2005）。

景观生态学将景观空间结构分成斑块、廊道、基质、缘等基本结构或要素（福尔曼和戈德罗恩，1990）。借鉴有关景观生态学的概念和国内外旅游地空间结构要素的研究成果，本书便将边疆省区旅游空间结构界定为如下构成要素。

1.2.1 旅游节点

旅游节点（即斑块）是边疆省区旅游活动的基本对象，是旅游空间结构的基本构成单元。作为区域旅游核心的旅游节点的形成是边疆省区旅游空间结构形成和发展的基础，区域性中心旅游节点（或首位旅游节点）在边疆省区旅游空间结构的形成与演进中发挥着核心作用。

旅游节点是一定区域范围内旅游经济活动内聚极化而成的非连续性空间吸引域，它是由同位空间中 2 个相互联系的部分组成：能够吸引旅游者前来实践旅游活动的旅游吸引物集合；具有一定接待功能的旅游服务要素集合。旅游吸引物集合是对一定区域内的自然旅游景观和人文旅游资源的高度浓缩，以一个或多个核心旅游景区、旅游景观为中心的旅游产品群，具有较高的市场口碑与形象感召力；旅游服务要素集合是以一定城镇为依托，具有涵盖食、住、行、购、娱等多功能旅游服务设施的一体化基础性要素产品群，以旅游者为主要服务对象。随着旅游业的深入发展，旅游服务要素集合与旅游吸引物集合之间的界线正趋于模糊，表现出形态与功能的一体化趋势。比如，兼有度假、休闲、娱乐、观光等功能的各式度假村、生态旅游地，其住宿设施、游乐场等既是重要的旅游吸引物，也是重要的旅游服务要素（卞显红，2003）。此外，部分旅游服务要素集合而成的城镇既可能是厚重的历史文化遗产地，也可能是现代气息浓烈、功能较健全的城市景观，具有较高的旅游价值。旅游吸引物集合与旅游服务要素集合是互相吸引和促进的，旅游服务设施与吸引物聚集体越近越好，与核心吸引物聚集体的空间形态趋向一致；同时，不同等级的旅游服务设施很可能建在不同等级的旅游节点上，比如，乡村民宿经常在区域的旅游末端节点上发展，而高星级住宿设施更适于在区域的旅游首要节点选址。

在不同的尺度下，旅游节点以旅游区（点）、旅游城镇或旅游区域为载体，反映在旅游地图上就是点状模式，但各旅游节点之间并无直接关联关系，在空间上则表现得相对独立。各种旅游节点以"镶嵌"结构在不同尺度或域面中重复出现或不同类型的旅游空间在同一尺度或层面中出现，呈现随机、均匀或聚集格局，构成特色各异的旅游空间结构格局。旅游节点的性质、分布、组合、动态、功能等，都会对边疆省区旅游空间结构产生较大影响。

边疆省区的旅游节点具有如下特征。一是位置明确，旅游节点的位置通过各旅游节点之间的方位、距离及其在网络中的相互关系来确认。二是可衡量性，旅游节点有可度量的面积大小和形状特征。三是组合性和相对性，众多的旅游节点集聚就能形成一定的旅游空间，即组成旅游域面。同时，旅游节点内由更小单元的旅游吸引物或者旅游服务设施组成，节点空间内部又有旅游结构与旅游功能分区等特征。从大尺度的旅游地视角来看，小尺度的旅游区域是一个旅游节点，相对于更小尺度的地域，旅游节点又可以看作为面状的旅游区域，比如本书中出现的一个旅游市（州）在省域尺度中可能只是一个"节点"，但它在市（州）尺度下表现为一个"面"。四是变化性，旅游节点始终处于运动、变化、发展的过程中，其空间表现体现为以下三个方面特征：①当旅游节点逐渐发育壮大，其所引致的极化与扩散效应将不断增强，旅游节点的影响半径将不断扩大，节点内外的旅游流强度和频率也会随之不断加大；②当旅游节点处于衰落状态时，其旅游经济势能的减少必然导致影响范围的收缩，节点内外的旅游流强度和频率也随之减弱；③如果旅游节点继续衰落，其旅游要素将被新的旅游节点吸引而外流，并可能出现旅游节点之前的替代现象，即空间位移。五是周期性，旅游节点的发育与成长同样也存在一定的生命周期特征。

在边疆省区旅游发展的不同阶段（表1-1），旅游节点的空间成长过程大致是：在边疆省区旅游节点发展的发现与参与阶段，所依靠的旅游吸引物基本上以原生态的自然景观、历史文化遗存或民俗风情为主，比如云南省丽江市旅游业发展之初主要依靠的就是无须经过太多包装与开发的丽江古城、玉龙雪山和虎跳峡等产品，文山壮族苗族自治州旅游业始于天然的普者黑景区，整体性旅游产品中的形式产品和延伸产品还没有完全形成；在发展与成熟阶段，旅游业的产业地位确立，在旅游需求和资本主体推动下，整体旅游产品中的形式产品和延伸产品得到较快发展，不断有新的自然景观被开发、包装出来，新的人文旅游产品甚至人造景点都开始汇入到旅游节点的产品群落中，比如20世纪90年代，云南省昆明市将云南民族村、云南民族博物馆、世博园等旅游产品先后投放到旅游市场；在停滞与衰落阶段，旅游地会尝试挖掘地方旅游文脉，提升本地旅游休闲度假层次，赋予传统的旅游产品和设施更多的地方感与旅游功能，比如20世纪90年代初，阿庐古洞的溶洞旅游客流量达到顶峰后不断下滑，云南省泸西县不断尝试提高其旅游观光质量、丰富旅游产品内容。当然，这种阶段的划分是相对的，现实中并不太可能存在两个阶段间的绝对界限，有时不同阶段是相互交叉的。在不同的发展阶段，边疆省区旅游节点的地域扩展方式有所不同；不同旅游发展条件的旅游节点，同样在节点成长方式上也存在一定的差异。

表1-1 基于生命周期的边疆省区旅游节点空间成长过程

旅游发展阶段	旅游节点发育特征	节点形态
发现阶段	几乎没有成型的旅游产品或旅游服务设施，旅游客源来自不多的机会市场，旅游宣传以口口相传为主，旅游者接待主要依靠此前服务本地居民的生活服务设施	散点状开发为主，呈现点状雏形，范围较小，逐步呈现向心集中趋势
参与阶段	随着旅游者的增加，本地居民和地方政府开始依托少量高级别自然旅游资源、历史文物或民俗文化风情提供一些旅游产品与旅游服务设施，很多旅游服务功能并不完备，旅游形象开始逐渐显现	
发展阶段	多层次、细分化的旅游产品开始大量出现，原有的粗放性服务设施被更多、更高级、更满足市场需要的专业性旅游服务设施所取代，旅游形象趋向稳定	节点范围扩大，集中与分散并存，节点的中心地职能加强
成熟阶段	旅游地客源增速放缓，旅游服务设施供给出现结构性过剩，部分老旧的旅游产品和服务设施开始衰退，旅游地开始有意识地推广新的旅游形象	
停滞阶段	旅游产品与旅游服务设施只能依靠少数老客户，客源流失、市场萎缩，部分旅游产品老化，旅游服务设施失去原有的吸引力，旅游地发展的不确定性因素增多，节点发展方向不明确，面临转型升级压力	为培育新的旅游经济增长点，必须开发出新的旅游产品或新区。节点要么破碎、衰败或被边缘化，要么再度升级发展、集聚发展
衰落阶段	传统旅游市场大量流失，旅游产品与服务设施的经济效益大幅度滑坡，业态陈旧，部分业主破产或者转行，新旅游产品与旅游设施的发展乏力，节点在低水平、封闭式中自我发展	

资料来源：Butier（1980）、卞显红（2008）

作为构成区域旅游的基本结构或单元，旅游节点是区域内旅游活动最频繁、最集中、最活跃的地方，也是区域旅游空间结构中形成"线"和"面"的基础，因此也是旅游空间结构分析的重点。在边疆省区旅游空间经济活动中，虽然各级旅游节点在旅游空间结构中所起的作用并不相同，但也有一些功能是各级旅游节点所共有的，主要包括：一定区域内旅游吸引物集合最为密集的中心，旅游产品辐射力强；一定区域内的旅游集散中心和旅游交通枢纽，旅游可达性强；一定区域内的旅游服务中心、旅游信息中心和旅游管理中心，旅游产业的接待力、支撑力强；一定区域内的政治、经济、文教、科技中心，多与周围域面有着行政隶属关系，旅游发展背景优良。因此，旅游节点的数量、质量、结构、分布、级别及变化都对边疆省区旅游业的发展和旅游空间结构的发育产生直接的影响，将直接决定旅游空间结构的等级结构与发展方向。作为旅游产品和旅游服务设施的密集型区域，旅游节点对边疆省区旅游业的结构布局和发展形态有巨大的作用力。通过旅游节点旅游产业的发生、发展，周边地区乃至整个边疆省区都将受到扩散和辐射的影响，特别是促进旅游吸引物的不断集聚和以旅游节点为中心的旅游产业地域范围的不断扩展，核心旅游节点对外围地区的带动作用增强，专业化与协作、专业化与地区分工等横向旅游经济联系不断发展，从而拉动整个边疆省区的旅游经济发展，核心旅游节点往往成为不同范围地域尺度下的旅游空间结构中枢。当边疆省区的旅游节点发生相互作用产生合力时，整个空间网络会引领省域的旅游空间结构走向飞跃。随着互联网时代与文旅融合时代的到来，数字经济优势、高新技术优势、科教文化优势、都市文化娱乐体验优势等进一步赋能城市旅游发展，带动了边疆省区新型旅游节点的发育。

1.2.2 旅游轴线

旅游轴线（即廊道）是以一定的旅游资源为背景，以一定的区域交通、信息、通信等基础设施或河流、地形、岸线等线状路径为基础，沿旅游交通线路等将一定数量、分散的旅游产品和旅游节点串联集聚的旅游线路。作为旅游活动得以实现和运行所必需的空间载体，旅游轴线既是旅游进出的交通通道，也是旅游产品和旅游节点的线性串联与空间蔓延，同样也是边疆省域内旅游流的主要运动轨迹。旅游轴线对边疆省区旅游业起着客流运输、能量交换、产品串联、节点组合与产业迁移等作用，是旅游景观、旅游资源、旅游节点以及旅游边界等互相联系的桥梁和纽带，是边疆省区旅游空间延展与组合的重要渠道，是边疆省区旅游活动的基本空间条件，对边疆省区旅游空间结构起着重要的结构性作用。

旅游轴线是旅游节点的延伸与连接，是边疆省区旅游节点发育、扩大的必然结果。2个以上具有不同区位与特点、功能互补且能级和吸引力相近的旅游节点是旅游轴线发育的基本条件。大多数情况下，轴线上必然有1个以上节点是旅游口岸节点或者对外通道的出入口。随着旅游业的发展，在其极化作用、扩散作用的共同作用下，旅游轴线会逐步向两端继续延伸、向两侧继续扩充，并融入或者滋生出越来越多的旅游节点、旅游产品，最终由线状拓展为主要旅游节点之间的狭长带状旅游发展廊道。组成旅游轴线的节点在规模、等级与职能等方面的差异，带来了旅游轴线在组成要素的数量、质量、密度、重要性和经济性等方面等级的不同。同类但不同等级的旅游轴线往往在功能上是互补的，它们互相连接、互相补充，共同促进旅游流在边疆省区空间中的运动。

以旅游交通设施为基础的线路是旅游轴线成型发展的重要凭借，旅游交通线的线路质量、通达效率、交通方式组合度、出入口开放度、内部循环衔接质量、通达成本、线路特色性等都关联到旅游节点的通达性、旅游流的运动流向和空间分布、旅游者的体验值及满意度，并直接影响旅游景观的连续性、旅游节点的功能性和旅游轴线的成熟性，最终激发或抑制边疆省区旅游空间结构的发育过程。同时，以旅游通道为基础的旅游轴线的密度、质量、水平在一定程度上也反映出相关旅游节点在旅游网络中的权力大小、发展变化与动力作用。随着信息技术革命与数字经济的发展，数据的乘数效应、边际成本低、无限共享性等特征使信息网络成为旅游轴线，边疆省区旅游空间结构中的点、线、面、网被赋予新的含义，并产生新的空间组合模式，对经济空间产生解构或重构作用。

对于边疆省区而言，旅游轴线还包括对外旅游通道。对外通道是边疆旅游目的地与省外（境外）客源地之间的区间交通线或信息线路；也可能是耦合了一定交通功能的线状旅游资源或文化线路，比如滇越铁路、丝绸之路、草原之路、茶马古道等。作为相对偏远的外围地区，边疆省区高度依赖境外发达国家或国内主要发达地区为客源地，高度依赖国内的国际航空枢纽，高度依赖省内主要旅游集散地的主要交通出入口、主要信息门户，比如机场、火车站、数据中心。主要旅游集散节点的旅游交通口岸是省域外客源进入该边疆省区的大门，也是在省域内扩散、形成旅游流的重要中转分流通道、导向窗口、引景空间。因此，对外旅游通道和主要旅游交通口岸是旅游轴线形成的起点与终点，与旅游轴线之间存在着功能的互换性；对外通道和主要旅游交通口岸的数量和方向，直接决定着旅游轴线的发展方向、成网能力与全省区旅游空间结构的整体发育水平。

1.2.3 旅游域面

旅游域面（即基质）是将旅游节点和旅游轴线镶嵌于内的宏观背景地域。它是由区域内旅游经济活动在地理空间上所表现出来的面状分布状态，可以由一个或多个相似的旅游节点组成（吴国清，2010）。旅游域面是旅游节点和旅游轴线存在的依托和生境，是一种原赋性的资源空间，具有面积大、连接度高和对区域旅游空间结构动态具有重要控制作用等特征,也是边疆省区旅游结构中最广泛连通的部分。旅游域面与旅游节点、旅游轴线是具有图底关系的相关概念,节点和轴线为图、域面为底;不同尺度的研究对象,都有可能构成节点、轴线和域面的关系。旅游域面的空间范围及其内部要素的集聚程度等都随着它们与旅游节点、轴线相互作用和影响的状态而变化。

旅游域面的范围、质量及其变化,能够直观地反映出边疆省区旅游功能与结构的水平与特点。旅游域面是旅游节点和旅游轴线的外部环境支持。判定一个地区旅游节点和旅游轴线的发展潜力,其实质就是在考量该地区旅游域面的质量。旅游域面内的旅游资源基质、旅游形象背景、旅游经济基础、社会文化条件、自然条件、民俗风情等,既是旅游节点、旅游轴线成长的土壤,也为边疆省区旅游空间的拓展提供了广阔的腹地资源。旅游域面的发展水平越高、发展潜力越大,旅游节点和旅游轴线就越多、越密,旅游空间结构就越合理、完善、紧凑。

旅游域面必须具有旅游经济生态的整体性,内部处于一种开放的平衡状态,内部联系与分工合作有机、紧密;旅游形象与内部旅游认知具有连通性、趋近性;旅游产业结构和产品从整体上是融合的、互补的。

在信息化时代,信息化有可能增强边疆省区旅游空间结构的时空压缩性、立体异构性和动态交互性,加快旅游域面体系扁平化发展趋势和旅游经济多中心空间网络结构的形成,促进虚拟空间网络、物理空间网络、地理空间网络的紧密耦合。

1.2.4 旅游边界

旅游边界(即缘)是指相邻旅游系统界面间的接合部,是旅游域面的空间外缘。边疆省区的旅游边界同时受到行政区划、国境边界、区域旅游发展水平及"数字鸿沟"等因素的影响。它随着旅游发展域面的扩大而扩大,但不会超出边疆省区行政区划范围;当区域旅游发展水平达到一定程度的时候,旅游边界会同边疆省区行政区范围逐步重合,十分清晰。由于旅游经济发展的空间成长性,边疆省区旅游空间边界将会处在趋于扩大甚至前推至境(省)外的变化之中。旅游边界决定着旅游域面的形状、范围与规模,制约着旅游节点、旅游轴线的成长方向、发展格局与辐射能力,同时,旅游边界的开放性、可达性、口岸数量、区际政策和谐度、区际旅游资源互补性等,也极大影响到旅游节点、旅游轴线和旅游域面的稳定发展、可持续发展。边疆省区旅游空间结构必然通过旅游边界同周围国家和相邻省区的旅游空间结构互相作用,紧凑的、开敞的、便利的旅游边界对于旅游活动的开展是十分有利的。

作为边疆旅游空间的"皮肤",旅游边界具有过渡性、过滤性和阻滞功能,兼具边缘正效应和边缘负效应。一方面,边疆省区的旅游边界远离中心旅游节点,区位偏远,旅游发展的基础较差,受到区域间阻隔效应和过滤效应的影响,使得旅游空间发生中断和突变,往往制约着旅游节点的发育与拓展,成为旅游轴线的末梢、旅游域面的刚性边际,甚至成为旅游发展中的"盲点"。另一方面,通常旅游边界区的旅游景观单元复杂多元,是旅游区域之间的纽带与过渡带,是对域面内旅游资源体系的重要补充;此外,它也特别容易受到地缘政治、旅游服务贸易政策或国际宏观环境的干扰,具有一定的敏感性。随着政治、经济、旅游市场和基础设施等条件的优化,旅游边界的静态空间限制会变得模糊,而旅游信息、旅游能量交换活动会更加频繁,旅游边界将成为边疆省区旅游发展活跃、类型多样的地区,进而成长为边疆省区与相邻地域间相互融合、相互包容的动态弹性空间。

1.2.5 旅游流

学者认为,旅游流是以旅游客流为主体,涵盖旅游信息流、旅游能量流等的一个复杂巨系统(唐顺铁和郭来喜,1998);是客源地与目的地之间,或目的地与目的地之间的单向、双向旅游流、信息流、资金流、物资流、能量流和文化流等的集合,具有方向性(马耀峰和李永军,2000)。旅游客流是旅游流的主体和基础,它是游客从旅游客源地出发开始移动,借助旅游轴线、旅游通道到达旅游节点、旅游景区过程中所形成的具有一定方向和一定数量的移动人群。

决定旅游流特性的主要因素包括流量、流向(卢云亭,1988)和流速,三者都极大地关系到边疆省区旅游空间结构的形成与演进。"流量"可以衡量区域旅游竞争力的高低以及区域旅游空间的活性,反映区域旅游节点与域面是否充满活力和魅力;"流向"则指明了区域内旅游节点的吸引力博弈结果和旅游空间结构成长过程中此消彼长的方向和梯度;"流速"反映空间摩擦力的大小,是综合衡量区域旅游空间结构的内部组织和外部邻接是否合理有效、旅游轴线通道的质量和管理水平高低的重要指标。

海外客源及国内发达地区客源一直是边疆省区旅游业的主要市场,省域外的客流始终是边疆省区旅游空间结构发展的拉动力。这也使得边疆省区旅游空间结构长期受制于远距离旅游者的有限时空分配,受限于国内主要旅游枢纽集散地的扩散功能,空间结构只能从边疆省区具备一定空间吸附能力的主要交通口岸、旅游核心城市开始培育,逐步以早期旅游活动与客流运动带动全省旅游空间骨架的成型;而区域外客源在中小尺度对环状路线的青睐,无疑也能在较短时间内催生旅游轴线的孕育。

值得注意的是，随着近年来国内旅游需求的增长特别是本地居民旅游客源的溢出（黄华等，2010），边疆省区内部客源流的频率与强度正不断提高，其对中短途节点与线路的选择偏好以及与区域外客源相异的旅游流时空指向，无疑对边疆省区的中低级节点具有良好的刺激作用。旅游流是真正推动边疆省区旅游空间结构重组的重要因素。

1.3 边疆省区旅游空间结构组合

1.3.1 点、线、面、界四要素——边疆省区旅游空间结构中的不可缺一性

旅游节点、旅游轴线、旅游域面、旅游边界等边疆省区旅游空间区位要素，不仅具有方位、距离和范围等方面的几何规定性，而且在空间结构中具有不可缺一性。旅游经济活动必须以一定的空间物质要素为载体，即离不开旅游节点、旅游轴线、旅游域面、旅游边界等边疆省区旅游空间区位要素。旅游点、线、面、界四大要素相互依存和相互作用，维系着边疆省区旅游空间结构作为一个整体的存在和发展（图1-1）。正是这四大要素的不可缺一性，使之成为边疆省区旅游空间结构的基本要素。边疆省区旅游空间经济的发展和空间结构的优化，只能是旅游点、线、面、界等区位要素的空间形态的全面完善，提高它们的作用强度和空间效应，而决不会改变它们的客观存在。

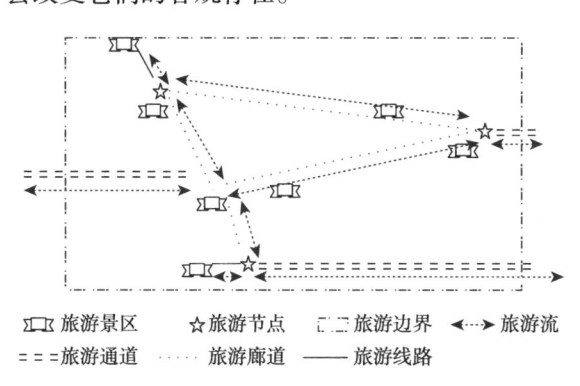

图1-1 边疆省区旅游空间结构构成要素及空间形态

1.3.2 边疆省区旅游空间结构组合模式

1. 旅游空间结构要素的组合模式

边疆省区旅游空间结构要素可以组合为多种模式（表1-2），包括旅游节点—旅游节点、旅游节点—旅游轴线、旅游节点—旅游域面、旅游节点—旅游边界、旅游轴线—旅游轴线、旅游轴线—旅游域面、旅游域面—旅游域面、旅游轴线—旅游边界、旅游域面—旅游边界、旅游节点—旅游轴线—旅游域面—旅游边界等。

表1-2 边疆省区旅游空间结构要素的多元组合模式

旅游空间结构要素组合	边疆省区旅游空间子系统	边疆省区旅游空间组合类型	空间运行形式
旅游节点—旅游节点	旅游节点系统	旅游吸引物系统、旅游中心地	条状或块状集聚
旅游节点—旅游轴线	区域旅游枢纽系统	旅游集散地、旅游交通枢纽	枢纽状发展
旅游节点—旅游域面	旅游节点—城镇—区域系统	都市旅游区、旅游集聚区	点状集聚
旅游节点—旅游边界	边界旅游节点系统	边缘旅游吸引物系统、边界旅游门户	边界中枢发展
旅游轴线—旅游轴线	旅游网络系统	旅游线路网络、旅游交通网络、旅游服务要素网络、旅游产品网络、旅游城镇网络	网络状
旅游轴线—旅游域面	旅游产业区域系统	旅游产业带、旅游企业集聚区	带状
旅游域面—旅游域面	大尺度区域旅游系统	大型旅游区、大型旅游经济带	面状耦合
旅游轴线—旅游边界	边界旅游轴线系统	边缘旅游带、边缘旅游集聚区	带状
旅游域面—旅游边界	边界旅游区域系统	边缘旅游区	缘旅游
旅游节点—旅游轴线—旅游域面—旅游边界	旅游空间一体化系统	区域旅游等级规模体系	

资料来源：卞显红（2008）、吴国清（2010）

2. 点、线、面、界要素的组合层次

如果旅游节点、旅游轴线、旅游域面和旅游边界等空间结构要素在一定的区域空间呈有机结合状态，在功能上就会完全融合为旅游空间一体化系统。具体表现为：旅游节点相互依存，旅游域面协调发展，旅游轴线配套畅通，旅游边界开放运行，各种旅游空间结构要素的联系交错密集，呈网络化系统。这是一种区域旅游经济发展进入高度发达阶段的成熟型旅游空间结构组合模式。

对边疆省区旅游空间结构要素组合层次的分析可以从三个方面来展开。

第一，边疆省区旅游空间结构要素的规模等级体系。旅游空间要素之间在旅游者数量、旅游规模等方面的相互关系就是旅游空间结构要素的规模等级体系。根据边疆省区旅游吸引物集合的吸引力、旅游服务要素集合的竞争力和旅游流强度的不同，遵循旅游市场导向原则，可以将旅游节点（轴线、域面）分为一级节点（轴线、域面）、二级节点（轴线、域面）、三级节点（轴线、域面）等级别。一级节点（轴线、域面）是边疆省区旅游业发展的骨干与龙头，具有国际旅游吸引力与接待力，是边疆省区旅游空间结构的形成与演进的直接推动力；二级节点（轴线、域面）具有国内旅游吸引力和接待力，是边疆省区旅游业发展的重要部分，是一级节点（轴线、域面）的潜在替补，在国内市场不断发展的情况下具有良好的成长性，对边疆省区旅游空间起到节律性调节作用；三级节点（轴线、域面）具有地方旅游吸引力和接待力，是边疆省区旅游业的重要补充，对于全省区旅游业的全面、和谐发展具有积极作用。高层次的旅游节点（轴线、域面）往往是规模更大、功能更全、产品更优、级别更高的旅游城市（旅游带或旅游区）。研究节点（轴线、域面）的规模等级体系，有利于明确边疆省区旅游节点（轴线、域面）由大到小的序列和边疆省区旅游业发展的关系，揭示边疆省区各旅游节点（轴线、域面）的旅游流分布状况，从而为剖析边疆省区旅游空间结构发育轨迹、制定边疆省区旅游发展战略提供依据。

第二，边疆省区旅游空间结构要素的职能体系。边疆省区范围内分工不同、职能不同的众多旅游节点（轴线、域面），通过多种形式联系、配合，构成了各节点（轴线、域面）在边疆省区旅游活动中的分工体系，即旅游节点（轴线、域面）的职能体系。旅游节点（轴线、域面）的规模和等级不同，则层级也不同，其主要旅游功能必然存在差异。不同节点（轴线、域面）的旅游功能和旅游空间效益也有所区别，客观上形成了旅游节点（轴线、域面）间的空间梯度。旅游节点（轴线、域面）之间的空间相互作用关系可以分为从属关系、互补关系、松散关系和排斥关系等。其中，从属关系体现为低级旅游节点（轴线、域面）对高级旅游节点（轴线、域面）在客源市场、基础设施、组织管理、核心资源、资金、技术等方面的隶属或受支配关系；互补关系体现为不同旅游节点（轴线、域面）之间存在着旅游功能、定位、特色或市场等方面的互馈、互补、利益依赖，合适的互补关系能使相关节点（轴线、域面）的旅游功能放大甚至是高倍放大；松散关系体现为不同旅游节点（轴线、域面）由于区位、功能、级别等方面的差距而表现出较弱的关联性；排斥关系体现为区位毗连、功能同构、地位相近的不同旅游节点（轴线、域面）之间由于对旅游市场、资源、品牌或要素配置等方面的利益争夺而产生冲突、竞争或干扰关系，这种排斥关系的最严重后果就是竞争替代，强势旅游节点（轴线、域面）迅速扩张而成为优势旅游节点（轴线、域面），并带来对排斥对象的替代效应或阴影效应。

第三，边疆省区旅游空间结构要素的分布体系。指各旅游节点（轴线、域面、边界）在边疆省域范围内的组合形式、相互分布位置，是职能类型结构和规模等级结构在边疆省区旅游空间组合的结果和表现形式。某些特定节点（轴线、域面）

在不同地域中重复出现或不同类型的节点（轴线、域面）在同一地域中出现，呈现随机、均匀或聚集格局，构成节点（轴线、域面）的空间配置。随着边疆省区旅游业的发展，其空间异质性使得旅游节点（轴线、域面）的破碎化发育越来越显著，进而对旅游节点（轴线、域面）在结构、功能、时空配置等方面的组合提出更高的要求。

3. 旅游点、线、面、界要素的有效组合——旅游网络系统

旅游网络是区域旅游空间各组成客体的相互位置关系的表现，也是旅游节点与旅游轴线的结合体。其中，旅游节点是旅游网络的心脏、枢纽，旅游轴线则是构成旅游节点与旅游节点、旅游节点与旅游域面、旅游域面与旅游域面、旅游边界与旅游中心地之间功能联系的通道。旅游网络是旅游地域经济空间的"脉络"，旅游节点、旅游轴线、旅游域面、旅游边界等空间结构要素之间客观上存在着几何学和运动学上相互必然的转换关系，即连点成线、交线成网、扩网成面、合网成界。

旅游网络具有三层含义：①旅游网络是一种旅游空间内部经济联系的通道，它在空间上主要表现为交织成网的旅游交通等基础设施，如高速公路网络、铁路网络、航空网络、水运网络等，也可表现为自然地理特征线，譬如山脉、河流、湖泊等。旅游交通网络既是旅游空间经济活动中不可缺少的必要条件，又是旅游空间结构发展变化的内在动力因素。②旅游网络是一种旅游空间经济系统。该系统的基础是旅游节点之间、旅游域面之间，以及旅游节点与旅游域面之间、旅游边界之间各种有序的物质和非物质的交往关系。这种交往关系体现为旅游目的地与旅游客源地之间、旅游区之间、旅游城镇之间、旅游景区之间、文旅产业企业主体之间的竞争或协作、互促或替代的有机联系。发育水平最高、面积最大、连接度最好的旅游空间结构要素类型往往控制着区域中的旅游流。③旅游网络是一种旅游空间经济联系的组织。这种组织可划分为两种形态：一是多层次、多形式的旅游管理与区域合作空间经济网络联系；二是为完善旅游空间经济网络联系所形成的旅游要素流转的市场机制。

边疆省区旅游网络系统是区域旅游空间结构的重要内在系统，它有利于强化旅游经济联系，提高旅游空间结构的效率与规模，促进旅游流的正常运转与效益提升，缩小区域旅游差异，从而最终促进区域旅游空间结构的高质量发展。在区域旅游空间结构的产生与发展过程中，旅游网络系统的成长水平一方面受到旅游资源时空分布、旅游产品等级、旅游基础设施条件、区域社会经济文化背景、旅游空间发展政策的制约，另一方面也受到旅游节点的发育与地域分布、旅游边界范围与通道质量、旅游域面整体发育水平等方面的制约。

边疆旅游空间结构的网络形态可以分为：放射状、放射环状、扇形、轴带、环状、网络状等旅游网络模式。

1.4 边疆省区旅游空间结构的功能

根据系统论的观点，任何系统都是结构和功能的统一体，结构是系统内部各要素互相联系和作用的形式，功能是系统在内外部相互联系中表现出来的、与结构相应的特性。结构是功能的基础，功能是结构的表现，两者相互依存、相互制约（帕杜洛和阿比布，1986）。

边疆省区旅游空间结构作为复杂的系统，是边疆省区旅游业发展到一定阶段后时空耦合的结果。边疆省区旅游空间结构的功能是边疆省区旅游空间结构作用于本地旅游经济地域系统的能力。在对内和对外的旅游经济联系中，边疆省区旅游空间结构在形成与演进的不同阶段表现出不同的功能。

1.4.1 指示功能

边疆省区旅游空间结构直接反映区域旅游经济的发展水平，其对区域整体发展程度和质量具有指示功能。一般来说，边疆省区的旅游经济越发达，其旅游空间结构的密度越大，旅游业高梯度地区、中心地区规模越大，旅游腹地和边缘地区的旅游经济水平越高，旅游空间结构的整体发育程度越优。当边疆省区旅游生产力水平较为低下的时候，旅游经济发展非常缓慢，旅游节点之间、旅游中心地与腹地之间联系松散或几乎没有联系，旅游轴线与旅游域面也就很难成型。只有当边疆省区旅游经济发展加速，主要旅游节点之间的集聚和扩散能力增强，旅游节点之间的联系紧密，旅游轴线因此产生并强化着相应地带节点的产生、域面的发育，边疆省区才越来越具有多层次、强联系的旅游空间结构。

需要指出的是，以中心旅游节点（轴线、域面）为代表的旅游中心地、旅游业高梯度地区，其旅游业发展水平和市场号召力是边疆省区旅游发展水平的核心体现，不仅是边疆省区旅游活动、旅游生产的主要集中地和扩散地，还是旅游创新要素、高等级旅游业态高度发育的空间，是边疆省区旅游经济持续发展的重要动力。

1.4.2 组织功能

通过旅游空间结构这一组织形式，边疆省区将旅游景区、旅游企业、旅游地、旅游交通等旅游经济要素和旅游活动联系起来，使各种旅游经济活动在边疆省域内有序进行。旅游资源、人才、资金、信息、技术和客源等旅游要素通过旅游轴线在旅游节点（域面）间合理流动和整合，为边疆省区旅游经济的整体发展奠定了基础，提高了旅游发展要素的利用效率。

旅游空间结构的完善能促进边疆省区主要旅游节点发挥核心带动作用。主要旅游节点不断滋生、扩展和壮大，拓展了旅游轴线的辐射长度与宽度，增大了对各旅游域面的控制范围，提升了对全省区旅游业的影响空间。当边疆省区旅游空间呈现不同层次的网络结构时，边疆省区就会成为一个具有相当质量的一体化面状旅游空间，进而才有可能成为具备全方位对外交流互动能力的区域，成为国家外向型旅游发展的一个新的空间单元。

1.4.3 优化功能

合理的旅游空间结构能够实现边疆省区旅游生产要素的合理流动，推动边疆省区旅游经济结构的调整和优化，使边疆省区旅游业获得更佳的经济效益、社会效益和生态效益。旅游区域空间结构的形成与完善可以促进边疆省区旅游节点的不断发育和功能增强，带动旅游轴线和旅游域面的形成、发展，提升边疆省区旅游业的接待能力、业态水平，加大对外围地区与腹地旅游资源的开发力度，提高旅游产业的集约度、协调度、抗风险韧性。边疆省区旅游空间结构的优化，有利于促进旅游产业向省（自治区）内边缘地区转移、同境外融合发展，导引旅游要素在不同梯度间的交流与扩散，强化旅游节点（轴线、域面）之间的联系与相互辐射，为边疆省区旅游产业的规模化发展以及集聚效益的获得奠定基础。

1.4.4 载体功能

边疆省区旅游空间结构是边疆省区旅游产业、旅游要素与旅游职能分布的地域投影及空间组织形式，其调整与优化将带动边疆省区旅游产业结构的调整与升级，是边疆省区旅游产业结构演变和对外交流经济合作的空间载体。新的旅游节点和旅游业高梯度地区的发育，往往伴随着独特旅游资源的开发和新业态旅游产品的投放；旅游中心节点的继续发展，高水平旅游域面的继续建设，也都意味着传统旅游目的地的持续创新。这些都有利于推动边疆省区旅游产品群落的推陈出新、旅游产业结构的不断优化，从而保证边疆省区旅游业的高质量发展。同时，边疆省区旅游空间结构的高级化发展，有利于省（自治区）域内不同旅游节点（轴线、域面）在突出特色、优势的基础上实现旅游职能互补、文旅产品互补、旅游资源互补、基础设施共享、客源市场互补。主要旅游节点（轴线、域面）是边疆省区提高国内外旅游地位、把握"一带一路"机遇、参与全球旅游业竞争的主要载体。

第 2 章　边疆省区旅游空间结构形成与演进的动力机制

边疆省区旅游空间结构受到边疆省区基本条件与旅游业发展水平的影响，本章从环境条件、资源条件、产品条件、经济条件、政治条件和技术进步条件等方面对边疆省区旅游空间结构的形成与演进的动力机制进行了探讨。

2.1　我国边疆省区基本情况

中国与 14 个国家接壤，陆地边界线长 2.2 万多千米。截止到 2021 年底，陆地边疆省区主要包括内蒙古、黑龙江、吉林、辽宁、广西、西藏、云南、新疆、甘肃等 9 个省区，总人口为 27 301 万人，占全国的 19.33%；面积为 594 万平方千米，占全国的 61.88%（表 2-1）。

表2-1　2021年我国边疆省（区）基本情况

省区	人口/万人	面积/万千米²	地区生产总值/亿元	人均地区生产总值/元	代表性旅游景区	主要旅游城市
黑龙江	3 125	45.48	14 879.2	47 266	五大连池、镜泊湖、北极漠河等	哈尔滨、牡丹江、黑河等
吉林	2 375	18.74	13 235.5	55 450	长白山、伪满皇宫博物院	长春、吉林、延边等
辽宁	4 229	14.69	27 584.1	65 026	老虎滩、沈阳植物园等	大连、沈阳等
内蒙古	2 400	118.3	20 514.2	85 422	成吉思汗陵、响沙湾	呼和浩特、呼伦贝尔、包头
甘肃	2 490	45.44	10 243.3	41 046	嘉峪关、敦煌等	酒泉、兰州、嘉峪关等
新疆	2 589	166.49	159 83.6	61 725	天池、喀纳斯等	乌鲁木齐、伊犁、喀什等
西藏	366	122.8	2 080.2	56 831	布达拉宫、珠穆朗玛峰等	拉萨、林芝、山南、日喀则、那曲等
云南	4 690	38.33	27 146.8	57 686	石林、玉龙雪山、丽江古城、大理、西双版纳等	昆明、大理、丽江、景洪等

续表

省区	人口/万人	面积/万千米²	地区生产总值/亿元	人均地区生产总值/元	代表性旅游景区	主要旅游城市
广西	5 037	23.6	24 740.9	5 214.9	漓江、乐满地、北海银滩	桂林、南宁、柳州、梧州、北海等
合计	27 301	594	156 407.8			
全国	141 260	960	1 133 239.8	80 976		
占全国的比重	19.33%	61.88%	13.8%			

资料来源：《中国统计年鉴2022》

2.2 边疆省区旅游业发展情况

改革开放以来，边疆省区旅游业从无到有，快速发展，旅游业已经初步确立了国民经济支柱产业地位，对促进居民增收和致富、推进生态环境和文化的保护、促进民族团结和边疆稳定、实现区域协调发展发挥了重要作用。

2.2.1 旅游产业规模快速增长

2019年，边疆省区海外旅游者人数达到3098.86万人次，国际旅游（外汇）收入为137.9亿美元；国内旅游者人数达到35.85亿人次；旅游总收入为45 667.56亿元（表2-2）。边疆省区旅游业增速大都远远高于全国平均水平和边疆省区国民经济总体发展速度。现在，大部分省区的旅游总收入在地区生产总值中的比重超过8%，旅游业已经成为边疆各省（区）的支柱产业或先导产业，云南、新疆等省区明确提出把旅游业建设成战略性支柱产业。

表2-2 2019年我国各边疆省区旅游者人数与旅游收入

省区	海外旅游者人数/万人次	国际旅游（外汇）收入/($\times 10^6$美元)	国内旅游者人数/万人次	国内旅游收入/亿元	旅游总收入/亿元
黑龙江	110.7	645.93	21 554.5	2 640.2	2 683.8
吉林	136.58	614.96	24 696.43	4 877.89	4 920.38
辽宁	294.1	1 739.03	63 875.6	6 102.7	6 222.8
内蒙古	195.8	1 340.09	19 316.7	4 558.5	4 651.5
甘肃	19.82	59.05	37 000	2 676	2 676

续表

省区	海外旅游者人数/万人次	国际旅游（外汇）收入/（×10⁶美元）	国内旅游者人数/万人次	国内旅游收入/亿元	旅游总收入/亿元
新疆	178.78	454	21 120.76	3 593.5	3 632.58
西藏	54.19	279.07	3 957.96	540.44	559.28
云南	1 484.93	5 147.36	80 000	10 679.51	1 1035.2
广西	623.96	3 511.28	87 000	9 998.82	10 241.44

资料来源：根据《中国统计年鉴2022》、各省（区）2019年国民经济和社会发展统计公报综合整理

2.2.2　旅游产业主体日益壮大

边疆省区旅游资源众多，开发条件千差万别，加之整体条件有限，通过实施有重点的开发，逐步形成了长白山、丝绸之路、香格里拉、青藏雪域高原、喀纳斯、桂林山水等一批世界知名旅游精品，最大限度地发挥了旅游业对国民经济和社会发展的促进作用。截至2019年底，边疆省区总共有旅行社7737家，占全国数量的19.87%；旅游星级饭店2333家，占全国数量的26.15%，其中五星级饭店85家；A级以上旅游景区3134个，占全国旅游景区总数的25.27%，其中，5A级旅游景区60个，占全国的21.43%（表2-3）。

表2-3　2019年我国各边疆省区旅游市场主体情况

省区	旅行社/家	星级饭店/家	五星级饭店/家	A级以上景区/个	5A级景区/个
黑龙江	837	155	6	375	6
吉林	701	94	3	231	7
辽宁	1524	304	25	512	6
内蒙古	1147	205	6	375	6
甘肃	723	315	2	115	3
新疆	540	297	13	496	13
西藏	310	165	3	127	4
云南	1105	415	17	343	8
广西	850	383	10	560	7

资料来源：《中国旅游统计年鉴2020》

2.2.3　发展基础和支撑条件有较大提升

经济社会条件不发达是边疆省区旅游发展的基本背景，以旅游业带动相关产

业发展是边疆省区的基本政策考量。在各级党委、政府的积极努力下,边疆省区经济社会不断发展,支撑旅游业发展的相关产业规模持续扩大。特别是国家实施西部大开发战略、振兴东北战略、脱贫攻坚战略、共建"一带一路"倡议以来,边疆省区旅游基础设施建设取得重大进展,大量机场、高速铁路、高速公路建设完工或者开工建设,使得支撑旅游业发展的能力不断增强。

2.2.4 边疆各省(区)旅游业发展不均衡

从前述的表中可见,边疆省区旅游业的发展水平并不均衡,边疆各省(区)之间的差距仍然存在。比如云南、广西在国际旅游、国内旅游的发展水平名列前茅;辽宁在旅行社、星级饭店等方面拥有较强的接待实力,国内旅游水平居前;新疆的5A级景区建设一骑绝尘。由此也可以看出,我国边疆省区的旅游业未来仍然具有巨大的发展潜力。

2.3 边疆省区旅游空间结构形成与演进的驱动因素

边疆省区旅游空间结构发展的背景非常复杂(表2-4),各种驱动因素在相互作用之后的耦合力体现为边疆省区旅游空间的扩展或重组。边疆省区旅游空间结构以环境因素为基础,在自然、政治、经济、旅游资源、旅游产品、旅游交通等诸多因素的共同作用下得以实现,其演变始终受到无意识的自然要素和人类有意识的控制、约束与引导(图2-1),自然要素和人类意识交替作用,进而促成边疆省区旅游空间结构演化中的多样性发展阶段与空间格局。这些驱动因素对边疆省区旅游空间结构呈现双向作用,一方面刺激或促进边疆省区旅游空间结构的成长和发展,另一方面也可能会限制或瓦解边疆省区旅游空间结构的潜在趋势和功用发挥。总而言之,边疆省区旅游空间结构受到地理、区位、资源、文化、政治、市场和交通等多种条件的影响,在一定的旅游发展阶段和技术水平下,肯定会有一种或多种影响因素主导而成的作用合力,成为边疆省区旅游空间结构变化的主要影响因素,这也决定了边疆省区旅游空间结构的特殊性。

表2-4 我国边疆省区旅游空间结构的主要背景

地区	相邻国家	国界特征	自然地理特征	历史文化特征	主要民族	经济基础	省区	地理位置 东经	地理位置 北纬
东北边疆	俄罗斯、朝鲜	大部分地段以水为界（鸭绿江、图们江、乌苏里江）	山水环绕、林海雪原；以低缓的山地、丘陵和平原为主；降水较多，温带湿润气候，冬季漫长、低温严寒	农耕、渔猎、游牧文化结合，移民与游牧民族为主	汉族、朝鲜族、满族、鄂伦春族、鄂温克族、赫哲族	经济基础较好，改革开放之后发展滞后，但近年来复苏较快	吉林	121°38′~131°19′	40°50′~46°19′
							辽宁	118°53′~125°46′	38°43′~43°26′
							黑龙江	121°11′~135°05′	43°26′~53°33′
西北边疆	俄罗斯、哈萨克斯坦、吉尔吉斯斯坦、塔吉克斯坦、蒙古国、阿富汗、巴基斯坦、印度	边界主要集中在新疆	高山、荒漠、绿洲等地形为主，气候干旱少雨	中外文化、多民族历史文化交流的走廊与枢纽	汉族、维吾尔族、哈萨克族、塔吉克族、乌孜别克族、柯尔克孜族等	经济基础较差	新疆	73°40′~96°18′	34°25′~48°10′
							甘肃	92°13′~108°46′	32°11′~42°57′
北部边疆	蒙古国、俄罗斯	主要为与蒙古国接壤的陆地边界	地形坦荡、草原辽阔、荒漠众多。温带半干旱气候，自然景观沿着边界延伸方向变化（由于降水不同），从边界向内地变化（与地形有关）	多姿多彩的游牧文化和草原文化、屯垦边塞文化、移民文化	汉族、蒙古族等	经济基础一般，近来经济发展迅速	内蒙古	97°12′~126°04′	37°24′~53°23′

续表

地区	相邻国家	国界特征	自然地理特征	历史文化特征	主要民族	经济基础	省区	地理位置 东经	地理位置 北纬
西南边疆	印度、尼泊尔、不丹、缅甸、越南、老挝	边界地区主要为高原、山地	自然条件复杂，主要为山地、丘陵和高原，气候多样	多民族文化，中外交流的通道	汉族、藏族、壮族、苗族、彝族、白族、纳西族、傣族、佤族等	经济水平较差	西藏	78°25′~99°06′	26°50′~36°53′
							云南	97°31′~106°11′	21°8′~29°15′
							广西	104°26′48″~112°03′24″	20°54′09″~26°23′19″

资料来源：作者根据《中国边疆地理》（人民教育出版社，1991年）及各省（区）人民政府官网综合整理

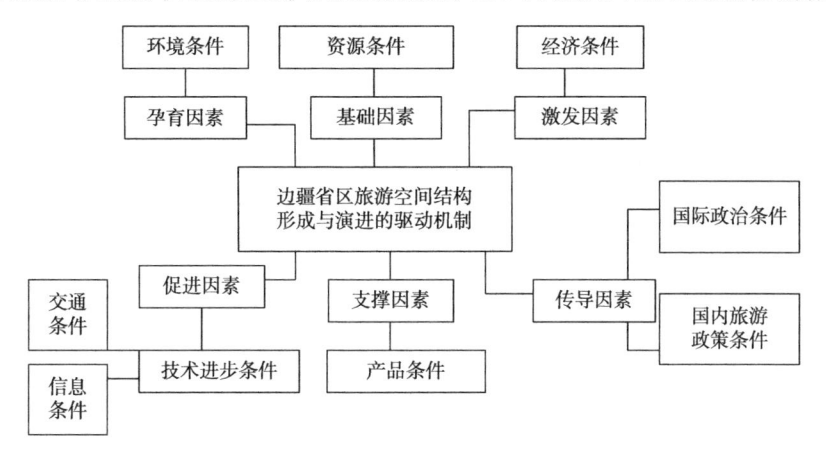

图 2-1　边疆省区旅游空间结构形成与演进的影响因素

2.3.1　孕育因素：环境条件

环境条件包括边疆省区的区位条件、自然地理条件，是边疆省区旅游空间结构形成与演进的客观自然基础。环境条件既给边疆省区旅游空间结构的形成与演进提供了必要基础和强劲的发展动力，也带来了一定的空间外部约束，决定了边疆省区旅游空间结构的基本格局、性质和地域性。

1. 地域空间的不规则性

边疆省区地域广大，跨纬度、经度多，政区空间不规则，加大了旅游空间的不经济倾向与失衡倾向。而且内蒙古、新疆、西藏等省区都是地广人稀的省级行

政区（刘君德等，1999）。边疆省区旅游空间的大跨度与不规则，既增加了旅游经济活动的成本和难度，制约了旅游经济协作效率，也限制了旅游集聚与旅游辐射作用的影响范围，使旅游节点与旅游增长极的组织培育成本较高、旅游经济空间效率较低，在旅游业整体实力不强的情况下，省区内部旅游域面的协调面临较大困难。

2. 相对封闭的边缘地带性

由于国家边界限制了旅游流的物理流动性和外向性，多数边疆省区处于旅游发展中的不利地区。关税和国际贸易障碍等增加了运输成本，在一定程度上会扭曲市场区位、供应网络，进而增加位于边界地区的生产者的成本，导致生产者的需求和供给网络更多地聚集于一个国家的地理中心而不是它的外围（Niebuhr and Stiller，2002）。边疆省区处于中国的最边缘地带，是中原农耕文化与周边游牧文化长期碰撞、融合的重要区域，在周遭自然屏障下形成了面向内部的结构相对完整的地理单位。在国家政治、经济核心枢纽与边疆地区之间的外向辐射运动同内向凝聚运动的互动过程中，中国文明呈现出包括边疆省区在内的四方区域向中原向心凝聚的流动态势。因此，作为远离中原政治经济中心的"荒僻"之地，边疆省区不仅具有浓郁的边地区位色彩，而且也形成了区别于中原地区的"边缘"文化区位特征。在传统的中文语境中，"边疆"的"边"主要指封闭体系的边缘，"疆"指封闭体系的边界。历朝多恪守"守中治边""守在四夷"的治边传统，内地与边疆的关系集中表现为中心和边缘的关系。相对于国家政治经济的中心与发达地区，边疆省区本身就是国家的边缘地带（钮仲勋等，1991）。

在地域辽阔的背景下，边疆与首都、经济核心区以及国内外主要旅游市场等都相距遥远，是全国视野下的旅游发展边缘地区与战略大后方，接受旅游经济辐射难度很大。周边国家和省区的经济发展与旅游业发展也都相对滞后，旅游业互补性不高，很难与相邻国家或省区组成一个综合性的旅游区域。这既扩大了边疆省区与国内外主要旅游市场的时空距离，也产生了旅游信息传递与旅游宣传推广中的滞后效应。在较为封闭、边缘的环境下，边疆省区的旅游节点（轴线、域面）的发展往往要高度依赖远距离的区域外客源，高度依赖省域内外的主要旅游流口岸对国内外客源的集散功能，而区域外旅游需求受到时间与金钱的制约，旅游流很难长期快速增长，其流量、流向都呈现一定的波动性和季节性。区位非优、吸引力一般的旅游资源、旅游产品、旅游节点（轴线、域面）往往在国内外市场竞争中缺乏号召力；而那些区位条件相对较好的内部节点（轴线、域面）因具有旅游业的先发优势而首先得到开发，必然深刻影响边疆省区旅游开发的时序和空间布局。

3. 自然地理单元与旅游节点（域面）的高度离散性

自然地理环境的单元及其组合而成的环境是边疆省区旅游经济的载体和容器。特别是地貌单元、水体和山地沟谷等构成的地理障碍和地理通道，是边疆省区旅游要素流动和旅游流路径形成的基础条件，其间分隔而成的不同性质和特征的旅游域面及其交汇形成的旅游节点，是边疆省区旅游空间结构的雏形。由于中国历代都以农业文明圈作为王朝固守的基础，可耕地是古代农业社会中最重要的资源，国家以河谷或者低平地带为核心谨慎地向外部扩展或求保持稳定（李孝聪，2004）。边疆省区因此成为中原农耕文化与农业文明向周边辐射的末梢，多是不适合农耕或耕地有限的地区，或干燥或寒冷或湿热（李根蟠，1993），山地和丘陵等比重高于国内平均水平（表2-5）。加上行政区边界与国界的划定往往"随山川形便"，通常用山脉、河流、湖泊、沙漠等军事隔离性强、对交通起障碍作用的自然地理事物作为分界线。因此，我国大部分典型的山地、高原、沙漠等地貌都位于边疆省区，比如世界上著名的山脉和高原，如喜马拉雅山脉、横断山脉、昆仑山脉、天山山脉、阿尔泰山脉、大兴安岭、小兴安岭、长白山、帕米尔高原，除此之外，边疆省区还分布着世界著名的大沙漠，如塔克拉玛干沙漠和巴丹吉林沙漠等，许多地貌类型就是我国地理上的重要分界线，构成一个个相对独立的地理单元。

表2-5 我国边疆省区地貌类型分布比例　　　　　　　　单位：%

地区	地貌类型占比			海拔高度占比		
	平原	丘陵	山地	<1000米	1000~3000米	≥3000米
内蒙古	51.50	27.50	21.00	41.20	58.30	0
广西	14.00	34.00	52.00	94.10	5.80	0
西藏	23.50	25.30	51.20	1.20	3.70	93.10
新疆	44.00	18.90	37.10	28.50	47.80	23.30
云南	5.00	14.20	80.80	9.80	81.70	8.20
甘肃	22.20	21.80	56.00	16.60	83.30	0.10
辽宁	37.00	14.10	48.90	99.30	0.20	0
吉林	43.40	12.10	44.50	94.70	4.20	0
黑龙江	47.60	16.80	35.60	98.10	0.80	0
全国	59.40	9.90	30.70	47.30	31.00	21.70

资料来源：陈鸿（1990）

复杂的自然环境与生态类型、多民族的民众、具有特殊背景的社会条件等相结合，给边疆省区内外部旅游交通、旅游空间要素的发育以及外部旅游市场的拓展带来了严重的障碍。一方面，广袤的面积，多样化的气候、地形、生态等条件，形成了边疆省区相对于内地的不甚理想的自然环境基础，共同影响了边疆省区旅游发展的建设周期、适游期、开发成本、交通连接，制约着旅游经济集聚与扩散活动的发生、发展，并决定了区域旅游生态环境质量和环境容量，从而对边疆省区旅游空间结构形成的客观可能性产生潜在制约；另一方面，非均质的内陆腹地环境基础决定了边疆省区旅游节点（轴线、域面）的形态具有不规律性、相异性、多样性、分割性，那些自然地理单元同省域内的旅游经济单元往往具有较高的重合度，旅游经济域面不连续，旅游节点（域面）间协作程度不高，旅游集聚与扩散效应不易形成、发挥，不同旅游节点（域面）易产生旅游产业同构与产品模式雷同。

自然地理单元、自然障碍带来了旅游资源、旅游节点（域面）的离散，也决定了边疆省区在很长时间内按照点轴模式培育、发展旅游空间结构的宏观格局。由于在纵向上的拓展易受到我国东西向的山地、荒漠和峡谷等的制约，边疆省区旅游经济空间发展多以横向为主，沿"线"串珠状展开，在旅游轴线的某一个旅游节点上，轴线向其他方向的发育较受限制。所以，在向高级旅游空间结构演进时，边疆省区在一定时期和一定的旅游经济技术条件下很难突破点轴状格局。

4. 局部地区的自然地理天然开放性

自然地理上一定的相似性和连续性也赋予了边境省区局部地区发展外向型旅游经济的天然开放性。这里存在着若干与边疆岭谷系统大致垂直的河谷，成为边疆与内地或境外的通道，是中原通往域外的必经之地和连接欧亚大陆的咽喉要道，比如西北的丝绸之路、黄土高原与青藏高原之间的陇西走廊、南北走向的藏彝走廊、南方丝绸之路等。它们与周边国家毗邻地区山水相连，从自然地域的角度来看是一个整体。如果以河流为界，则往往各自占据河流的两岸；如果以山脊为界，则各自占据东坡或西坡、南坡或北坡。边境省区与境外邻近地区多具有相同的地质、地形、地貌特征、气候、植被和土壤等自然地理环境；东南亚、东北亚的部分国家是世界经济热点，中亚地区经济发展的潜力较大；国际口岸遍布南北边疆，多数口岸在历史上就与周边国家口岸具有对应性与相互依存性。这种大致相同的自然地理环境特征，赋予了部分内陆边境地区天然的陆上旅游通道开放性和旅游资源廊道组合性；加上边境城市特殊的"桥梁"、"纽带"和"窗口"作用（王燕祥和张丽君，2002），对靠近边境线的旅游节点（轴线、域面、边界）的拓展与连接具有十分重要的价值，极易成长为我国与周边国家的客源对流通道。

2.3.2 基础因素：资源条件

宏观旅游资源的空间分异与组合是边疆省区旅游产品开发与旅游空间结构的客观物质基础和前提条件，并与其他要素相互作用，共同作用于区域旅游业布局和空间整体发展。边疆省区自然旅游资源、人文旅游资源和生态环境等资源较为丰富、独特、原始，组合良好，旅游资源丰度、优越度是内地无法比拟的。加上边疆省区人类活动相对少，旅游开发程度不高，民族文化的多样性、生态环境的原真性远胜于内地，在国内外都具有高度的吸引力。这也非常有利于旅游节点（轴线、域面）的有序发育、旅游景观空间的阶段性营造，形成了边疆省区许多富有地域特点的旅游空间组合，其旅游空间结构发展的成长性和可塑性强。由于对旅游资源的高度依赖，边疆省区旅游空间格局在早期往往表现为点状布局与分散分布；随着旅游业的发展，分散的节点逐步带动周围地区旅游经济的发展，省域内旅游节点间的相互作用才可能进一步增强，相互作用的旅游域面范围才逐步增加，旅游轴线的联结与传导功能才更加丰富。

边疆省区主要位于我国东部季风区、西北干旱区和青藏高原区，自然地理景观复杂多样。全国自然地理环境的主要特点往往在边疆省区得到集中反映，许多自然地理要素的极值都出现于此。这里地形差异极大，山脉、高原、丘陵、盆地、平原、海洋、湖泊、草原、雪山等皆具，或雄浑壮观，或秀丽婀娜，或辽阔坦荡；气候多样，最温暖、最寒冷、最湿润和最干燥地区都分布在边疆省区，加上南北纬度和东西经度的差异及高山地形，增加了本区自然旅游资源的多元性、遍在性。绵长、复杂又颇具神秘色彩的国境也日益成为国人新的梦想必游地，边境意象使边疆省区旅游资源的吸引力倍增（黄俊杰，2007）。

边疆省区是中原文化延伸、多民族文化融合、异域文化对接的文化地理空间。边疆省区既是复杂的自然地理区域，也是多民族混居的处所，与内地存在着一定的族群性差异。汉族多居中原、少数民族多聚居在周边是中华民族地理分布的典型特征，西北、西南和东北等内陆边疆地区是少数民族的主要聚居区。除了土家族、羌族等少数几个民族外，我国的少数民族大多聚居于边疆省区（表 2-6）；在 22 800 千米的陆地边界线上，少数民族自治地方占了 85%（张善余，2003）。边疆省区形成的汉族和各少数民族和睦相处、密不可分、和谐发展的悠久传统，反映了我国统一的多民族大家庭的民族迁移和民族融合的复杂历史，包括汉族在内的多民族共同开拓了祖国疆域，发展了祖国的经济与文化（李志华，1997），促进了中华民族身份的整体构建。

表2-6 2020年我国少数民族在边疆省区的分布

民族	人口数/人	主要分布地区	民族	人口数/人	主要分布地区
阿昌族	43 775	云南	蒙古族	6 290 204	内蒙古、辽宁、吉林、黑龙江、新疆
普米族	45 012	云南	回族	11 377 914	内蒙古、天津、黑龙江、甘肃、新疆、云南、辽宁、吉林
塔吉克族	50 896	新疆	藏族	7 060 731	西藏、甘肃、云南
怒族	36 575	云南	维吾尔族	11 774 538	新疆
乌孜别克族	12 742	新疆	苗族	11 067 929	云南、广西
俄罗斯族	16 136	新疆、黑龙江	彝族	9 830 327	云南
鄂温克族	34 617	内蒙古	壮族	19 568 546	广西、云南
德昂族	22 354	云南	纳西族	323 767	云南
保安族	24 434	甘肃	朝鲜族	1 702 479	吉林、黑龙江、辽宁
裕固族	14 706	甘肃	满族	10 423 303	内蒙古、辽宁、黑龙江、吉林
京族	33 112	广西	侗族	3 495 993	广西
塔塔尔族	3 544	新疆	瑶族	3 309 341	广西、云南
独龙族	7 310	云南	白族	2 091 543	云南
鄂伦春族	9 168	黑龙江、内蒙古	土族	281 928	甘肃
赫哲族	5 373	黑龙江	哈尼族	1 733 166	云南
门巴族	11 143	西藏	哈萨克族	1 562 518	新疆
珞巴族	4 237	西藏	傣族	1 329 985	云南
基诺族	26 025	云南	锡伯族	191 911	辽宁、新疆
达斡尔族	132 299	内蒙古、黑龙江	傈僳族	762 996	云南
仫佬族	277 233	广西	佤族	430 977	云南
布朗族	127 345	云南	景颇族	160 471	云南
东乡族	774 947	甘肃、新疆	拉祜族	499 167	云南
毛南族	124 092	广西	水族	495 928	广西
柯尔克孜族	204 402	新疆			

资料来源：《中国统计年鉴2021》

边疆省区是民族文化交汇、融合的"熔炉"，也是多种文化的中转、过渡地带，这一地区的文化显示出典型的多元、兼容、开放的特色，有助于边疆省区在旅游空间结构的发展中建设文化独特、品位较高的旅游节点，打造与多元甚至破碎、复杂的文化单元、自然单元相一致的旅游域面，十分有利于旅游节点（轴线、域面）的多样化、差异化发展。边疆省区既有不同种类的民族文化相互交融，也有农耕文化与畜牧文化、渔猎文化的交汇；既有山区文化、高寒文化，也有草原文化、干旱半干旱荒漠地区文化；还有丝绸之路、南方丝绸之路等国际商路通道载体促成的中国与异域文化的碰撞与融汇，在全球化背景和共建"一带一路"倡议背景下，更由过去的"边疆"成为新的"中间地带"（乔纲，2018）。

2.3.3 支撑因素：产品条件

历朝均重视过边疆的国际交通线和边疆行政机构的作用，注重在边疆强化管理、驻兵和移民（方铁，2011），边疆省区主要交通线和核心区域、重要城市也往往是外来移民的主要聚居地、经济文化发展水平较为领先的区域、国际商贸流动的重要线路或节点。省区内腹地逐渐实现内地化，逐渐密切了边疆省区与内地的联系，促进了当地经济的发展和多民族的融合，促使主要历史文化旅游资源、多民族文化旅游资源在主要城镇节点上的空间集聚，加上各域面不同的自然旅游资源基础，共同构成了边疆省区旅游节点（域面、轴线）形成与发育的资源基础、产品基础和节点基础。正是基于长期历史形成的旅游资源基础与旅游产品基础，边疆省区旅游业在改革开放之前就初步具有了一定的旅游业接待历史基础。其时的边疆省区旅游业基本具备了一定的旅游产品雏形，这在很大程度上同民国时期的近代旅游业萌芽（李昆伟，2015；任佩，2013）、新中国较长时期的政府外事接待等基础有关。在1978年之前的多年接待型旅游事业发展中，边疆省区零星旅游节点与旅游产品已经在国内外积累了一定的人气与口碑，形成了宝贵的旅游接待经验、旅游基础设施和旅游人力资源。比如广西桂林在1973年就被国家列为对外开放旅游城市，旅游事业发展基础好（龚水林，1989），在国内外的知名度高，具有了初步的接待能力。边疆省区的旅游发展大多是从这些具有一定旅游产品基础及有历史影响力的地区成长，从而形成了边疆省区最初的旅游节点基础及旅游竞争相对优势，至今仍然具有无法替代的品牌效应和吸引力。

随着边疆省区旅游业和旅游空间结构的成熟，旅游产品的支撑作用会逐步增强。一方面，包括文旅景区、饭店、旅行社等市场主体的发展往往意味着旅游节点吸引力、接待能力的增强和新旅游节点的产生，推动着旅游轴线和旅游域面的水平扩展、空间集聚与实力提升。另一方面，旅游产品的更新换代与集聚组合能带来边疆省区旅游产业结构的调整与优化，从而提高旅游资源在全省区空间的配置效率与市场效益。旅游产品增长与发展的速度、规模、方式等直接影响到边疆省区旅游空间结构要素扩展的速度、规模和方式；旅游产品结构转换升级和新型旅游业态滋生壮大的过程，也是旅游资源要素在省域内的时空配置过程，是其旅游空间结构形成、调整和转换的过程；新型旅游业态的产生、主导性旅游产品的演替和旅游产业结构的转化都会决定一个地区自我增长和自我发展的能力，由此决定其在边疆省区旅游空间结构中的地位、作用、功能和进一步发展的基础，边疆省区旅游产业结构演进与旅游空间结构具有协同性。

需求因素是区位空间发展中的重要变量（Greenhut，1956），也是带动旅游产品发展的重要背景。国内外旅游市场需求随着时代与环境的变化而不断变化着，从根本上来说，旅游市场需求赋予边疆省区内的旅游产品以不同的生命周期和吸引半径，牵引着边疆省区旅游空间结构的外向化拓展与有序嬗变甚至突变。在激烈的市场竞争中，适应旅游需求、具有一定市场口碑的旅游产品，能刺激某一旅游节点成为区域旅游业的新兴中心和吸引区内外旅游消费的集散中心，使得旅游流从原旅游中心地沿着旅游轴线向资源禀赋更优、市场口碑更佳、旅游产品新颖独特的边缘域面、次中心节点等转移。

旅游产业天然的开放性和边疆省区普遍的区外市场号召力，带来了旅游需求和旅游产业结构的外向化，形成了边疆省区旅游空间结构职能和体系的国际化优势，空间上形成了各类外向型旅游节点其至国际型旅游开放域面。虽然有的旅游节点（轴线、域面）不具有对全球旅游市场的高吸引力，但也因为全域旅游的线路整合和外向化发展，依然可以参与一定的国内外旅游分工，并向能级更小一级的旅游节点（域面）传递旅游信息、客流、资金等要素。

2.3.4　激发因素：经济条件

经济因素是边疆省区旅游空间结构形成与演进的重要基础因素和推动力。边疆省区经济发展为地方旅游业发展提供了一定的基础，比如，资金、交通、水电、通信、前后向配套产业、旅游人才等。边疆省域内少数具有较高经济发展水平的旅游地，能促使人口、基础设施、接待能力、信息、技术和资金的聚集，从而提高旅游节点（轴线、域面）的辐射能力、吸引力、支持力，获得良好的旅游发展先机。尤其是随着边疆省区经济发展水平的普遍提高，多元化的投资主体对边疆省区旅游空间结构的发展产生了深刻的影响；而各旅游节点的人口规模与人均可支配收入的提高，也为区域旅游发展提供了一定的域内消费实力、投资实力，省内都市圈的高频率短途游客对边疆省区旅游业后发地区的带动作用和引导作用尤其值得关注。地方经济、国内经济甚至国际经济增长过程中的不稳定和涨落性过程，也会带来边疆省区旅游空间结构的振荡与调整。

同内地特别是发达地区相比，我国边疆省区的经济基础还比较薄弱，经济差距很难在短期内完全缩小。主要表现在：除北疆、东北边疆相对靠近我国的政治、经济中心外，边疆省区很难很好地获得经济中心的强有力辐射，相邻国家的经济发展水平也都相对落后；除沿海、东北等局部地区以外，整体经济水平较为落后；大中型城市较少，城市化的程度不高，西藏（2008年、2019年分别为22%、31.5%）、甘肃（2008年、2019年分别为32%、48.49%）、云南（2008年、2019年分别为

33%、48.91%）等长期是我国城市化率较低的省区；交通不发达，旅游可进入性受到较大影响；我国的老少边穷地区有很大部分处于边疆省区，2011 年中共中央、国务院印发的《中国农村扶贫开发纲要（2011—2020 年）》中列入的 14 个连片特困地区中涉及边疆省区的就有 6 个，分别是滇桂黔石漠化区、滇西边境山区、大兴安岭南麓山区、西藏、四省藏区、新疆南疆三地州。

边疆省区许多地方尚处于单一的农业或牧业经营，人均收入较低，内部旅游市场成长不足，对区外的主要旅游客源、资金、技术、政策、口岸等有着较大的依附性，制约了边疆省区旅游空间结构的发育。大部分边疆省区发展旅游业的基础相对薄弱、发展旅游经济的任务较为艰巨，给其旅游空间结构的形成与演进带来了较大的局限。与此同时，边疆省区拥有丰富的旅游资源，是我国旅游业发展的重要凭借，也是边疆省区脱贫攻坚同乡村振兴有效衔接的宝贵财富。边疆省区那些缺乏常规经济产业增长条件与基础的地方，往往会以旅游业作为实现本地区域经济发展的突破口与引爆点，成为边疆省区内的旅游业发展高梯度地区；而边疆省区的一些成熟产业和衰退产业的转移或重组，也为旅游新兴产业腾出了发展空间，展现着产业间的空间竞争和空间演替过程。

2.3.5 传导因素：政治条件

旅游是一种高度的政治现象，政治力量在很大程度上决定了旅游利益的获取与分配（杨安华和梁宏志，2008），政治环境和政策条件决定着边疆省区旅游空间结构发育生长的演进节奏、质量水平。在边疆省区旅游空间结构形成之初，人类对空间的主动干预就已经开始，旅游空间的建构和被解构机制在很大程度上须借助于政治、法律、规划等多种手段实现对空间的作用。边疆省区旅游空间结构的形成与演进，既受到国内各级政府的地方发展战略、旅游发展政策条件的影响，也受到中国与相关邻国等国际地缘政治的影响。

1. 国际政治条件

边疆省区处于国家的边境前沿和战略突出部，其旅游空间结构受国际政治大气候的影响，也受到相关国家间与跨区域的地缘政治状况的直接影响，形成了许多与内地不同的特点。边疆省区本身就是我国的旅游边缘区，相邻地区间旅游业互动因子被隔离或屏蔽，旅游空间结构的发育自然面临很多阻碍。边疆省区的旅游资源开发尤其是旅游市场合作与边境旅游开发等方面，往往要涉及两国甚至多边国家的制度、利益与态度，而中国与周边邻国的政治、经济、民族、历史、社会、文化等差异十分明显，敏感的国际关系、安全、边界、民族问题等往往成为制约旅游经济合作的关键性因素；周边少数国家和地区的政局动荡，非传统安全因素不断凸显，旅游政策连贯性差，都使边疆省区旅游业发展受到了不小的制约；邻国的旅游业发展水平参差不齐，除了东南亚一些国家的旅游业发展比较快以外，中亚、南亚、东北亚等地区虽然有一定的旅游业发展潜力，但旅游产业的规模和质量普遍很低。

众所周知，边界并没有随着全球化而消失，甚至早在新冠疫情之前，边界的存在感就愈加得到强化（Kenwick and Simmons，2020）。国界的功能就是限制其两侧政治、经济活动的任意延伸发展，常常限制两国人民的交流并成为军事前沿和经济篱笆（Prescott，1987）。边界与领土作为国家统治区域和主权范围的主要标志，具有绝对的排他性。国家往往会花费很大的精力在国界地区进行屏蔽或控制，从而有选择地促进或阻止进出（Simmons，2019）。边界是市场空间的障碍，使边界两侧经济联系的空间和时间距离加大、成本增加（Hoover，1963）；即使一体化使边界障碍消除，边界地区处于外围的区位劣势仍将长期存在（Heimpold，2000）。此外，国家货币的差别、消费者的产品偏好、文化差异等都将产生影响。由于国界的存在，许多人往往由于一些旅游景点在另一个国家而失去了游览机会（Smith，1984），加上语言与货币差异、文化差异等，边疆旅游业不像内地那样可以进行全方位的基本不受到限制的自由发展，因此给旅游空间发展带来一定的非自然障碍。边疆省区旅游空间的发展只能在省域内内生发育，很难同邻国顺利对接与互馈，边境地区往往成为旅游线路、旅游信息、旅游流的人为屏障和终点，旅游末梢节点（轴线、域面）很难向国界以外的邻国充分展开，这也是边疆省区旅游空间结构很长时期内保持点轴主格局，难以进化为网络格局的客观原因之一。由于边界阻碍，边疆省区国际旅游产业链上的环节断裂，边境旅游产业链的调整、重组及延伸任重道远。

中国是世界上陆地邻国较多的国家。改革开放以来，我国同周边诸多国家关系的正常化和沿边开放步伐加快，周边外交环境大大改善。相邻的国家通过贸易、人员往来、广播电视，以及多层次的政治、经济、社会、文化关系等途径加强交流，在政治、经济和文化上对边疆省区的旅游业发展产生了日渐良好的影响；边境旅游又被视为中国和邻国经济关系的突破口、民间交往的重要平台，比如2022年"中国+中亚五国"外长第三次会晤通过的《"中国+中亚五国"外长会晤联合声明》就提出："旅游业是推动区域间合作实现革新和转型的关键一环，是经济发展、友谊、相互理解、创新和繁荣的传播者。"

另外，国界使得边疆获得了边界效应，边疆省区与邻国由于旅游经济发展特点、旅游产品结构和旅游产品价格的不同，以及政治、文化和人民生活习俗的不同等，使得边界两侧产生了旅游位势差、氛围落差和特殊的旅游吸引力。国家的疆域越大，边疆、边境地区与内地差异就越大，对于边疆省区开展跨境旅游活动与招徕比较有利，也是边境地区旅游空间结构成长的重要特色资源凭借。

2. 国内旅游政策条件

边疆的稳定和发展对于国家而言具有重大战略意义，边疆治理是历代封建王朝影响全局稳定的重要举措（马大正，2004）。因此，新中国成立以来党和国家都高度重视边疆省区的经济发展、民族稳定和国防安全，西部大开发、振兴东北老工业基地、对口支援、兴边富民等政策和措施都对边疆省区的旅游业发展起到了较大的推动作用。党的二十大报告专门提出要"深入实施区域协调发展战略"[①]。同时，边疆省区旅游发展往往涉及国家意志与国家主权、事权，需要中央政府和各个部委等有关部门来决策、协调，进而影响到省区内旅游空间结构的发育。

同旅游业有关的政治制度、政策等稀缺资源是处于边缘区位的边疆省区旅游经济增长与旅游空间结构成长的关键要素，具有隐性或显性的空间属性。旅游市场机制、政府宏观调控机制、旅游政策供给等都具有区域差异性，不可避免地会带来对旅游资金、旅游人才、旅游信息、旅游宣传和旅游交通等稀缺要素的不同占有，价格机制引导旅游生产要素为追求更高的旅游经济收益率向相对优越的地区集中，以推动这些地区旅游经济发展。边疆省区旅游业的发展本身就反映了国家从计划经济到市场经济的战略转变姿态，折射出国家改革开放、供给侧结构性改革、区域协调发展的宏观政策变化。作为旅游市场区位非优区、经济欠发达地区，边疆省区旅游业的起步是较为艰难的，其旅游空间结构从一开始就受到政府主导型旅游发展战略的深刻影响，因此，其形成与演进在很大程度上反映了各级政府对于各种旅游资源与要素在空间上的配置能力和设想。由于边疆省区在发展工业、矿业或者能源产业时都无法摆脱交通和区位的空间约束，各级政府普遍对以旅游业为代表的进入门槛低、启动速度快的特色产业寄予厚望，对旅游业在兴边富民、促进民族地区与边疆地区的稳定、发展、进步方面的作用寄予厚望，因此，发展旅游业的意愿迫切而强烈。

国家和地方各级政府通过制定旅游发展政策、制度、规划，在旅游投资与建设等方面予以倾斜，从边疆省域甚至全国空间范围内对旅游开发资金、土地、交通的分配、使用进行引导，从而决定了边疆省域旅游资源开发的方向、力度、投资规模与基础设施配套等，有利于各种资源配置效率、旅游空间结构演进有序性、集聚的产生，反映出边疆省域内旅游政策制度安排和体制创新的地区选择性、区际差异性。行政力量的介入，将促进重点旅游节点（轴线、域面）的生长与扩散，

---

① 《习近平：高举中国特色社会主义伟大旗帜 为全面建设社会主义现代化国家而团结奋斗——在中国共产党第二十次全国代表大会上的报告》，https://www.12371.cn/2022/10/25/ARTI1666705047474465.shtml。

引导着边疆省区旅游空间结构的发展方向和时序;那些具有超前意识、较强旅游发展欲望、较好旅游发展政策的旅游节点和域面能迅速崛起。可以认为,边疆省区旅游空间结构的未来前景和效果不仅仅是其自在发展的结果,而且已经融入了各级政府管理者对此有意识的控制。此外,由于行政区经济的客观存在(刘君德,1996),边疆省域各地一般优先将旅游集散和接待功能要素集中于政治中心城镇,区域行政中心更容易形成区域旅游节点或极核,客观上使得不同职能、规模的旅游中心地在行政区划体系上形成,并具有一定的差异性和等级性;未来边疆省区旅游一体化的关键还在于政策管理制度的创新,消除区域内分割的体制壁垒,降低区域内旅游交易成本。

2.3.6　促进因素:技术进步条件

边疆省区旅游空间结构的演进规律是建立在技术发展的基础上的。技术进步条件是人类在旅游经济活动中,因有效的技术变化而提高技术系统在旅游经济生产中的总体效能的动态过程,它是区域旅游发展可能性转变为现实性的重要传导,也是区域旅游生产力的重要组成部分。一方面,技术进步能增加边疆省区旅游产品的供给,降低旅游活动的成本阻力和信息阻力,带来旅游流、资金流等,促进旅游集聚规模的扩大,进而促进边疆省区旅游空间结构发育水平的提升;另一方面,技术进步促进了旅游生产要素投入的节约,有助于减轻旅游资源、旅游市场分布等对区域旅游业的限制,并使得边疆省区的内外部旅游市场需求不断增加,原有的旅游空间已经不能满足对旅游资源的开发要求,新兴旅游地不断被开发,旅游域面和边界不断推进,边疆省区旅游空间结构得到扩展和丰富。当技术进步表现为技术或技术体系发生飞跃性变革时就会产生技术革命,从而影响边疆省区旅游空间结构以及旅游产业结构的发展变化。在技术进步条件中,交通条件和信息条件是影响边疆省区旅游空间结构的主要因素。

1. 交通条件

运输成本决定区位地租或经济地租(杜能,1986),在经济生活的一切创造革新中,运输在促进经济活动和改变工业布局方面,具有最普遍的影响力(Isard,1968)。边疆省区旅游空间结构演进的重要因素之一就是省域内外的旅游联系与作用程度,这在很大程度上取决于边疆省区在世界旅游格局中的空间可达性以及省域内各地的空间可达性,旅游业的空间可达性又取决于旅游出行费用和旅游出行时间两个方面。自 20 世纪 60 年代以来,随着交通运输的发展和运输、网络技术的迅速发展,单纯的运输成本对经济活动区位的影响已经在日益下降,但运输成本在总成本中占较大比例或者在潜在区位之间有较大的差异时，运输成本将对决策有着重要的影响（魏后凯，2006）。

由于面积广阔，气候条件相对恶劣，以非平原地形为主，制约边疆省区旅游要素集聚与扩散的最重要因素之一就是旅游空间距离带来的市场摩擦力。边疆省区无法像地理环境和内部交通相对均匀的东部地区一样采取圈层式蔓延的旅游空间推移方式，而只能沿交通或发展阻力最小的方向进行省域内旅游空间推移。为了克服空间摩擦而将旅游交通成本降至最低，边疆省区旅游线路组织和旅游空间活动要么须减小空间距离与线路长度，要么须利用现代化交通体系从而降低时间成本。

我国边疆省区的旅游产品、旅游节点较为分散，但交通基础设施薄弱，加上多数邻国的经济与交通网络落后，国际交通衔接与联系的水平较低，使得边疆省区旅游交通的时间成本、金钱成本高，从而表现出一定的闭塞性。虽然部分省区的旅游交通情况有一定的改善，但都依然有短板。比如，部分边疆省区航空、陆上高速交通发展滞后；边疆省区进出境大通道、省内骨干通道与环线尚不通畅，高速、大容量的综合运输通道尚未成型。造成边疆省区旅游交通落后的原因是多方面的，既有自然因素，譬如地处偏远，或多山，或地处荒漠半荒漠地带，或地形、地质复杂等，造成交通修建成本高、难度大；也有历史因素，比如财政能力薄弱、交通建设的投资欠账太多。随着国家社会经济的发展和交通强国战略推进，这种旅游业的闭塞性与薄弱性有所好转，但还将在很长一段时间内相对地存在。

交通运输的发展制约着边疆省区的旅游空间形态和发展方向，但现代交通方式的多元化、快速化及共建"一带一路"倡议实践将赋予边疆省区旅游空间结构以更为灵活的变化手段和选择余地。边疆省区旅游腹地广阔、旅游资源破碎分散，旅游交通的薄弱导致旅游通道长期不畅，持续制约与影响边疆省区旅游空间结构的发展。省内旅游交通网络格局决定了各旅游节点（轴线、域面）的旅游通达特性的高低，进而决定着各旅游节点（轴线、域面）的区位与旅游资源等势能转化为动能的可能性，影响其吸纳的旅游流的流量、流向与流速；省内的旅游交通等级与关系往往决定着各旅游节点（轴线、域面）的等级、相互关系与生长方向；在一定的交通技术背景下，边疆省区空间可达性由于距离省域内中心旅游城市的远近而呈现出一定的同心环状，旅游空间结构也呈现出原生的不等半径的同心环状，而当以航空、高铁为代表的快速交通牵引着旅游业向远离中心的边缘区域跳跃式发展时，交通成本对边疆省区低梯度地区发展的约束降低，原有的环状旅游空间扩展格局被打破，代之以轴线模式、网络模式、反梯度推移模式等空间结构形式出现；边疆省区高速公路和高速铁路的发展，能极大地刺激港站城市的旅游经济增长，促进沿线新旅游节点的产生、旅游节点规模的扩大、旅游职能的多样化，进而推动旅游节点群沿着交通干线呈带状分布或形成旅游城市群空间结构。

毫无疑问，那些通达性高的资源富集地就会起步较早、发展更快，成长为高等级旅游节点，并带动与之相联系的旅游交通、旅游轴线、旅游域面的快速成长。而以航空、高速铁路和高速公路等为代表的快速旅游交通与现代化交通工具载体，正在改变旅游者在边疆省区旅游目的地的选择意向以及旅游节点（轴线、域面）的吸引力，促进旅游节点（轴线、域面）向广阔的腹地和边界地区的扩散；并将塑造旅游高可达性的"飞地"、"走廊"或"岛"，形成高速交通网络之间的低可达性"盲区"，促进边疆省区旅游空间由平面一维向立体多维发展，并最终带动边疆省区旅游空间要素在更大的时空范围内的重新分布与重新组合。

边疆省区的旅游空间结构与交通形态呈现阶段性互促关系。一是对应极化阶段前的旅游起步阶段，旅游交通网络相对于边疆省区旅游空间结构的发展是被动的，基本处于"供不应求"的状态；二是对应边疆省区旅游空间结构逐步成熟的时期或整个扩散阶段及极化阶段后期，旅游交通网络的发展会引导旅游空间形态发展，一定时期可具有某种超前性，但总体上基本达到"供""需"相互适应的状态；三是对应成熟阶段或边疆省区旅游空间结构后发展时期，旅游交通网络的发展从以往侧重数量与规模上的外延发展，转向注重服务与外部环境效果的内涵发展，综合交通运输呈现出一体协调发展局面，并与边疆省区旅游业的持续发展导向相一致，"供""需"将达到一种高水平的持续平衡状态，旅游可达性差的区域不断得到填充，边疆省区旅游活动的相对均质性逐步形成，区内及跨区（境）旅游一体化格局开始出现。

2. 信息条件

同内地相比，边疆省区交通、通信的相对落后和经济的欠发达，导致这些地区信息闭塞，旅游信息传递缓慢，通过行政机构传递的信息居多，对旅游市场信息的捕捉、发布和反馈能力较弱，不能完全适应市场经济高速度、快节奏的发展要求。伴随着全球信息化时代的到来，互联网发展中的去中心化、扁平化、集成化和再中心化特征带来了全新的旅游产生方式和旅游生产生活方式，深刻影响到曾经区位相对不利、处于信息末梢的边疆省区旅游空间结构演化。由于数字经济的发展大大缩小了旅游时空距离，使边疆省区的旅游信息可以以最高的速度、最低的成本高效传播并与全球旅游市场联为一体，使边疆省区从旅游信息渠道封闭、旅游信息传播手段单一传统的旅游信息边缘地区转变为在国内外主要旅游市场方向都拥有较强的旅游信息获取、分析鉴别、共享利用能力的地区。同时，省域内不同旅游地的信息也能被海量传播，腹地与外围地区的旅游吸引力不断上升，旅游要素的大规模空间梯度推移和外向化旅游空间结构也成为可能，从而推动边疆省区旅游信息空间的扩展与边疆省区旅游空间延伸复合，强化省域内旅游中心地与辐射域面、地区之间的旅游经济活动联系、空间整合和旅游要素的跳跃性扩散。当然，由于边疆省区缺乏数字经济优势，数字空间区隔也可能导致边疆省区旅游业同时存在全球扁平化和地方陡峭化的两种力量；电子商务既对原有旅游空间生产网络和价值链带来"去中介"作用，也可能同时伴随有"再中介"作用。

对于边疆省区旅游业而言，以节庆、事件为主导的信息传递能极大促进旅游空间结构的形成与演进。一方面，重大节事是边疆省区旅游节点（轴线、域面）借以集中各种要素促进自身短期快速发展的工具。它能在短期内为边疆省区旅游节点（轴线、域面）带来旅游信息的丰富辐射，吸引大量客流，对于旅游基础设施的需求将达到瞬间的高峰，是进行大规模旅游基础设施建设的"催化剂"，利用得好将帮助节点（轴线、域面）跨越发展门槛；它也可以推动旅游节点（轴线、域面）的旅游产业结构调整，创新边疆省区旅游发展理念，提升地方知名度与品牌形象。举办重大节事的间接引致性效益通常远远高于直接效益，短暂的重大节事将推动边疆省域空间结构日臻完善。另一方面，举办或利用重大节事获得旅游信息收益的旅游节点（轴线、域面）将在区域范围内获得较高的空间极化能力与扩散能力，这将刺激、修正或延阻部分旅游节点（轴线、域面）的发展路径，在较短时间内极大地改变边疆省区的整体旅游空间格局。

2.4 边疆省区旅游业的特殊性

从以上分析来看，同内地省（自治区、直辖市）相比，边疆省区的旅游业具有一定的特殊性，而且会给边疆省区旅游空间结构带来不同程度的影响。这些特殊性体现在以下几个方面。

2.4.1 成长环境不同

边疆省区的旅游业成长环境不均质性强，包括外部边界和内部障碍在内的空间限制性因素较多，自然环境、经济环境、交通基础等普遍相对不利，旅游空间成长的不经济性与不确定性因素更多。

2.4.2 产业地位不同

由于边疆省区经济基础薄弱，可选择的优势产业不多，因此边疆省区普遍将旅游业列为支柱产业或先导产业，而内地一般将旅游业作为重要产业予以发展。相比较而言，边疆省区旅游产业的地位更为显著，政府重视程度更高，有可能超常规培育出旅游节点或旅游轴线。

2.4.3 驱动力不同

由于内部客源的匮乏和外部客源的难获取性，边疆省区多是以资源作为产业的主要发展驱动力，以高品位、国际级的旅游资源牵引区外客源的进入并引导旅游地的发展，旅游客源动能较为单一；内地旅游业的发展虽然也离不开旅游资源的基础性作用，但是相对更多的是市场为产业的主要发展驱动力，海外旅游客源市场、国内客源市场和本地客源市场的多重互补作用下，内地旅游业的发展对旅游资源依赖性的要求相对更低，市场需求、市场作用更加明显。

2.4.4 合作方式不同

内地省份的旅游合作主要以国内和周边省份为主；边疆省区毗连邻国，因此国内旅游合作与国际旅游合作兼具，旅游合作的方向、层次、深度、广度较为丰富和复杂。

2.4.5 业态与产品不同

边疆省区的旅游业态与产品以生态旅游产品、自然旅游景观与民族文化旅游产品为主；内地省份的旅游业态与产品除了部分自然旅游景观和生态旅游产品外，还有较大比例的历史文化旅游产品和休闲娱乐产品。

2.4.6 政治和政策不同

从政治和政策的角度来看，内地旅游业的发展主要关乎国内政治与国内旅游政策，而边疆省区旅游业的发展除了涉及国内政治与国内旅游政策外，还要涉及国家区域发展政策、边境政策、对外政策和边疆安全稳定政策，政治与政策的影响更为复杂与敏感。

2.5 边疆省区旅游空间结构的特殊性

由于边疆省区旅游业的特殊性和边疆旅游空间结构的多种动力因素作用，边疆省区旅游空间结构表现出多方面的特点。

2.5.1 整体性与差异性

边疆省区旅游结构诸要素在空间尺度上进行不同的排列组合，从而建立了较为稳定、统一的联系和空间相互作用，从整体上实现省域内旅游者、旅游能量、旅游要素等的流动，并在系统功能上有机融合，形成有序整体，使得系统整体功能大于部分功能之和。当整体系统内的任何一个旅游空间结构要素面对一定的干扰或者变化的时候，就会出现这个结构的演替与变化。比如，区域内新兴旅游资源的开发、新型旅游业态的建设、传统旅游节点与产品的业态创新与转型、旅游轴线的拓展、旅游边界的变通、旅游域面的扩散等变化都会促使整个边疆省区旅游空间结构的变化。旅游空间结构的整体性特征再次说明了旅游空间结构网络的点、线、面、界等基本要素的不可分割性、一体性。旅游节点在一定的旅游域面中孕育、生成，进而带动旅游轴线的生成与延伸，促进旅游域面的整体进步；旅游轴线从一定的旅游节点开始起步，渗入、链接旅游域面，引导旅游流的发展；而旅游域面既影响到旅游边界的变化，也受制于旅游边界的综合效应，其发展也离不开旅游节点和旅游轴线的成长。所以，在对边疆省区旅游空间结构进行调整的时候，必须从系统整体的角度进行全局性的衡量与优化。

同时，边疆省区旅游资源多样，旅游节点广布，旅游轴线与域面丛生，旅游边界条件迥异，其旅游空间结构要素在结构、功能等时空分布方面总是不均匀的，这种时空分布的不均匀性决定边疆省区旅游空间格局功能的特殊性、空间格局的异质性。旅游节点（域面、轴线、边界）单元在数量、大小、形状、类型、分布及彼此间的连接性、连通性等结构和功能上具有多样性特征，这种多样性可带来边疆省区旅游空间结构的稳定性，促使旅游空间景观效应最大化。同时，不同的边疆省区在旅游地理条件、人文背景、旅游发展中也具有一定的异质性与区域个性，其旅游空间结构的形态、水平、效益和功能等方面都有着显著的差异，同时也与内地有着明显的不同。

从目前来看，边疆省区旅游空间结构水平同我国内地特别是东部旅游业发达地区仍有较大的差距。东部发达地区的旅游节点众多、旅游通道密集、旅游轴线成熟、旅游流量大、旅游网络结构成型、省域内旅游空间等级体系完善、旅游一体化水平较高，而边疆省区的旅游空间结构正处于节点滋长、轴线连接、域面整合重组阶段，整体发育水平和功能还较为落后，省区空间在国内的开放化水平有待提高、边缘化倾向明显，省区内旅游空间还处于形成或完善阶段。因此，在对边疆省区旅游空间结构进行调整的时候必须具体问题具体分析。

2.5.2 稳定性与动态性

由于旅游资源与其他旅游要素分布的不可移动性和相对持久性，旅游节点（轴线、域面）也相对持久而稳定，抗干扰能力强，生命周期一般较长，具有一定的结构惯性。不同旅游空间要素之间密切联系且相互作用，区域旅游空间内部具有一定的自我组织、自我协调、自我修复功能，一旦空间系统生成，就会在较长一段时间内处于一种相对稳定的状态。

边疆省区旅游空间是一个动态的概念。由于旅游经济地域要不断开发、竞合，边疆省区旅游空间在结构和功能方面随时间的推移而不断发生变化。这种变化是自然惯性和人为扰动相互作用、多种动力因素交叉影响的结果，其中人为扰动起着主要的作用。随着边疆省区旅游业的发展，旅游节点的功能逐步完善，在极化作用和扩散作用等机制影响下，会由较低的旅游节点转化为较高级别的旅游节点，并带动旅游轴线与旅游域面的成长；而旅游轴线与旅游域面的壮大与拓展，也将强化旅游节点之间的联系与互动，提高旅游节点的职能与能级；国际政治关系、政府政策、旅游交通、旅游市场等因素不仅能直接改变边疆省区的旅游空间区位，也能带来边境条件的嬗变与旅游边界的"位移"。随着旅游节点（轴线、域面）在空间的不断拓展，旅游人口、旅游经济活动规模等数量指标会持续性增长，旅游流沿着旅游空间结构的"点—线—面—界"持续运动，带来空间结构的一种持续演进特征。边疆省区旅游空间构成要素自身及其相互间的能量、信息的交流，组织形式、结构的调整演进及其类别的更替和衰亡等，都是边疆省区旅游空间结构动态性的基本表现。边疆省区旅游空间结构是一个生命有机体，有其自然形成、发展、成长、衰退的过程，在不同旅游空间结构要素与驱动因素的相互制约、相互作用下，推动着边疆省区旅游空间结构的不断完善和层次的提高。边疆省区旅游空间结构的发展阶段是其动态性的基本表现。所以，要加强边疆省区旅游空间结构演进时序、规律的研究与预测，把握对其人为干预的时机与手段，科学地对其演进方向与演进效率进行引导。

2.5.3　边缘性与开放性

边疆省区有着不同于内地的旅游资源丰度、地域文化厚度，有着不同于内地的旅游发展背景与客源市场条件，有着不同于内地的地缘政治条件、政策条件与对外交通条件，边缘效应明显。与内地发达地区、中心地区相比，边疆省区旅游空间结构不可避免地具有外围性与过渡性，具有明显的边疆与边缘特征。这种边缘效应使边疆省区的外围旅游节点往往在很长一段时间内无法改变其边缘节点、末端节点的地位，旅游节点发育与组织受到阻碍和影响，旅游轴线无法向周边国家、地区拓展；旅游域面往往只能接受内地旅游节点与域面的辐射，推移缓慢；旅游边界的边界效应过程复杂，难以调控。

边疆省区旅游空间结构是一个多维复杂的动态系统，为了维持其持续发展和衰退后的再生，必然会利用其边缘区位与其他省区市、周边国家发生千丝万缕的联系，进行物质能量和信息的交流，形成开放性的省域旅游空间结构。边疆省区旅游空间一方面透过其边界和边缘性节点、域面吸收外界的信息与能量，同时也向外输出物质能量和信息。

边疆省区旅游空间结构的边缘性与开放性有着高度的相关性。当其边缘正效应被发挥时，其开放性特征会愈加明显；当边缘负效应占主导时，边疆省区旅游空间结构的开放性会受到很大的抑制。而开放性同样会极大地影响到边疆省区旅游空间结构的边缘效应，影响到边疆省区旅游节点（轴线、域面、边界）的生长与演进。

2.5.4　层次性与等级性

在劳动地域分工规律的作用下，边疆省区旅游业始终处于形成、发展、变化的过程中。因此，各个节点（域面、轴线）的旅游生产力发展水平明显不同，必然分属于不同层次和占据不同的位置。从而，在边疆省域尺度下，旅游节点以及围绕不同规模和质量的旅游节点发展起来的旅游轴线、旅游域面都具有相对应、有区别的等级，在空间排列组合中具有层次性、等级性、不平衡性。依据旅游节点（域面、轴线等）所处区位的重要性和旅游节点（域面、轴线等）自身的竞争力，不同旅游节点（域面、轴线等）的网络控制权不同，网络权力大的旅游节点（域面、轴线等）的等级就高。等级高低是区域旅游空间分工与协作的重要依据。高等级旅游节点（域面、轴线等）配置高等级的旅游资源和旅游产业，形成高效率的旅游流输出、输入，是区域形成强大的旅游辐射和旅游带动能力的保证，高等级旅游节点（域面、轴线等）是区域空间发展状态的调控者、稳定器。旅游节点（域面、轴线等）的等级、网络权力、资源配置三者必须协调，这是边疆省区旅游空间结构重组的重要原则之一。同时，每一个具体区域的旅游发展水平总有一个由低级向高级发展的过程，一定的旅游节点（域面、轴线等）也都有一个由低等级向高级、相对上升或下降的发展过程。某一旅游节点（域面、轴线等）的高级化必然使一部分旅游节点（域面、轴线等）受到支配。对边疆省区旅游空间结构的节点、域面、轴线进行科学的划分与定位，明确不同空间结构要素的功能定位、等级范围和发展主题，有助于促进边疆省区旅游业的发展。

第3章 边疆省区旅游空间结构形成与演进的过程和机理

边疆省区旅游业的发展实质上就是一种具有动态性和阶段性的空间过程，在不同阶段呈现为不同的空间组织结构。边疆省区旅游空间结构的形成与发展，可以分为节点状离散发展阶段、点轴状发展阶段、放射串珠状发展阶段和轴辐式网络状发展阶段，并深刻地受到旅游业"点—轴—网"发展原理（旅游中心地原理、旅游点轴原理、旅游轴辐式网络发展原理）、旅游业核心—边缘原理、旅游业空间推移原理、旅游业地缘政治原理的交叉作用、深度影响，机理十分复杂。

3.1 边疆省区旅游空间结构形成与演进的过程

边疆省区旅游经济发展初期，由于旅游要素瓶颈和地理条件等的制约，其旅游资源开发和旅游产业发展不能全面而均衡地进行，只能采取不平衡增长战略，集中有限的资源和能力优先重点建设一个或数个旅游节点，通过其高效发展带动周围地区的旅游经济发展；边疆省区旅游经济发展进入到中期阶段以后，点轴旅游空间和放射串珠状空间结构的形成加强了省区内部的旅游经济联系，不同旅游节点（域面）之间逐渐协调发展，省域内的旅游经济差距呈现出缩小的趋势，但旅游非均衡发展状态仍较明显；边疆省区旅游经济发展进入高级阶段之后，轴辐式网络状旅游空间结构逐步取代点轴式旅游空间结构占据主导地位。

根据边疆地区旅游业的发展特点、空间变化过程和旅游空间结构作用机制，我国边疆省区旅游空间结构的演进过程可以划分为四个阶段：节点状离散空间和点轴状旅游空间是边疆省区旅游业初级阶段的空间结构形态模式，放射串珠状空间是边疆省区旅游业成长阶段的空间结构形态模式，轴辐式网络状旅游空间是边疆省区旅游业发育成熟稳定阶段的空间结构形态模式。

第一阶段是边疆省区旅游空间结构的节点状离散发展阶段（图3-1）。边疆省区旅游资源普遍处于待开发状态，以少数旅游节点的集聚为主，旅游产业结构呈现初级特征。由于旅游节点稀少、旅游产品初级、旅游交通的质量和形式都较欠缺，内部旅游流微小，旅游发展轴线还在雏形之中；旅游域面缺乏发育，绝大多数地区属于未开发的旅游腹地，旅游节点和旅游域面呈现零散滋生状态，还没有形成等级关系与职能分工（除了不同等级的行政中心外）；空间分布呈现原始的、低级的离散状态，引起区域旅游空间结构变化的许多作用要素还没有出现或者作用力度弱；少数旅游节点和域面的周边就成为边疆省区旅游空间结构的边界，形成了少量小范围的旅游封闭环境。

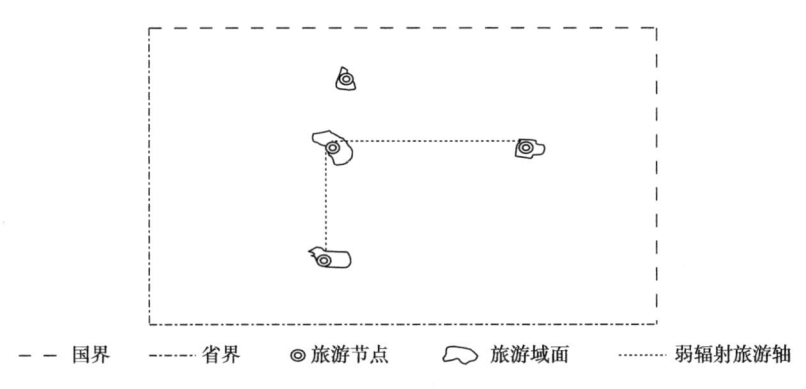

— — 国界　------ 省界　◎旅游节点　⌒旅游域面　·········弱辐射旅游轴

图3-1　边疆省区旅游空间结构的节点状离散发展阶段

第二阶段是边疆省区旅游空间结构的点轴状发展阶段（图3-2）。由于边疆省区对旅游中心的重点打造和全省区旅游业的整体进步，主要旅游节点的旅游产品、接待设施和到访游客数量迅速增长，区域旅游集聚和规模经济成为旅游经济活动的主要特征。通过极化效应，旅游节点基本发育成熟，成为全省区旅游空间结构生长的核心区，其他地区成为受其支配的外围地区；以主要旅游节点为端点、以早期旅游交通通道为载体的轴线基本成型；由于旅游轴线发育时间不长，外来旅游者倾向于选择其他高级别旅游节点与景区作为旅游目的地，旅游轴线上的过渡节点还比较缺乏；随着旅游节点和旅游轴线的扩散与延伸，旅游域面与旅游边界都向纵深推进，但仍有一定的省域空间为旅游发展的空白点，旅游发展非均衡状态明显；旅游流在全省区的流动也基本为往返型线路，对中心旅游枢纽节点的高度依赖使得旅游轴线间产生一定的旅游客源分流与竞争，旅游地之间仍然以不同等级之间的纵向联系为主。

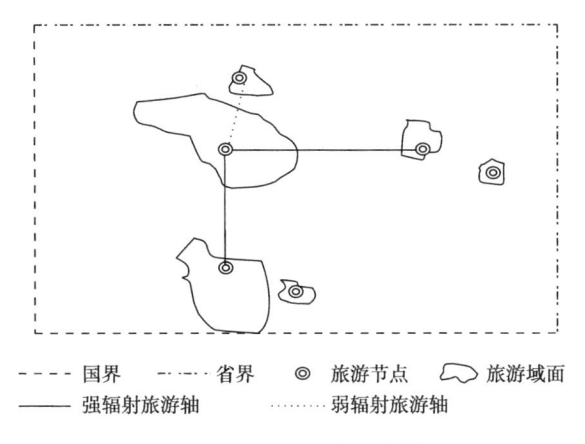

- - - - 国界　　-·-·- 省界　　◎ 旅游节点　　◯ 旅游域面
——— 强辐射旅游轴　　······· 弱辐射旅游轴

图 3-2　边疆省区旅游空间结构的点轴状发展阶段

第三阶段为边疆省区旅游空间结构的放射串珠状发展阶段（图 3-3）。在中心旅游节点的波及和扩散效应下产生了次级旅游中心，新的旅游中心不断出现，并特别容易出现在旅游资源条件优越、同中心旅游节点之间有联系紧密的交通通道附近，部分旅游节点的辐射范围互相重叠；随着旅游节点的多元化及以中心节点为核心的旅游交通网的逐步形成，旅游轴线的数量增多、辐射路径与宽度延展，部分的旅游轴线末端节点逐步转化为过渡节点，形成以首位节点为核心的放射串珠状结构；旅游节点之间、轴线之间要素的联系加强，旅游域面相交，基本覆盖全省区大部分范围，旅游边界也基本与边疆省区行政区边界重合；由于旅游高梯度地区核心旅游产品的老化、旅游容量的限制以及旅游集聚成本的增加，省域内部空间的旅游梯度推移加速，一些旅游功能转移到边缘地区或中低梯度地区，带动了不同等级旅游节点（轴线、域面）的发展和部分边缘地区优良旅游资源的开发。当然，由于次级旅游节点间缺乏稳定的旅游客源交流和国际性旅游出入口，各个旅游节点、轴线都以主要旅游极核为中心，旅游空间结构呈现放射状节点分布；省区（境）外游客很难在省域内选择环状旅游路线；旅游空间结构向等级体系方向演进，不同旅游节点（域面、轴线）间的市场定位与细分趋于多样化。

第四阶段为边疆省区旅游空间结构的轴辐式网络状发展阶段（图 3-4）。密集分布、广泛发育、错位发展的旅游节点群已经形成，高等级旅游节点区域稳定，中小旅游节点继续发展，不同等级的旅游节点间旅游流频繁、联系多样；以多个中心节点为极核的多样化快速旅游交通网络辐射全省区，旅游轴线基本成网，联结有序；旅游域面间的联系与合作更加紧密；旅游空间扩散和旅游流分散的趋势日益加强，旅游边界具有向国外或省外扩展的倾向；除了原有的中心旅游枢纽节点外，省域内多个旅游节点成为对外旅游出入口，边缘地区出现了更多的中心旅游节点，

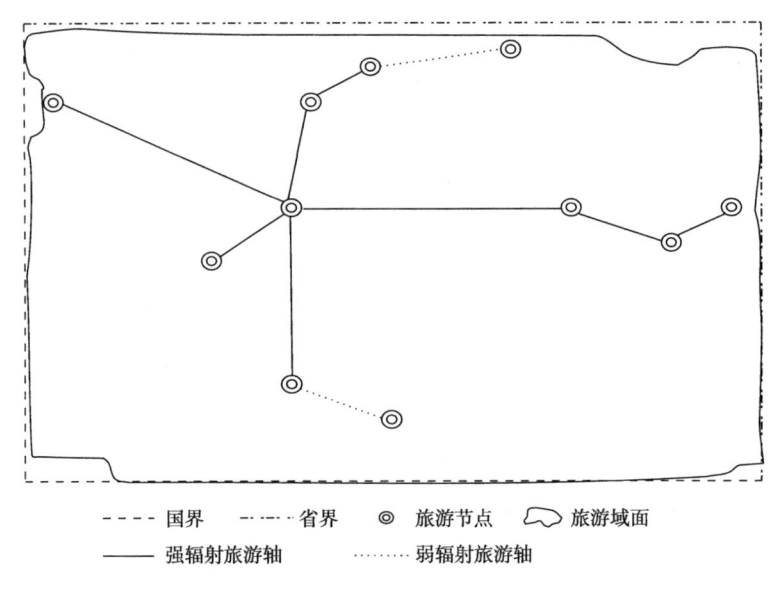

---- 国界   ---- 省界   ◎ 旅游节点   ⌒ 旅游域面
—— 强辐射旅游轴   .... 弱辐射旅游轴

图 3-3　边疆省区旅游空间结构的放射串珠状发展阶段

在多核心、轴辐网络的波及和扩散作用下，环状旅游线路蔚然成型；以数个旅游极核或少数职能分异、互补的中心旅游城市为核心，区域旅游空间结构和规模结构呈现高级的相对均衡，省域空间各组成部分被轴辐式网络融合为有机整体，旅游域面更加稳定、连贯。

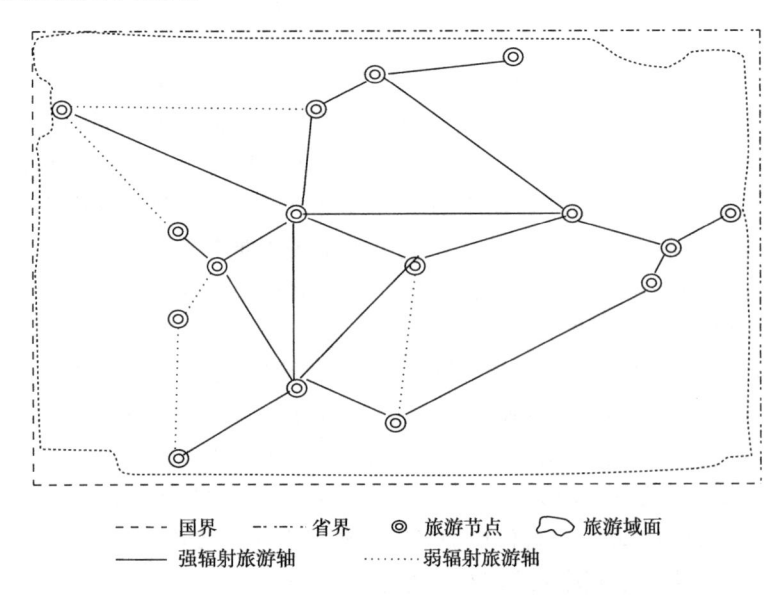

---- 国界   ---- 省界   ◎ 旅游节点   ⌒ 旅游域面
—— 强辐射旅游轴   .... 弱辐射旅游轴

图 3-4　边疆省区旅游空间结构的轴辐式网络状发展阶段

3.2 集聚与扩散：边疆省区旅游空间结构形成与演进的"点—轴—网"过程机理

旅游空间结构是边疆省区旅游经济活动的载体，以集聚与扩散为主要空间运动形式的旅游经济活动是持续不断的，也是阶段性的。在旅游空间结构演进的初期，旅游集聚机制起主导作用，之后，集聚机制作用逐步减弱，扩散机制逐渐发挥作用；在旅游空间结构演进的后期，集聚与扩散机制同时作用。这也决定了边疆省区旅游空间结构的发展、演变呈现出时空依次递进的阶段性。边疆省区旅游空间结构的演进经历着起步、成长、成熟和可持续发展的循环过程；不同边疆省区、边疆省域内的不同市（州）在同一时期也可能会处于不同的发展阶段，形成宏观旅游空间的层次结构，而使相应的旅游地也表现出发展的阶段性。

根据边疆省区旅游空间结构四个阶段的划分，旅游中心地原理、旅游点轴结构原理与轴辐式旅游网络结构原理都分别在不同时期发挥了不同的作用（表 3-1）。旅游中心地原理认为：在边疆省域旅游业发展后，区域中逐步出现一些无序的点，总有一些旅游节点集聚而成为不同尺度空间的中心，旅游中心地体系是边疆省区旅游业发展到一定阶段的必然产物。旅游点轴结构原理认为：旅游节点为了存在与运行，就必须与其他旅游节点（域面）发生多种联系，其相互联系的主要交通干线也会因此吸引旅游经济客体逐渐集中，逐步形成轴线，成为旅游要素流动最为便捷的通道；当轴线的极化作用达到一定程度，就会对腹地产生扩散与带动作用，并产生新的旅游节点与轴线。轴辐式旅游网络结构原理认为，随着区域内旅游点轴体系的建立，旅游轴线之间的联系与互动逐步增强，边疆省区出现了不同尺度视角的蜂窝状的旅游网络结构，多种级别与规模的旅游节点（轴线）相互联系与对接，旅游空间结构更加合理。其中，旅游中心地原理是旅游点轴结构原理和轴辐式旅游网络结构原理的基础，旅游点轴结构原理也是轴辐式旅游网络结构原理的基础。三者有序、互补，对于分析边疆省区旅游空间结构的阶段性时序发展具有指导意义。

表3-1 "点—轴—网"空间结构原理在边疆省区旅游空间结构演进中的作用

边疆省区旅游空间结构演进的阶段	产生作用的空间结构原理		
	旅游中心地原理	旅游点轴结构原理	轴辐式旅游网络结构原理
节点状离散发展阶段	√		
点轴状发展阶段	√	√	
放射串珠状发展阶段	√	√	
轴辐式网络状发展阶段	√		√

3.2.1 边疆省区旅游中心地形成原理

1. 中心地理论基础

中心地理论是由德国城市地理学家 Christaller（克里斯塔勒，2010）和德国经济学家 August Losch（奥古斯特·廖什）分别提出，20世纪50年代起开始流行于英语国家，之后传播到其他国家，被认为是20世纪人文地理学最重要的贡献之一。

通过对德国南部城镇的调查，克里斯塔勒发表了《德国南部中心地原理》一书，系统阐述了中心地的数量、规模和分布模式，建立起中心地理论。该理论建立在"理想地表"之上，其基本特征是每一点均有接受一个中心地的同等机会，一点与其他任一点的相对通达性只与距离成正比，而不管方向如何，均有一个统一的交通面，在此基础上形成了六边形网络和城镇等级体系。

克里斯塔勒认为，有三个条件或原则支配中心地体系的形成，它们是市场原则（$K=3$）、交通原则（$K=4$）和行政原则（$K=7$）。在不同的原则支配下，中心地网络呈现不同的结构，而且中心地和市场区大小的等级顺序有着严格的规定，即按照所谓 K 值排列成有规则的、严密的系列。

2. 旅游节点是边疆省区旅游中心地形成与演进的主要载体

旅游要素与生产力要素相似，也是在空间上相互吸引而产生了集聚。在边疆省区旅游业发展中，旅游要素与旅游活动相关的人、财、物及信息流集聚而成的旅游节点在形成多样化的旅游中心地体系方面发挥着十分重要的作用。

由于旅游业发展与边疆省区经济发展及城镇空间结构模式存在一定的相互作用与依存关系，旅游节点大多是省域内拥有高等级旅游产品和较完善交通设施的区域中心性城镇。由于旅游产品与旅游形象的市场势能带来了较高的旅游流集聚，并使得节点内与旅游相关的对外服务功能日益增强，旅游食宿、旅游管理、旅游信息服务、旅游人力资源调配、旅游接待等功能日渐完善，其中一些节点的旅游服务功能上升为该城镇的主要功能，并向周边旅游节点（域面）进行扩散。由于边疆省区旅游业的特殊市场区位、地缘格局、欠发达特征，其难以完全依托国内主要旅游中心地或周边国家、地区的旅游中心地的辐射与带动，自身旅游节点发育也受多种因素的制约。因此，内生性的旅游中心地在组织旅游活动、形成边疆省区旅游空间结构上起着举足轻重的作用。从旅游中心地的机制视角来看，旅游节点是边疆省区不同尺度空间服务的中心，是全省区旅游要素集聚与扩散的中心，也是区域内、外旅游线路的端点。

旅游节点在边疆省区旅游空间上呈现鲜明的中心地特点：一是旅游节点具有一定的服务域面，该旅游节点直接地或者通过下一级的旅游节点间接地为一定的旅游域面内的旅游业提供服务功能，这种中心职能和相对重要性就是旅游节点的中心性。二是由于旅游节点的中心性包含多种要素（表3-2），因此旅游节点体系具有复杂的内部结构，包括由于旅游节点的服务功能不同而形成的职能结构、由于对外服务等级不同而形成的规模结构，以及由点、线、面不同要素整合的空间结构，通过区域间的旅游轴线，不同职能、不同规模的旅游中心地与其各自服务的区域整合为一体，形成不同等级的旅游域面。即使是最低层次的旅游节点，也是一定旅游域面范围内的中心地。很多旅游节点都会具有不同层次的旅游中心性，它们既是旅游目的地，也是具有较强的接待服务设施和交通条件的旅游集散地，有些还是区域旅游管理的中心节点。由于决定各级旅游中心地旅游产品和旅游服务供给范围的重要因子是经济距离，它直接影响旅行费用、旅行时间、游客消耗的体力、旅游者的行为特征等，因此，旅游交通发达程度对边疆省区中心地的形成与发展意义重大。

表3-2 旅游节点中心性的主要要素

要素	子要素
交通	航空、铁路、公路、航运等
城市特征	人口规模、地区生产总值、基础设施、经济产业结构、行政区级别与区位、信息网络等
旅游业	旅行社、旅游教育、餐饮设施、宾馆饭店等
旅游产品	旅游资源禀赋、文化旅游产品数量与等级、多民族风情特色与代表性等
旅游市场	旅游收入、旅游人数等
旅游管理	管理结构等级、管理体制、管理机构数目与人员等
区域旅游发展	邻近旅游节点、域面的发育水平、辐射区域内的旅游产品组合状况等

旅游中心地结构中存在两种节点，即中心节点和边缘节点，同时还可以分为过渡节点和末端节点（林刚，1996）。高等级的旅游节点能够为更大区域内的旅游吸引物与更多的旅游者提供旅游服务功能，而核心旅游节点往往是全省

区封闭旅游空间中的主要客源扩散源与旅游中心地；中心旅游节点能为边缘旅游节点和低等级的旅游中心地提供服务功能，共同形成等级网络的旅游中心地体系。

3. 边疆省区旅游中心地的形成与演进

边疆省区旅游业发展相对滞后，旅游节点的发展也各有先后。资源丰富而特色鲜明、社会经济支撑能力强、地理区位优越、兼有旅游产品基础与旅游品牌质量高的地区往往是首先投资、开发与推广的对象，成为最早起步、最快发展、最先集聚的旅游节点。这批旅游节点逐步壮大并产生扩散作用，带动了周边甚至全省区的旅游业发展，形成了以早期旅游节点辐射带动的全省域面的雏形，促成了边疆省区旅游空间系统的逐步生长。随着边疆省区旅游业的更进一步发展和新兴的旅游节点的滋生，这些旅游节点在区域内会加快规模、职能、空间上的分化与分工，那些旅游发展历史较早、旅游资源与产品等级较高、旅游交通与接待设施较优、城镇级别更高的旅游节点规模逐步扩大，并升至高一级中心地，与此同时，次一级中心地也会相继出现。当边疆省区旅游经济进一步发展后，最高等级旅游中心地和次一级旅游中心地会继续升格，同时，更低级别旅游中心地随之大量出现，最终形成了完整的边疆省区中心地等级系统。每个高级的旅游中心地都辐射、统领多个中级旅游中心地和更多的低级旅游中心地。本地居民的日常休闲游憩旅游活动在低级旅游中心地就能基本满足，但如需获得较高级别的旅游体验就需前往中级或高级旅游中心地。一般来讲，以中心城市为核心带动旅游区域的发展，符合旅游业发展的一般规律；反过来讲，通过邻近的独特景观、已形成规模的旅游区也能较好地带动中心城市的形成和发展，旅游区与旅游中心城市能形成良好的互动关系。

以杜能的农业区位论（杜能，1986）和韦伯的工业区位论（韦伯，1997）为代表的中心地理论的前期假设是：均质的平原地形，生产所需要的资源均匀分布；运输条件在任何地方都可行，运输距离各处都相等；人口均匀分布，他们的偏好相同；生产者和消费者的行为都是理性的；人们总是从最近、最低的中心地购买商品和劳务。这些都不符合边疆省区的旅游地理环境特征，也不符合旅游者多样化需求、求新求异的心理特征。根据前述边疆省区旅游空间结构形成与演进的动力机制、发展阶段以及中心地基础理论，本书将边疆省区旅游中心地的形成和演进过程划分为三个阶段（图3-5），以完成纯理论的中心地空间均衡模式的推导向不均衡的边疆省区旅游空间结构现实模式的解释。具体如下。

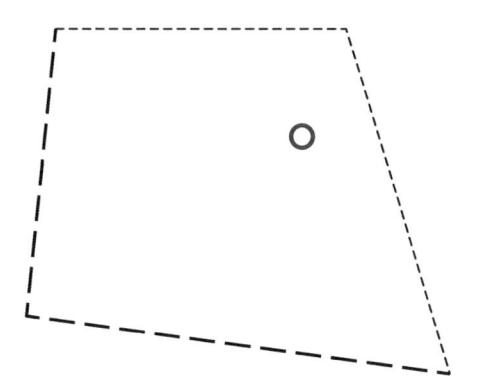

第 3 章 边疆省区旅游空间结构形成与演进的过程和机理 · 51 ·

(a) 边疆省区旅游中心地演进的第一阶段

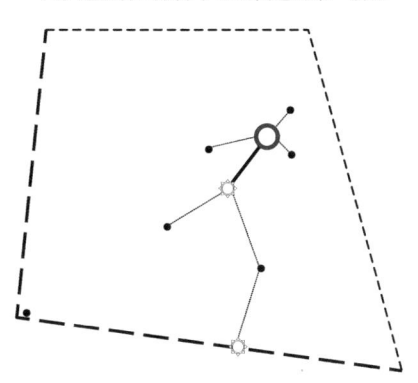

(b) 边疆省区旅游中心地演进的第二阶段

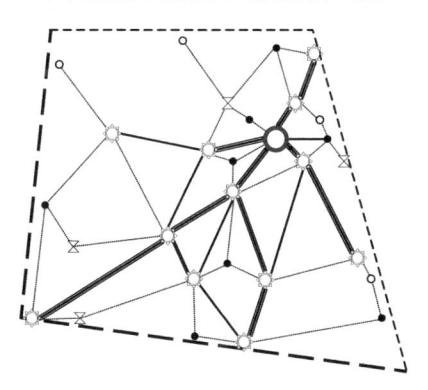

(c) 边疆省区旅游中心地演进的第三阶段

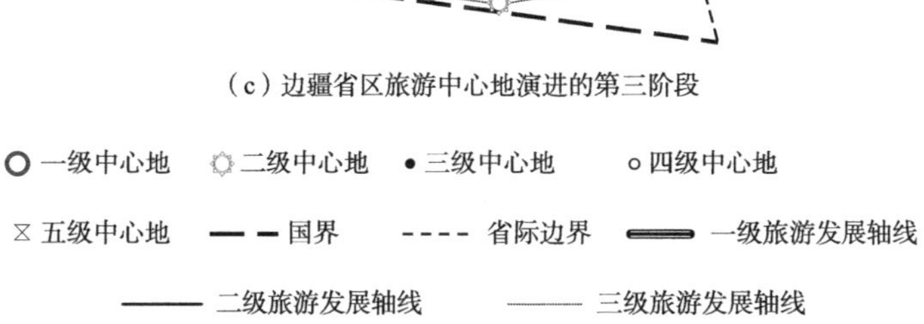

○ 一级中心地　◎ 二级中心地　● 三级中心地　○ 四级中心地
⊠ 五级中心地　▬▬ 国界　---- 省际边界　══ 一级旅游发展轴线
──── 二级旅游发展轴线　┄┄┄ 三级旅游发展轴线

图 3-5　边疆省区旅游中心地演进过程图

（1）萌芽期，为一级旅游中心地形成时期。由于旅游生产力水平极端低下，旅游客流才开始进入，旅游者数量稀疏，在有限旅游要素的集聚作用下，一级旅游中心地就此产生，并服务于几乎包括边疆省区的所有区域和广阔腹地范围（图3-5（a））。

（2）成型期，为二级和三级旅游中心地形成时期。随着一级旅游中心地旅游业的发展与全省区旅游业的进步，一级旅游中心地的规模扩大，并在规模达到一定程度后出现扩散作用；同时在新的地点逐次开始产生新的次一级的二级、三级旅游中心地，一级旅游中心地的中心性进一步增强。到三级旅游中心地出现，整个边疆省区的旅游中心地等级体系基本成型（图3-5（b））。

（3）完善期，为四级和五级旅游中心地形成时期。随着边疆省区旅游经济的发展，旅游产品和旅游者的数量进一步增加，旅游节点的扩散作用也会增强，当旅游产品数量和旅游者数量达到一定程度后，会渐次新增更低等级的四级和五级旅游中心地。同一等级旅游中心地的旅游者数量可能出现较大的差异；而低等级旅游中心地的旅游客流成长性可能远远大于高一级旅游中心地的客流增长速度。旅游中心地功能结构更加丰富和完善，规模结构出现了明显分异（图3-5（c））。

4. 旅游中心地模式对边疆省区旅游空间结构发展的指导意义

根据旅游中心地模式，在边疆省区旅游空间结构的培育与调控中，要求做到如下几点。

第一，在全省区范围内，确定若干具有良好旅游资源基础、市场区位、开发基础和交通条件的节点进行重点发展，对其旅游产品予以优先开发，将其培育为全省区不同尺度下的旅游中心地，充分发挥其对全省区旅游业发展的关联带动作用。由于远距离客源更倾向于差异性强、高级别的旅游产品，边疆省域内具有一定国际级旅游景观资源的旅游节点将成为重点旅游中心地的培育对象，以争取海外客源，树立高水平旅游品牌，带动周边旅游资源开发。在每一级旅游中心地成长起来之后，应该在其适宜的辐射距离内，选择有较好的旅游发展条件的边缘节点、末端节点作为次级旅游发展中心，逐步实现各级旅游中心地在全省区范围内的重复覆盖和交叉影响。

第二，加强不同等级、规模旅游中心地的市场合作、资源开发协作和信息交流，突出不同级别旅游中心地的职能，实现旅游中心地体系在旅游市场规模、旅游市场定位、旅游产品特色、旅游产业结构层次等方面的差异化分工。边疆省区的国际游客与国内游客都受到交通可进入性与成本的限制，边缘性节点往往只能在市场竞争中分流中心旅游节点的部分游客。因此，如果中心旅游节点的国际游客较多，则边缘节点可以考虑国际旅游与国内旅游并举，否则就只能以国内游客甚至区域内游客为主进行发展。过渡旅游节点和末端旅游节点的发展也有所不同。

过渡旅游节点除了可以从旅游中心节点直接获得客源外，还可以争取部分末端旅游节点游客的中途停留消费；而末端旅游节点则只能靠旅游中心地的客源分流。当然，如果在网络状旅游空间结构中，末端旅游节点仍然有可能通过不同旅游轴线获得另一侧中心旅游节点的客源。此外，处于边界附近的末端旅游节点还可能直接获得省外或国外的旅游客源，并最终成为省外旅游中心地与国外主要旅游节点之间的过渡性节点、中介性节点。随着全域旅游特别是边疆省区本地居民旅游市场的发酵、壮大，省域内的旅游扩散源还将趋于多元化、高频化，并与省外旅游流形成时间、空间、强度等方面的互补，有助于省域内旅游节点的普遍成长和协作发展。

3.2.2 边疆省区点轴旅游空间结构形成原理

1. 点轴模式基础理论

点轴模式理论由陆大道（2002）通过对宏观区域发展战略的深入研究后提出，是从克里斯泰勒的中心地理论、佩鲁（Perroux）的增长极理论和松巴特（Werner Sombart）生长轴理论模式等发展和延伸起来的一种区域开发模式。从区域经济发展的过程看，经济中心总是首先集中在少数条件较好的区位，成斑点状分布，这就是点轴开发模式中的"点"，佩鲁把因产业部门集中而优先增长的这些先发地区称为增长极（Perroux，1970）。一个增长极一旦形成，它就要吸纳周围的生产要素，使本身日益壮大，并使周围的区域成为极化区域。当这种极化作用达到一定程度，并且增长极已扩张到足够强大时，就会产生向周围地区的扩散作用，将生产要素扩散到周围的区域，从而带动周围区域的增长。

随着经济的发展，经济中心逐渐增加，生产要素交换亟须交通线路以及动力供应线、水源供应线等的配套，点与点之间相互连接起来就形成轴线。这种轴线首先是为区域增长极服务的，但轴线一旦形成，就会吸引人口、产业向轴线两侧集聚，进而产生新的增长点。点轴贯通，最终形成点轴系统。

因此，点轴开发可以理解为从发达区域大大小小的经济中心（点）沿交通线路向不发达区域纵深地发展推移。点轴模式理论揭示了区域经济发展中的不均衡性，即可能通过点与点之间跳跃式配置资源要素，进而通过轴带的功能，对整个区域的经济发挥牵动作用。

2. 边疆省区旅游空间结构的点轴模式

1）边疆省区旅游空间结构点轴模式的要素

边疆省区点轴旅游空间结构中的"点"，是旅游域面内的各级集聚节点，具有良好的基础设施水平、优势旅游产品和良好的旅游产业结构，对各级旅游域面发展具有带动作用。边疆省区点轴旅游空间结构中的"轴"，是在一定方向上依托线状基础设施，联结若干不同级别旅游节点而形成的旅游产品相对密集、旅游基础设施相对完善、旅游流强度相对较高、旅游设施相对集中的线路。轴是由若干旅游资源开发、旅游流流动的节点所组成，可能是同一种类、不同层次的；轴必须处于水、陆、空交通干线上，通过相对发达、稠密的旅游交通网把这些旅游节点连成一条线。由于轴及附近地区已经具备较强的旅游经济势能和发展潜力，所以又可以称作旅游发展轴线或者旅游开发轴线。它并非简单的几个旅游节点之间的连接线，而是一个旅游经济密集带，包括线状旅游通道（旅游交通基础设施、河流、湖泊、边界、峡谷或旅游线路等）、旅游节点集合以及旅游轴线的直接辐射范围等三个大的部分。

旅游中心地是边疆省区"点轴"旅游空间结构形成的节点基础。具备旅游中心地色彩的旅游节点是边疆省区旅游轴线形成的重要依托，是边疆省区旅游轴线发挥集聚作用和扩散作用的核心。根据前述旅游中心地理论，在边疆省区旅游开发的初期，旅游经济要素正是从一个或者若干个地域上可能间断、空间上线状分布的旅游节点，沿着旅游基础设施（束）渐次扩散，从而在距离中心旅游节点不同的位置形成强度不同的新集聚，新旅游节点就此产生，相邻地区的旅游节点才可能通过扩散通道连接为发展轴线。

旅游交通线路是边疆省区"点轴"空间结构形成的必要条件，是边疆省区"点轴"空间发育和进步的关键因素。它影响着主要旅游节点之间的联系与作用形式，影响着点轴空间结构的发展方向、组合质量、作用效能。旅游交通轴线是边疆省区旅游轴线空间布局的基本框架，其等级和质量一般也影响到其旅游轴线的等级和质量。因此，加强边疆省区旅游交通建设，能促进旅游节点的发育、扩散和联系，推动边疆省区旅游交通轴线的形成，进而促进轴线上的主要旅游节点的集聚与扩散，带动沿线旅游产品的开发与旅游流的增长，反过来又带动区域旅游交通需求，促使地方进一步加强旅游交通线路建设，最终促使边疆省区"点轴"旅游空间结构的最终成型。边疆省区旅游发展交通线路可以包括公路、铁路、航空、水运等运输通道，但由于边疆省区特殊的边缘区位、薄弱的交通基础、分散广布的产品等因素影响，边疆省区旅游交通线路一般以高等级公路为主，公路与航空、铁路的复合型结合较为常见，尤其是公路与航空的复合型结合，是带动边疆省区旅游业发展的主要形式。随着我国高速铁路建设速度的加快，边疆省区旅游交通路线的可选择性与带动性会更强。

2）边疆省区旅游空间结构的点轴模式形成过程

区域点轴结构形成要经历一个较长的时间历程，从初期形成较孤立的数个中心地，然后经过各"点"的渐进式扩散辐射作用，逐步发展成为具有一定空间网络结构的发展轴线（卞显红，2008）。

边疆省区旅游空间结构的点轴模式形成，呈现如下过程（图3-6）。由于旅游生产力水平低下，旅游业发展较为迟缓，旅游节点和旅游生产力是空间无组织状态的极端低效率的均匀状分布（图3-6（a））。随着边疆省区旅游业的迅速启动和全省区旅游业的发展，A、B两个交通条件、旅游产品条件和旅游接待条件较好的节点首先发展，形成了全省区最早的旅游节点；随着旅游要素在两个节点的集聚，AB之间的旅游交通线开始投入使用，点、轴同时形成，省域局部开始有组织状态，边疆省区旅游资源开发与旅游经济正式进入到动态增长时期（图3-6（b））。当A、B两个旅游节点日益发展，两地周边出现了更多的旅游增长极，C、D、E、F等旅游节点开始出现，旅游交通线得到相应延伸，边疆省区旅游经济演变迅速，空间结构变动幅度大，主要的点—轴系统框架形成。$A—B—C$一线成为旅游产品组合良好、旅游设施配套齐全、旅游品牌相对较高、旅游客流相对集中的发展轴线；A、B旅游节点集聚程度更高，升格为更高等级的旅游中心地，而A、B旅游节点还各出现了一个另一个方向的第二级旅游发展轴线，轴线的数量和等级不断丰富（图3-6（c））。随后，旅游节点不断增多，旅游节点之间出现了更多相互连接的交通线，第二级旅游发展轴线上旅游节点又生出更多的第三级发展轴线，旅游中心地体系和旅游轴线进一步完善，变得复杂、多元和有组织性，旅游发展轴的功能更强、作用范围更广，最终形成以"点—轴"为标志、相对均衡的区域旅游空间结构（图3-6（d））。由于边疆省区旅游业发展后在很长时期内都是单核带动的旅游中心地格局，难以增加新的可辐射省区内的旅游集散地，旅游流主要是以极核旅游中心地为起点和终点的往返型旅游线路。因此，在轴线连接的两个以上的旅游节点中，谁的等级最高，旅游辐射能力最强，谁的发展规模就越大；而旅游轴线的发展与延伸速度、强度，在很大程度上也依靠于最高级别旅游节点对腹地的辐射能力与传导能力；旅游节点具有一定的旅游经济能量，都进行着能量集聚—释放—再集聚—再释放的过程，实现着旅游能量在旅游轴线上的渐次传导、链式推进过程。

(a) 边疆省区旅游空间结构的极端低效率均匀状分布阶段

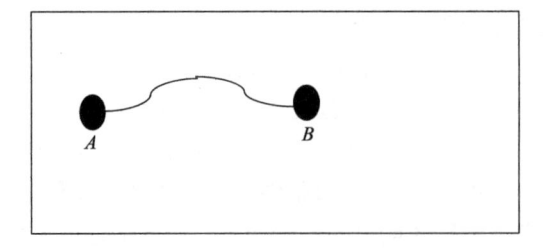

(b)边疆省区旅游空间结构的点、轴初步形成阶段

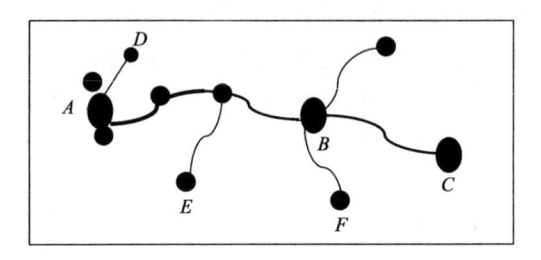

(c)边疆省区旅游空间结构的点—轴系统框架形成阶段

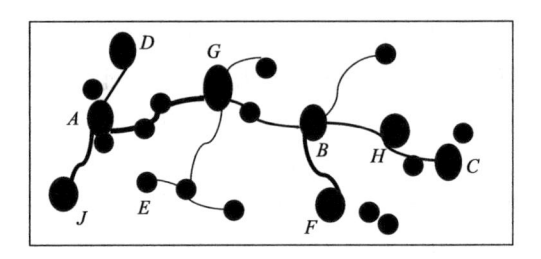

(d)边疆省区旅游空间结构的"点—轴"充分发育阶段

图 3-6　边疆省区点轴旅游空间结构形成过程

3. 旅游点轴结构模式对边疆省区旅游空间结构发展的指导意义

从旅游点轴结构的形成来看，边疆省区旅游点轴系统是在空间中节点形成的基础上产生的。根据节点的地理区位、产业联系等方面，将区域发展中有影响力的旅游节点进行连接，扩大了旅游中心地的范围，进而构建旅游轴线和新的旅游节点，通过轴线的极化来带动轴线周边地带的发展。边疆省区由于在很多地区或旅游中心地的很多方向都受到自然地形、旅游产品、旅游资源、旅游通达性等因素的制约，在很长一段时间内会以旅游点轴结构进行扩散，旅游区域也将实现一体化发育。因此，在边疆省区旅游空间结构的培育与调控中应该注意以下几点：

第一，建设旅游节点，充分发挥各级旅游中心地的带动作用。确定省域范围内若干具有良好旅游发展条件的旅游中心地之间的线状交通基础设施轴线，对轴线地带特别是轴线上的若干个旅游节点进行重点发展，对位于旅游轴线上和轴线辐射范围内的旅游资源和节点进行优先开发。

第二，确定全省区旅游中心地的等级体系，确定各旅游节点和旅游轴线的发展时序，逐步使旅游开发重点转移扩散。一般而言，边疆省区内适合成为主要旅游轴线的地带并不多。由于地形陡峭崎岖，滨水地区多位于边缘地区或者边境地带，类似于内地常见的滨河、滨海、滨湖等自然形成的旅游发展轴线型优势地带，但实际并不多见，更多的还是依靠骨干旅游节点的带动。只有汇集了省域内两个或两个以上的旅游中心地，集中拥有多样化旅游资源组合、国际性拳头文旅产品、较高水平的旅游软硬环境、交通相对便利的地带或走廊才有可能作为建设的优先选择。当旅游发展水平提高后，在依托既有旅游中心地和高级别旅游轴线的基础上，旅游开发的注意力应该越来越多地放在低级别的旅游节点和旅游轴线的优化与升级上，刺激旅游节点和旅游轴线的形成、提升；旅游轴线逐步向腹地和边缘地区延伸（包括发达域面的边缘地带），在之前不受重视或发展条件不足的地区筛选出新的中心节点进行培育，发展新的旅游增长极。

第三，加强旅游交通轴线的建设，促进各旅游节点（域面）之间的联系和省域内旅游可达性的提高，实现旅游节点（域面）之间的专业化分工与协作，把重点旅游资源的开发、重点旅游设施的布局、重点旅游节点的建设和重点旅游交通线路的完善紧密结合，统一规划，形成有机的边疆省区旅游空间结构。

3.2.3 边疆省区轴辐式旅游网络空间结构形成原理

点轴空间结构是边疆省区旅游空间结构发展的初始框架，只有形成网络才算成熟。根据边疆旅游业发展的实际条件，本书将轴辐式空间结构理论与网络开发空间结构结合，论述适合边疆省区情况的轴辐式旅游网络空间结构原理。

1. 轴辐式旅游网络空间结构基本理论

轴辐式旅游网络空间结构基本理论主要融汇了轴辐式网络的理论和网络开发空间结构模式的理论。

轴辐式网络是指网络中的大部分节点通过网络中的一个或少量几个枢纽节点相互作用，实现货物、人员及服务的传递的一种网络结构。轴辐式网络理论起源于20世纪70年代的航空运输业，当时欧美一些国家的航空公司普遍采用轴辐式系统的组织、管理、服务和运行模式开展全球航空运输服务，以应对航空市场的激烈竞争。因此早期轴辐式网络的研究都是面向运输业，但随着经济全球化，轴辐式网络理论在物流、信息、企业发展和旅游等多个领域得到应用，被证明是非常有效的复杂系统的网络组织形式（Crawford，2008）。轴辐式网络使用少量枢纽节点来作为集中、分配网络流的中心，通过网络流合并，运营商可以以更经济的成本、更高的频度来提供服务，而网络用户则可以从更高的服务密度中受益。轴辐式网络理论被旅游研究者吸纳，谢五届（2009）认为旅游轴－辐系统空间开发模式是城市（区域）旅游地域空间结构可持续发展的一种创新模式。

网络开发空间结构模式由魏后凯（1995）提出，他认为这是点轴系统纵深发展的必然结果，是区域经济走向成熟阶段的标志（吴必虎，2001）。根据网络开发空间结构模式理论，在点轴系统的发展过程中，位于轴线上不同等级的节点之间的联系会进一步加强，一个节点可能与周围多个节点发生联系，以获取资源、开拓市场、共享设施。相应地，在节点与节点之间会建设多路径的联系通道，形成纵横交错的轴线网络。网络的形成沟通了区域之间、节点之间的经济社会联系，促使点轴系统的经济能量向周围更大范围全面渐进扩散，从而在区域空间上逐渐形成以线状基础设施为脉络的网络式空间结构。

2. 边疆省区轴辐式旅游网络空间结构的空间特点

当边疆省区旅游发展日渐成熟，旅游点轴模式必然向网络开发模式转化。以旅游枢纽节点为核心，以次级旅游节点为支撑，以旅游节点间的旅游轴线为重点，形成边疆省区集点、线、面于一体的轴辐式旅游网络空间结构（图3-7）。这里的高级别旅游节点已经是节点发展的综合性城镇体系，在区域经济发展中充当着各级层次的经济增长极；连接各旅游节点的各种线状旅游通道，大大提高了点与点之间的可达性，沟通了旅游节点之间、旅游域面之间的联系，在边疆省区旅游经济发展中起着传输旅游生产要素和旅游资源配置的作用。在旅游点轴系统不断纵向延伸、横向连接的发展过程中，旅游节点之间的经济联系进一步加强，旅游轴线之间形成纵横交错的供给网络。网络上的各旅游节点通过对不同域面辐射其旅游生产能力和旅游经济能量，组织和带动整个边疆省区的旅游经济发展，从而构成了分工合作、功能各异的点、线、面旅游统一体。

边疆省区轴辐式旅游网络空间结构理论认为：应该加强旅游节点特别是旅游枢纽节点的建设与利用，完善旅游轴线网络，提升旅游节点与整个区域之间生产要素交流的广度和密度，推动边疆省区旅游经济一体化；同时，通过旅游网络的外延，加强与区外其他区域旅游经济网络的联系，在更大的空间范围内，将更多的旅游生产要素进行合理配置，促进旅游经济全面发展。

由于边疆省区特殊的旅游区位、旅游发展条件和广阔的非均质地域空间，

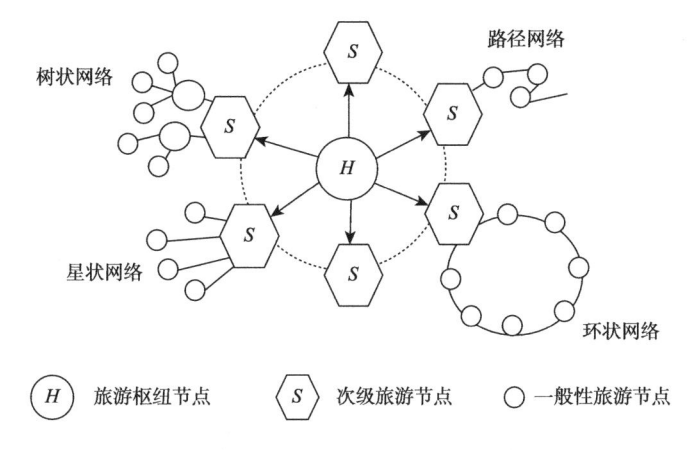

第3章 边疆省区旅游空间结构形成与演进的过程和机理

图 3-7 边疆省区轴辐式旅游网络空间结构及其分支轴线类型

其旅游网络空间结构的形成过程中必然无法实现省域范围内旅游节点的均衡成长与增长极带动，因此需要在非常漫长的时期内依靠高级旅游节点特别是枢纽旅游节点的带动作用。在边疆省区轴辐式旅游网络空间结构中，旅游轴线包括从次级旅游节点到旅游枢纽节点、从旅游枢纽节点到次级旅游节点以及旅游枢纽节点之间等三种类型，其中前两种为分支轴线（也可以称为地方性轴线、可进入通道轴线），第三种则为支柱轴线或支柱网络。轴线空间结构包括路径网络、星状网络、环状网络、树状网络以及由它们组合而成的混合网络等形式（图3-7）。

根据非枢纽节点和枢纽节点之间的连接分类，边疆省区轴辐式旅游网络可以分为单配置轴辐式旅游网络和多重配置轴辐式网络（图3-8）。单配置轴辐式旅游网络中每个非枢纽性旅游节点只能和枢纽旅游节点直接连接。而多重轴辐式旅游网络除了允许非枢纽旅游节点可与一个以上的枢纽连接以外，也允许非枢纽节点之间的直接连接，但是这种连接在全部连接中的占比较少。

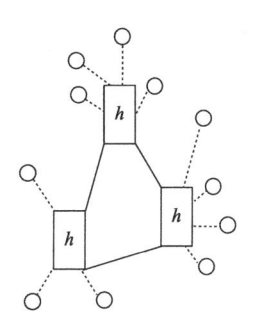

（a）单配置轴辐式旅游网络

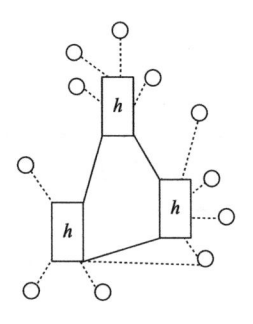

（b）多重配置轴辐式网络

□ h 旅游枢纽节点　　　○ 旅游非枢纽节点

图 3-8　边疆省区轴辐式旅游网络空间结构配置类型分类

根据旅游枢纽节点的数量，边疆省区轴辐式旅游网络可以分成单枢纽轴辐式旅游网络、多枢纽轴辐式旅游网络、充分链接扩散旅游网络和经济型扩散旅游网络（图3-9）。单枢纽轴辐式旅游网络中只有一个枢纽（C），网络中所有其他旅游节点都通过这个唯一的枢纽旅游节点发生联系；在多枢纽轴辐式旅游网络中，网络中的所有次级旅游节点可以通过两个或者两个以上的旅游枢纽节点（C、D）进行联系；而在充分链接扩散旅游网络和经济型扩散旅游网络中，任意节点都可以作为旅游枢纽节点的候选。

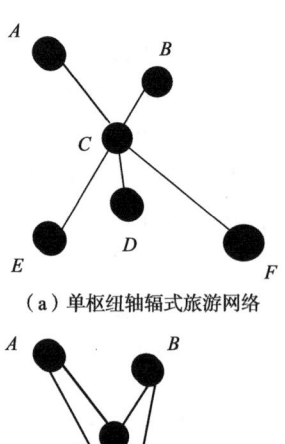

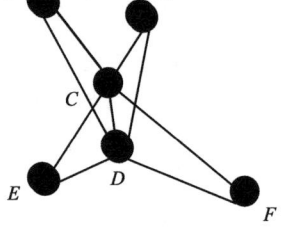

（a）单枢纽轴辐式旅游网络

（b）多枢纽轴辐式旅游网络

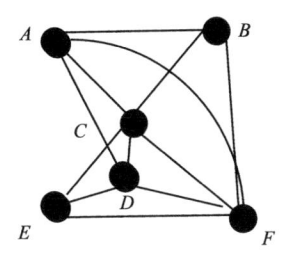

第3章 边疆省区旅游空间结构形成与演进的过程和机理

（c）充分链接扩散旅游网络

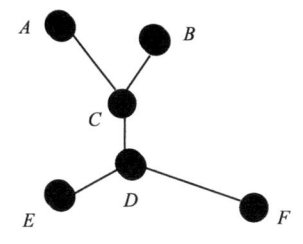

（d）经济型扩散旅游网络

图 3-9 不同旅游枢纽节点下的边疆省区轴辐式旅游网络空间结构类型

随着边疆省区旅游业的发展特别是其交通轴线的完善和对外开放的推进，边疆省区轴辐式旅游网络会逐步由单配置式旅游网络向多重配置轴辐式网络演进，逐步由单枢纽网络向多枢纽网络、经济型扩散网络演进，并最终成为充分链接扩散网络。

3. 边疆省区轴辐式旅游网络空间结构的指导意义

轴辐式旅游网络空间结构理论强调以均衡分散为特征，在充分利用旅游枢纽节点的基础上，将旅游节点、旅游轴线的扩散向广袤的旅游腹地与边缘域面推移，从而加速旅游要素的扩散、转移，缩小地区间的旅游发展差距。

边疆省区轴辐式旅游网络空间结构要求旅游流在旅游枢纽节点和支柱轴线上高度集聚后再有序中转，以此来使旅游流单位距离的运输成本降低，获得枢纽旅游节点的规模回报。依托旅游枢纽节点，全省区范围内多样化、个性化、柔性化的"点对点"网络空间方有可能实现，旅游节点和旅游轴线的使用成本将大大降低，旅游枢纽节点集中布局的旅游接待设施就能充分利用，进而进一步降低全省区旅游产品的单位平均成本，加强旅游节点（轴线、域面）之间的旅游合作。

同时轴辐式旅游空间结构要求边疆省区加强对枢纽旅游节点的建设及对非枢纽旅游节点的辐射，整合旅游网络流量，从而实现旅游空间网络总成本最小化，网络结构覆盖范围最大化。也就是说，使用少量枢纽节点来作为集中、分配旅游流的中心，促进旅游流的合并与游客的集中运输，使得边疆省区旅游经营者可以更巧妙、科学地设计旅游线路，包装全省区旅游产品和服务，密切关键旅游节点之间的联系，充分发挥省区内各旅游节点（轴线、域面）的使用价值，也可以降低区域内旅游成本，优化旅游空间管理水平；有利于新增旅游线路，促进旅游节点、轴线向腹地的旅游域面拓展，从而满足旅游者的多样性产品需求，提高旅游流在省区内的流转便利程度，直接提高整个旅游网络空间的运营收益和整体价值，实现区域内的旅游发展均衡化。

3.3 中心与边地：边疆省区旅游核心—边缘空间结构原理

3.3.1 核心—边缘基础理论

核心—边缘理论是一种由多位学者发展起来的区域发展理论。该理论起源于美国学者普洛夫（Perloff）对19世纪以来美国经济空间组织的分析和研究；经济学家劳尔·普雷维什（R. Prebisch）在为联合国拉丁美洲和加勒比经济委员会起草的经济报告中，第一次用"核心—边缘"的概念来描述当时西方国家同发展中国家在国际贸易体系中的结构性对峙情形（王小玉，2007）。其后美国学者弗里德曼（Friedman）建立了较为完善的"核心—边缘"理论，旨在阐述一个区域如何从互不关联、孤立发展，变成彼此联系、发展不平衡，最后又由极不平衡发展变为相互关联的平衡发展的区域（Friedman，1966）。

核心—边缘理论强调区域经济增长的同时，必然伴随经济空间结构的改变。按照该理论，任何一个国家或地区都由经济发展水平较高的核心区域和经济发展相对落后的边缘区域组成（图3-10），边缘区域与核心区域相互依存，其发展方向主要取决于核心区域。而边缘区域又可分为过渡区域和资源前沿区域。其中，资源前沿区域拥有较为丰富的资源，因此它有经济发展的潜力，有可能出现新的增长势头并发展成为次一级的核心区域。在区域经济发展过程中，核心区域与边缘区域间存在着不平等的发展关系。总体上，核心区域居于统治地位，边缘区域则在发展上依赖于核心区域。但核心区域与边缘区域的空间结构地位并非一成不变的。核心区域与边缘区域的边界会发生变化，区域的空间关系会不断调整，经济的区域空间结构不断变化，最终实现区域空间一体化。

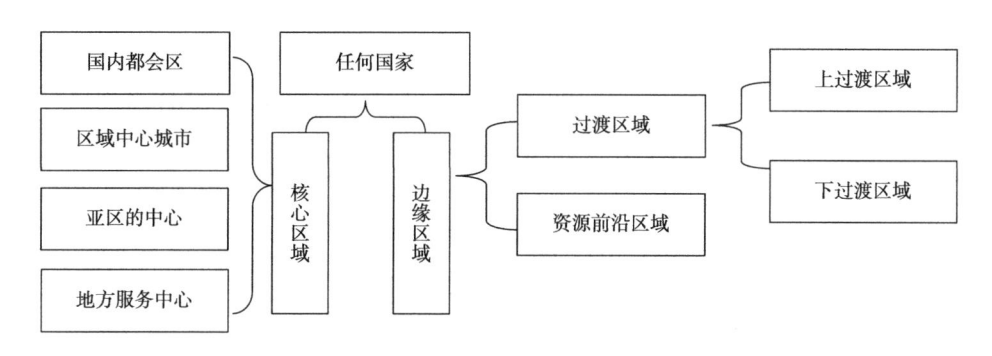

图 3-10　弗里德曼的核心—边缘区域空间结构

3.3.2　边疆省区旅游核心—边缘空间结构要素

由于省域内旅游空间结构驱动因素的特殊性、复杂性和差异性，边疆省区内的核心区域与边缘区域呈现典型的二元结构特征：居于统治地位的旅游核心区发挥主要带动作用，旅游边缘区在发展上依赖于核心区，旅游边缘区是旅游核心区形成、发展的基础。

（1）就全国视角而言，边疆省区地处国家自然地理单元和行政地理单元的外围耦合地带，本身就是相对于内地发达地区的边缘地域。一方面，这里是旅游资源更为丰富和优越的资源前沿区域，所蕴含的生态位数量和质量远远高于核心区的省（自治区、直辖市），但受制于旅游可进入性差、区位条件差、区域经济背景差等边缘负效应，边疆省区整体旅游经济发展的水平会相对较低，旅游发展速度相对迟缓，旅游发展的市场拓展能力较弱。核心的省（自治区、直辖市）则依靠旅游市场、交通、经济、区位等优势强化边疆省区对其的依赖。

（2）就边疆省区来讲，旅游资源与产品集中、旅游企业主体集聚、旅游资本与旅游人流量密集、旅游经济增长速度快、发展规模大的旅游节点（轴线、域面）是省域内的旅游核心区，旅游实力大大高出省域内其他地区。这些具有不同规模和等级的旅游节点（轴线、域面）呈现出明显的空间集聚态势，逐渐形成了强大的旅游竞争优势，是边疆省区旅游业发展的主要支撑力量和组织中枢，也是边疆省区旅游空间结构的主要骨架。边疆省区旅游核心区是旅游经济地域集聚的结果，往往需要以一定的高等级旅游产品组合为吸引，以一定等级的旅游行政中心为基础，以一定的高水平旅游设施和交通体系为依托，通过控制进入省域的大部分外来客流，使边缘区旅游要素迅速在此汇集，在一定程度上抑制了外围地区的旅游发展；当旅游核心区达到一定规模和发展阶段后，将逐步增强对边缘区的辐射扩散作用。

（3）相较于旅游核心区，旅游经济较为落后的旅游节点（轴线、域面），就成为边疆省区的旅游边缘区。它包括两种类型：旅游过渡区域（旅游上过渡区域、旅游下过渡区域）和旅游资源前沿区域。

旅游上过渡区域是连接两个或多个旅游核心区的开发走廊，一般处在主要旅游节点（轴线、域面）的外围，旅游资源和旅游产品的等级、品牌一般稍逊于旅游核心区。受旅游核心区的辐射与扩散影响，该区域的旅游资源已经得到一定程度的开发，少数旅游产品已经被纳入核心区的线路之中，核心区部分旅游流已经开始延伸注入，旅游经济已经具有了一定的发展基础和潜力。该区域可能会发展为省域内的旅游中心节点（轴线、域面），成为新的旅游核心区。

相比较而言，旅游下过渡区域旅游资源缺乏原真性和独特性，旅游发展的基本条件很差，与旅游核心区的联系非常少。这些地方可能由于旅游产业无法起步或发展，也可能由于后续旅游资源的匮乏或旅游产品的老化，或缺乏旅游成长机制的传递或发展旅游业的基本条件，总之其旅游经济特征处于停滞或衰落的向下发展状态。

旅游资源前沿区域，也叫旅游资源边疆区。该区域地处偏远，远离旅游中心节点（轴线、域面），经济基础和旅游交通很差，短期内难以承接旅游核心区的辐射与扩散。但这里的旅游资源却十分丰富，且拥有高品位的自然生态或人文风情，旅游发展的潜力较大。如果在适宜的时机下开发，有可能成为新的旅游中心地与旅游核心区。

3.3.3　边疆省区旅游核心—边缘空间演进过程

不同尺度的区域旅游空间结构基本上都可以简化为核心—边缘结构模型，但受区域空间规模因素的影响，一些区域的核心—边缘结构会表现出复合形态的特征（汪宇明，2002）。由于地理区位、经济、交通、资源丰度等因素，边疆省区旅游业内部存在着较大的差异，虽然可以通过联动、扶持、统筹等方式得到一定缓和，但是省域内旅游核心区与旅游边缘区之间存在的不平等关系却无法在短期内消除，传统旅游核心区的地位很难完全动摇。不过，通过旅游核心区对旅游边缘区的扩散效应，可以使旅游边缘区上升为次核心区，随着核心区域与边缘区域的相互作用，次核心区逐步演变为核心区，促使边疆省域内的旅游核心区范围逐渐扩大，旅游边缘区逐渐缩小。如此循环式发展，最后可以实现整个边疆省区旅游经济的迅速发展和省域旅游空间的相对一体化。

边疆省区旅游核心区和旅游边缘区都具有动态延展性。由于不同时期的旅游经济发展水平不同，旅游核心区和旅游边缘区的范围与等级也会随之发生变化。

同时，边疆省区旅游核心区与旅游边缘区有其层次的不同，是相对的概念。一定区域内的边缘旅游区可能对于次一级地域来说就是旅游核心区；当下的边缘旅游区可能在以后会成为旅游核心区。由于旅游空间作用关系的复杂性，边疆省区内低一级的旅游边缘区也可作为更高一级旅游系统的核心区来培育与发展；特别是在多个旅游核心区存在的情况下，不同旅游核心区之间的空间距离、结构功能及发展阶段共同决定着边缘区的性质与发展，此时旅游边缘区由于受两个或两个以上核心区的组合作用，其从核心区获得的客源、信息、物质的机会非常多，由边缘区发展成为新的核心区的概率较高，很容易发展成为新的旅游核心地带，与既有的旅游核心区重构新的旅游网络。

根据边疆省区旅游空间结构的演进过程和旅游地生命周期，边疆省区旅游核心—边缘空间结构的动态发展可以分为以下几个阶段。

（1）边疆省区旅游业发展前期。在边疆省区旅游业正式发展之前，边疆省区旅游发展水平低下，旅游节点未真正成型，旅游域面和旅游轴线更是无从谈起。地区之间的旅游经济缺乏联系，没有明显的旅游经济水平差异。此阶段不可能出现旅游核心—边缘空间结构。

（2）边疆省区旅游业起步时期。随着旅游业的正式启动，边疆省区逐渐出现了少数旅游节点。这些旅游节点依托前期极为少见的旅游产品基础、旅游接待设施基础和既有的交通体系，在短期内吸引了较大规模的旅游市场客源，成为边疆省区最早的旅游核心区。这些核心区在旅游业启动后得到了各级政府的重点建设，旅游资源和旅游基础设施被高强度开发、投入，逐渐形成旅游市场形象高地，省域内的旅游要素不断向这里集聚，而旅游边缘区的旅游资源基本处于休眠状态，旅游核心区对旅游边缘区有较大的控制作用。因此，边疆省区旅游业的不平衡程度加大，形成了早期的旅游核心—边缘空间结构。

（3）边疆省区旅游业发展的成熟期。此时作为旅游核心区的旅游节点仍然在以较快的速度发展，并成为规模更大的旅游节点（域面、轴线）。在旅游核心区规模达到一定程度之后，旅游域面的集聚不经济开始出现，旅游发展速度放缓，旅游投资向周边或外地转移；旅游轴线开始形成，增强了旅游扩散作用，带动着旅游核心区向腹地边缘地区的辐射；加上旅游者天然的求新、求奇、求异等需求导向，具有一定旅游发展基础、较高旅游资源禀赋、与旅游核心区距离适宜的旅游边缘区的旅游业开始发展，并很快获得一定的客源分流与市场青睐。随着边疆省区旅游中心地结构体系的丰富和空间结构的完善，部分旅游边缘区进化为新的旅游核心区，成为次级旅游中心地，并刺激和辐射着其周边和边缘区域的旅游业发展。此时边疆省区的核心—边缘结构中，旅游核心区仍然通过关联效应、控制效应、咨询效应、心理效应、市场效应等作用，进一步强化着对边缘旅游区的控制。

（4）边疆省区旅游业的完善期。随着边疆省区旅游空间骨架的完善和区域旅游的普遍发展，原有的旅游核心区继续发展，但在激烈的旅游市场竞争中，旅游核心区面临旅游产品老化、旅游形象更新不及时、旅游接待容量饱和、旅游开发成本增加、旅游市场疲软等问题，旅游发展空间缩小，这时旅游核心区的资金、人力资本、创新经验、企业、设施等逐步向边缘地区转移，产生旅游业的外溢作用，并带动了旅游边缘区的旅游资源开发与旅游市场营销。旅游核心区扩散作用增强后，旅游边缘区对核心区的依赖关系逐步变为合作性竞争关系。大部分旅游边缘区得到了进一步的开发，相当一部分的旅游边缘区进入到次级旅游核心区，与原来的旅游核心区共同形成了高一级的核心—边缘旅游区；而原有的次级旅游核心区中也有一部分进一步增强了旅游实力，成为省域范围内最重要的旅游核心区。全省区旅游核心—边缘格局得到了相当程度的缓解，旅游空间达到相对均衡状态。

3.3.4 边疆省区核心—边缘旅游空间结构模式的指导意义

核心—边缘旅游空间结构模式为边疆省区旅游空间的发展、演进提供了一个动态的认知解释模型，具有很好的理论指导意义。

（1）把握边疆省区旅游资源的空间极化特征，紧扣国内、国际旅游市场需求变化，突出世界级、国家级和地区级旅游资源的不同地位，以资源前沿区域为依托，分别发展针对国际旅游市场、国内旅游市场和省内旅游市场的旅游节点（轴线、域面），形成边疆省区旅游空间发展的核心增长极，壮大边疆省区旅游业整体竞争力，带动边疆省区旅游核心区的发育和旅游空间结构的快速成型。

（2）注意边疆省区的旅游开发时序，做好旅游规划，突出旅游核心区与旅游边缘区在客源市场、旅游资源等方面的优势互补关系而非空间替代竞争关系，以旅游市场、旅游交通设施和旅游产品线路的共同开发为纽带，强化旅游核心区对旅游边缘区的辐射与整合力度，在竞争、合作、共赢的市场发展过程中，促进旅游边缘区向旅游核心区的发展。特别是要充分发挥边疆省区"资源前沿区域"的后发优势，促使其跨越式发展为省区内的旅游核心区，实现边疆省区旅游核心区与边缘区的动态转化。

（3）重视边疆省区在国内旅游业中的边缘效应，利用边疆省区在全国边缘区位中的旅游业加成作用、协合优势条件，改善旅游交通条件、旅游信息交流条件，营造独特、清晰、高品牌的旅游市场形象，发挥本区域的景观丰富度、空间异质度、民族文化魅力度、多旅游要素和谐共振度、国内外旅游交通畅通度等优势。把握国际政治、国内政策和交通建设等方面的契机,打造面向"一带一路"的旅游桥头堡,改造边疆省区的旅游边缘角色,加速边疆省区对东部旅游核心区的追赶及反超;同时积极向外拓展,整合毗邻国家(省区)的不同旅游边缘区的旅游资源,为区域旅游联动、次区域旅游合作发展创造条件,畅通与国内旅游核心区、周边国家旅游核心区的联系、互动,以优势区位集聚旅游生产要素,既能构筑反极化效应的"抗力场",又能形成借扩展效应的"拉力场",于是边疆省区便能内、外逢源,对内地既"抗"又"拉",而对境外地区则可又"吸"又"扩",真正发挥联系国内外的中介作用。

3.4 等级与跳跃:边疆省区旅游业梯度推移原理

3.4.1 梯度推移基础理论

梯度推移理论来自西方。1826年德国经济学家杜能(1826)在农业圈理论中就指出,农业集约化水平由中心城市向四周农牧区逐步下降,经历多个梯度的推移,最终达到荒野的梯度分布。韦伯(1997)则从资源和能源的角度探讨了各种类型工厂的生产成本在区域间的变化梯度,从而使梯度理论进一步丰富。马歇尔(1964)发现,众多企业的集聚能获得外部规模经济收益,此聚集区即为高梯度区。由于遵循距离衰减法则,企业距离集聚中心越远,所得收益越少,那些地区就会成为低梯度区,从而梯度随距离增加而逐渐降低。到20世纪六七十年代,在赫希曼(Hirschman)、威廉姆森(Williamson)的不平衡发展理论和美国哈佛大学费农(Vornon)等的工业生产生命循环阶段论发展基础上,区域经济学家克鲁默(Krumme)、海特(Hayor)等创立了区域经济发展梯度理论。

国内学者认为:无论是在世界范围内,还是在一国范围内,经济技术的发展是不平衡的,客观上已形成一种经济技术梯度,而有梯度就有空间推移。生产力的空间推移,要从梯度的实际情况出发,首先让有条件的高梯度地区,引进掌握先进技术,其次逐步依次向处于二级梯度、三级梯度的地区推移。随着经济的发展,推移的速度加快,可以逐步缩小地区间的差距,实现经济分布的相对平衡(郭凡生和朱建芝,1985)。

同时,国内学者也提出了反梯度推移理论。该理论认为:在承认和接受高新技术、资本和产业从发达地区向落后地区梯度推移扩散的过程中,落后地区要发挥主观能动性，利用信息化条件，充分发挥后发优势，改变被动地被辐射、被牵引发展的态势，跨越某些中间发展阶段，形成相对较高的产业分工梯度，成为新的次极化经济核，将周边地区的要素资源聚集到区内，形成自身累积优势，向原中心区方向反向推移辐射，推动中间地带快速发展（彭秀丽，2006）。

近年来梯度发展理论正由静态定位理论发展为动态理论。其中最权威的是缪尔达尔（2015）的理论，他认为：随着任何一个国家或地区的经济发展，在生产分布上必然会产生两种趋势，即生产向某些地区集中的极化趋势和生产向广大地区分散的扩展趋势；前者受极化效应支配，后者受扩展效应支配。根据这一原理，边疆省区旅游业高梯度地区的旅游经济发展主要在于预防经济结构老化，不断创新和保持旅游产品、技术上的领先地位；处在低梯度的地区，首先要重点发展有较大优势的初级旅游产品，尽快接过那些从高梯度地区淘汰或外溢出来的旅游产业，并尽量争取外援，引入最新旅游业态，从最低的发展梯度向上攀登，以进入先进行列。

3.4.2　边疆省区旅游业梯度推移模式

由于旅游资源、旅游区位势能、旅游形象和旅游政策等在全省区的不均衡分布，边疆省区旅游业呈现核心—边缘空间二元结构，导致省域内旅游经济要素的梯度分布和旅游空间格局的不平衡，省域旅游接待设施、旅游产品、客源规模与质量、旅游产业结构、旅游信息化水平、旅游产业集约化水平、旅游人力资本、旅游市场形象等方面都存在一定的梯度分布和空间差异性，从而形成了旅游业高梯度地区、旅游业中梯度地区和旅游业低梯度地区，并呈现出核心—外围的梯度结构。在边疆省区，旅游经济较为发达、文化旅游产品较为新颖、旅游市场发展潜力较大的地区属于高梯度地区，旅游经济不发达、旅游产品陈旧老化、旅游市场趋于稳定甚至衰落的地区是低梯度地区。

旅游业创新能力是边疆省区旅游发展梯度层次的决定性因素，区域旅游经济发展的不同梯度，本身就反映了各地旅游产品开发和旅游产业结构升级转化的不同水平；比较收益是边疆省区旅游业梯度推移的现实依据，只有低梯度地区的旅游资源比较丰富、可进入性强、开发简便、经营管理成本更低、市场收益更高，旅游业梯度推移才有动力。随着旅游经济的发展和旅游地生命周期的演变，旅游生产力在边疆省区高梯度地区和低梯度地区不断进行着动态的传递过程。作为一种非均衡旅游发展模式，梯度推移模式要求边疆省区把旅游经济效率放在区域旅游发展和旅游生产力布局的首位，强调效率优先、兼顾公平。作为旅游业梯度推移的结果，边疆省区旅游空间结构也会发生梯度的时空推移。

一方面，边疆省区低梯度地区的旅游业发展加快，而高梯度地区旅游业则向更高的梯度阶段发展,并最终实现全省区旅游业总体发展水平的跃升;另一方面,全省区旅游开发时序一般是从优势旅游资源地向非优势旅游资源地推移、从区位较优区向区位非优区推移。也就是说,由于高梯度地区旅游资源开发水平的提升和旅游容量的趋于饱和,旅游开发的重点将向中低梯度地区的旅游资源倾斜,从而使省域的旅游资源均得到有序的合理开发。

边疆省区旅游业的梯度推移,在一定程度上也反映了旅游空间集聚和旅游空间扩散两种运动形式的耦合。旅游业的梯度推移将引起边疆省区旅游发展中心的转移,造成省域内旅游空间极化的重构和区域内部旅游关联及区际旅游联系的序列重组,从而为边疆省区旅游业的快速发展和旅游产业结构带来良机,并对边疆省域内旅游空间结构功能的多元化发挥积极作用。

1. 边疆省区旅游资源梯度推移的阶段特征

在激烈的旅游市场竞争中,边疆省区旅游资源的梯度推移一般分为以下几个阶段。

一是单一高梯度地区建设阶段。该阶段是边疆省区旅游业的起步阶段,有限的资金和项目被集中投向省区内少数具有良好旅游资源禀赋、旅游市场形象和较优旅游开发条件的地区,开发策略以旅游资源导向为主,形成了省区内最早的旅游业高梯度地区。

二是旅游开发梯度推移的初级阶段。该阶段是边疆省区旅游资源开发梯度推移的起始阶段,以高梯度地区旅游开发的不规则扩散及中低梯度地区旅游业的无序式萌发为特点,边疆省区旅游发展进入了梯度推移的初级阶段。这一时期的高梯度地区旅游资源逐渐走上了合理规划和有序开发的可持续发展道路,旅游市场形象逐步提升,旅游市场规模和质量不断提高;同时省内部分中低梯度地区的旅游资源也成为开发的温点和热点,全省区旅游产品和旅游节点的空间分布由集中走向分散。但这种旅游梯度推移在很大程度上是无序的,高梯度地区对低梯度地区的旅游辐射和推移还不太明显。

三是旅游开发梯度推移的全面开展阶段。随着边疆省区全域旅游的蓬勃发展,高梯度地区旅游业日渐成熟,其旅游投资的边际收益已经开始递减,加上省域旅游空间布局合理化的要求、旅游需求多元化的市场导向,旅游要素由高梯度地区向中低梯度地区的推移加快。中低梯度地区旅游资源开发的力度不断加大,中低梯度旅游地区与高梯度旅游地区逐步开始整合互动、有序传递,高梯度地区旅游业进化到更高级阶段。

四是旅游开发梯度推移的完善阶段。在各梯度旅游业基本全面开发的情况下,以旅游市场需求为导向,旅游资金被持续投入到符合市场趋势的各梯度旅游项目建设中来,高梯度地区的旅游生产力要素推移加快,部分旅游业低梯度地区进化为旅游业高梯度地区，进而向其辐射的域面甚至原高梯度地区推进。多种梯度推移方式、多种推移方向同时出现，边疆省区旅游梯度结构日趋完善，整体布局不断合理。

2. 边疆省区旅游业推移的类型

边疆省区旅游业梯度推移模式主要包括等级梯度推移、跳跃式梯度推移和反梯度推移。由于现实中影响边疆省区旅游业推移的因素很多，因此，很多情况下边疆省区不同地区会同时受到多种类型、多方向的旅游业空间推移方式的影响，在空间上的表现形式可能会更加复杂。

等级梯度推移就是旅游生产要素由规模较大的中心向规模较小的中心扩散和组合的过程。在这里区域间等级体系的梯度推移，是按照边疆省区旅游空间系统的规模等级由高到低逐步扩散、渗透的过程，主要是通过多层次旅游节点（轴线、域面）扩展开来的，当旅游业中梯度地区接受并消化发源于高梯度地区的旅游产品或旅游要素之后，就会在旅游产业或旅游产品成熟后逐渐向低梯度地区推移。当然，边疆省区也并非有梯度差异就一定有旅游业空间推移，推移是有条件的。

旅游空间结构的等级梯度推移很多都是在旅游发展水平相对较高地区与周围旅游经济发展水平相对较低地区之间的传递（图 3-11）。由于旅游发展质量水平（G）的不同，区域（L）分化成不同等级的旅游地空间。旅游生产要素首先在某一区域内由高梯度区（L_A）向中梯度区（L_B）辐射与扩散，然后再由中梯度区（L_B）向更低的低梯度区（L_C、L_D）集聚，从而完成边疆省区旅游等级体系的扩散、渗透，以及区域间等级体系的扩散、渗透。这种侧重于空间邻近性的旅游业梯度推移符合地理距离衰减律，包括以旅游节点为中心向邻近地区的推移，也包括以旅游轴线为中心向两翼或上下游地区的推移，使得周边地区旅游经济发展速度得以加快，并逐渐向外推进，由此形成的旅游梯度推移在时间上是渐进的，在空间上则是连续的。

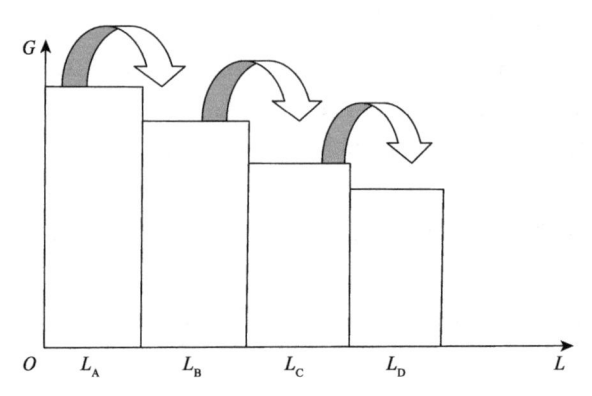

图 3-11　边疆省区旅游业等级梯度推移图

决定边疆省域内地区间等级梯度推移的主要因素不一定是距离或是否邻近，而是地区间的旅游梯度差或接受能力的差距。由于边疆省区旅游梯度差最小的区域往往不是相邻的，加上边疆省区内的航空交通、信息网络等方式可能带来旅游业"蛙跳"效应，此时旅游经济发展中的旅游生产要素等就可以跨越地区间旅游梯度差过大的区域，由旅游业高梯度地区（L_A）直接向旅游梯度差较小的地区（L_B、L_C、L_D）推移，形成所谓的旅游业跳跃式梯度推移（图 3-12），扩大了旅游梯度推移的范围，对于改善边疆省区旅游空间结构具有突破性的意义。由于边疆省区旅游业的跳跃式梯度推移，新出现的旅游业高梯度地区往往在一定时期内呈现出同所在域面内其他旅游边缘区基质和旅游发展水平背景截然不同的"飞地"特征，并形成旅游推移在空间上的盲区。旅游业跳跃式梯度推移在很大程度上有赖于区域转移通道的开辟和接受地区旅游通达性的提升，航空往往是往返外围旅游高梯度地区的主要或重要旅游交通手段，直至该区旅游业逐步向周边辐射后，"飞地"特征才可能弱化或消失。这与广大边远地区经济不发达、缺乏内部客源而高度依赖国外、省区外或者省区内发达城市的旅游流有关，也是边疆省区旅游发展和旅游空间结构不成熟阶段的产物。这也为边疆省区提供了一条以特色旅游快速发展带动形成"飞地"型旅游城镇的城镇化道路选择（王先锋，2003）。

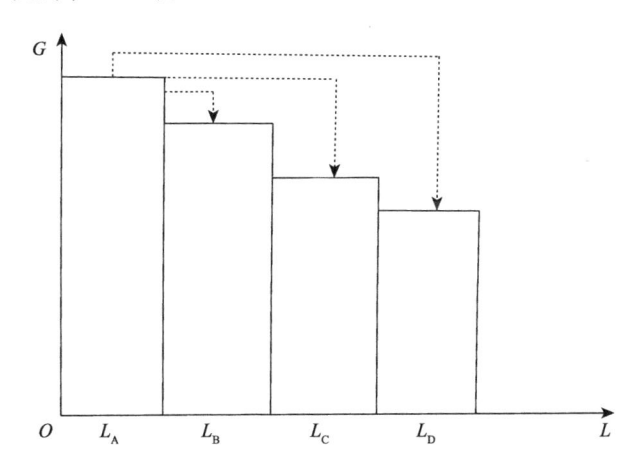

图 3-12　边疆省区旅游业跳跃式梯度推移模式

边疆省区旅游业等级梯度推移和跳跃式梯度推移会产生两种旅游业的空间运动形式（图 3-13）：一种如图 3-13（a）所示，是以旅游业高梯度地区（A）为核心向周围中低梯度地区（B、C、D、E）的旅游业扩散推移，表现为边际渗透推移和渐次扩散推移；空间距离是影响转移强度和效能的重要因子，近邻效应明显，在一定程度上来说，这也是因为旅游产业主体进行近距离迁移的成本相对较小、风险相对不大，同时也符合行政区经济下各地政府的政治经济利益和政策导向。另一种如图 3-13（b）所示，则是从旅游业高梯度地区向另一距离较远的中低梯度地区推移，称为旅游业蛙跳式推移或位移推移；在空间上表现出一定的间断性，如 A 到 B、B 至 C，这在很大程度上得益于旅游交通、旅游市场营销、信息网络等方面的进步，也需要省际层面或更高层面的政策引导。两种旅游业空间运动形式互相补充，共同影响着边疆省区旅游空间的秩序。

（a）旅游业扩散推移　　　　　（b）旅游业蛙跳式推移

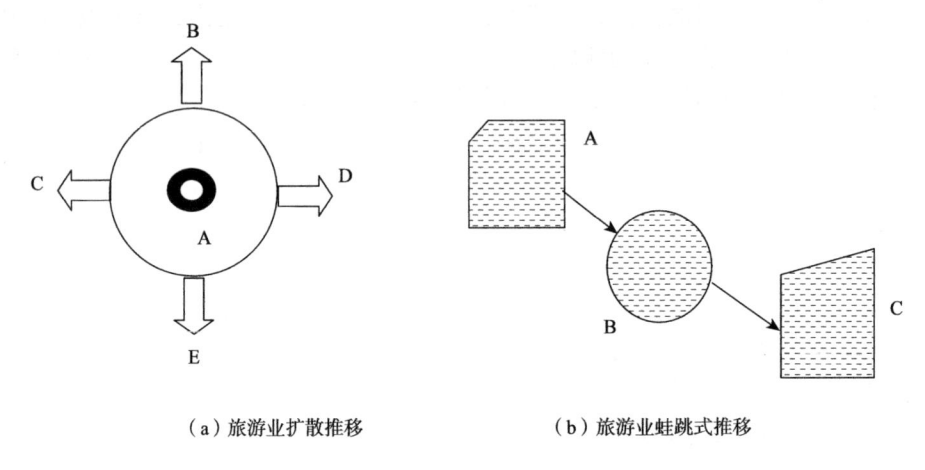

图 3-13　边疆省区旅游业推移的空间运动形式

根据反梯度推移理论，旅游业低梯度地区可以依托丰富而优质的旅游资源，通过引进先进旅游理念，开发新型旅游产品和高品质旅游市场，实现旅游生产力的跳跃式发展，然后向更高梯度地区进行反梯度推移（图 3-14），引发省区内旅游经济差异的倒转。由于边疆省区旅游业发展之初就高度重视海外旅游市场与创汇功能，旅游资源丰富多元。因此，低梯度地区紧扣国际旅游发展的趋势，直接开发能满足国际旅游者需求偏好的高质量旅游产品，就有可能实现旅游业超越发展、引领边疆省区旅游产业结构提升的目标。毕竟就传统观光旅游产品与传统文化旅游产品而言，边疆省区旅游业低梯度地区与内地或省区内旅游业高梯度地区具有一定的品牌差距，但就生态旅游、民族旅游、边地风情、文化体验等新型旅游资源而言，边疆省区旅游业低梯度地区却拥有较高的起点与地方性竞争力，能吸引旅游企业、资金及其他旅游要素前来聚集。边疆省区经济产业低梯度地区可以通过特色旅游业的发展促进人流、物流、信息流、资金流和资源的优化利用，进而以旅游业带动特色工业、农业、手工业、商业、地产业、饮食业等关联性产业发展，扩大单一资源的产品转化和升级，将市场和营销窗口建在家门口，最后实现本地区经济产业结构的快速升级与现代化，以旅游业为先导进化为技术经济高梯度地区。

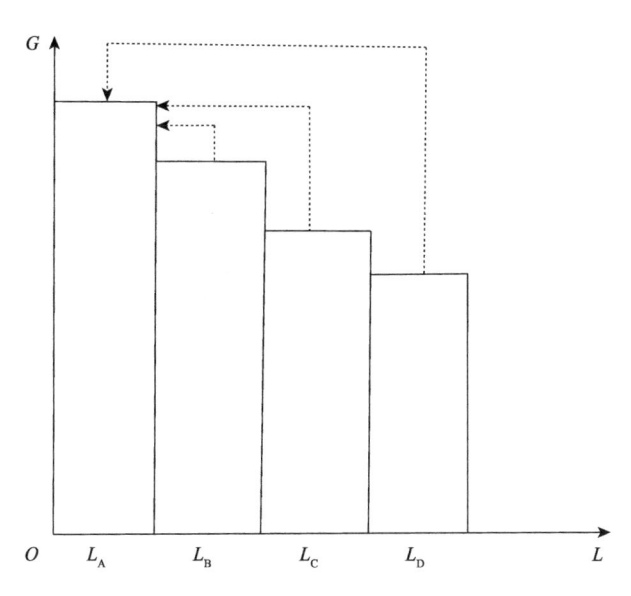

图3-14 边疆省区旅游业反梯度推移模式

因此，反梯度推移模式不仅为旅游业欠发达的旅游经济发展提供了一种新的整体思路，也对边疆省区经济产业结构调整具有指导意义。在边疆省区旅游业起步初期，反梯度推移模式的应用会受到比较大的限制；而在边疆省区旅游业进入到成熟期以后，反梯度推移模式就有了更大的客观可能性。旅游业对旅游资源的先天依赖性，旅游市场求新、求奇、求知、求美的需求天性等，都为边疆省区旅游业反梯度模式提供了广阔的实践空间；旅游业低梯度地区密集、高品位的旅游资源和地方文化氛围，为适宜时机与政策下外来旅游要素与本地旅游要素的优化配置提供了可能，也为边疆省区以旅游业为先导进行技术经济的反梯度推移提供了良好的基础和前提条件。当然，大范围区域内的旅游业反梯度推移是不太现实的。

3.4.3　边疆省区旅游业空间推移的黏性分析

由于边疆省区旅游资源和旅游发展条件都比较复杂多样，其旅游经济梯度推移过程中也会存在梯度推移黏性，延缓了部分区域旅游业梯度推移的过程，干扰了其方向与节奏，从而导致了前述讨论的多种旅游业梯度推移类型与空间表现方式。梯度推移黏性是指在区域经济发展中历史的、现实的和潜在的诸多因素共同作用下，产生了区域内各地竞争力的区位差异、区域环境的区位差异和区位引力场等现象，进而导致其梯度推移不能循序进行，从而出现黏性（魏敏和李国平，

2005）。造成边疆省区旅游业梯度推移黏性的原因较多，比如硬环境和软环境两大方面。硬环境主要包括旅游资源条件、旅游基础设施条件等；软环境包括旅游形象传导条件、政府旅游政策与行为等。

1. 硬环境

（1）旅游资源条件。边疆省区旅游业低梯度地区往往在旅游资源数量、品位和类型组合方面与高梯度地区存在较大的差距。这种差距带来了高梯度地区旅游业向低梯度地区推移时受到旅游产品空间和旅游接待能力狭小的直接制约，限制了梯度推移的旅游企业与旅游地的市场容量和利润。由于旅游吸引力距离衰减律的存在和边疆省区能挖掘到的内外部旅游市场总量的有限性，低梯度地区的中低档旅游资源在目前来看开发成本相对较高，开发条件不一定成熟。

（2）旅游基础设施条件。边疆省区许多地方的旅游基础设施薄弱，城镇化发展缓慢。虽然边疆省区的一些地区在倾斜政策的扶持下使旅游基础设施的规模、技术等级、服务水平得到了显著改善，在一定程度上缓解了旅游基础设施对旅游发展的限制作用，但仍不能完全适应旅游经济发展的需要，承接区域旅游业梯度推移的能力还有局限。

2. 软环境

（1）旅游形象传导条件。边疆省区各地区旅游资源特色往往具有很大的相似性。一方面，毗连地区自然景观、气候、生态环境可能相近；另一方面，边疆省区各市（州）的民族文化旅游资源往往具有一定的相近性，且高知名度的民族文化旅游地往往对低知名度的民族文化旅游地产生形象遮蔽。因此，旅游者的熟知旅游地和空间感知兴趣点的有限性带来了明显的省域内旅游地形象传导与认知差异，限制了低梯度地区旅游信息向外的扩散与传播，也限制了旅游流从边疆省区旅游业高梯度地区向低梯度地区的认知转移与空间位移。

（2）政府旅游政策与行为。改革开放之后，边疆省区普遍采取了非均衡的旅游发展战略，首先鼓励和支持条件比较好的地区先行一步，并给予了较大的资金支撑与政策倾斜，这一战略在实践中获得了很大成功，使这些地区的旅游产品、旅游市场营销水平和旅游基础设施等有了整体提高，促进了旅游经营管理体制改革的深化和人们旅游发展思想观念的更新，进而使这些地区成为省域内旅游业发展的高梯度地区。而旅游业低梯度地区迟迟不能实现旅游业的快速发展，无法完成与旅游业高梯度地区的对接，这在很大程度上也是由政府旅游政策与行为导致的：①由于边疆省区旅游业低梯度地区的旅游发展主体数量和质量有限，加上受到有限的地方财力的制约或营商环境的限制，因而旅游业发展之初在贯彻政府主导型战略的时候，政府往往管得过多、过细，许多本该由旅游企业、旅游市场和社会承担的事情,全由政府包揽下来,或者政府无力成为区域旅游梯度推移的主体,造成了旅游发展主体缺位、旅游发展效率不高。②虽然中央和边疆省区在旅游业后续发展中也一直尝试给予低梯度地区优惠政策与扶持,但随着全域旅游发展战略的全面推进、旅游业竞争的加剧和旅游开发成本的抬升,各级政府出台的优惠政策的边际效益递减与稀释也是必然。③部分低梯度地区出于政绩、地方财政和传统产业路径依赖的原因,尚未真正把旅游业作为地方发展的先导产业和主导产业,造成了旅游业的低水平徘徊。④行政区域的地理划分在一定程度上使得个别地方政府在旅游经济发展时着眼于地方利益,由此可能带来一定的地方保护主义与行政区经济,导致旅游生产要素难以充分自由流动,区域旅游产业趋同,旅游业的梯度推进面临进度迟缓和宏观梗阻的问题。

3.4.4 边疆省区旅游业梯度推移模式的指导意义

根据边疆省区旅游业梯度推移模式,旅游经济开发是一个连续的动态过程。边疆省区既要积极接纳包括周边国家在内的发达国家、发达地区的旅游业梯度推移,直接同国际旅游市场接轨,又要推动省域内旅游中心节点(轴线、域面)向周边地区的扩散梯度推移,向省域非邻近地区的蛙跳式梯度推移。要注意全省区旅游资源梯度开发时序的协调化,一定时期内的旅游开发重点不宜太多;择机开发旅游资源禀赋良好但区位偏僻的中低梯度地区,打造新的旅游高梯度地区,实现旅游业反梯度推移,优化边疆省区旅游空间布局,推动旅游产品整体更新。

3.5 国界与省界:边疆省区边界地区旅游业边缘不对称原理

3.5.1 边界效应基本理论

国家间权力、国内行政区的存在使边界对跨境经济行为产生影响,这种影响称之为"边界效应"(李铁立,2005)。根据边界的介质本质,边界效应可分为"屏蔽效应"和"中介效应"(汤建中等,2002)。屏蔽效应是指成为阻碍空间相互作用的边界效用。由于边界天然的封闭属性，它扭曲并分割了市场，成为市场空间的障碍，增加了边界两侧经济联系的空间和时间距离以及交易成本，并将对边界地区相关企业的市场潜力与盈利水平产生较大的负面影响。

国外学者就通过比较国内区际贸易量和国际贸易量的差异指出，边界的屏蔽效应表现在"国内区际贸易量远超过国内与国外地区之间的贸易量"（Evans，2003；McCallum，1995）。同时，边界作为两国、两地之间的中介面，总是在国家之间、地区之间存在着一定的物质、信息的交流，也就是边界的中介效应，这属于边界天然的开放属性。尤其随着全球化和区域经济一体化的推进，边界地带作为国家、地区之间交流的前沿，有可能成为资源、劳动力、产品、资金、技术、市场相互流动最为活跃的地区。全球化时代背景下，国家和地区的边界正逐步由传统的隔离和防御功能向接触和合作功能转化。

3.5.2 边疆省区边界地区旅游业边缘不对称原理

根据前述的边疆省区"点—轴—网"空间结构原理、核心—边缘空间结构原理，边疆省区的旅游产业布局实际上一直是以某个或某些旅游节点（域面）为中心的，旅游中心地、次级旅游中心地对腹地的吸引和辐射作用受到空间距离的制约，离各级旅游中心地越远的地区，其旅游业发展的速度和协作能力就越不明显，呈现明显的距离衰减特征；而依据边疆省区旅游业梯度推移原理，边疆省区旅游业发展是存在地区间的跳跃与突变的。这导致边疆省区形成了以旅游中心地为核心的集聚和扩散现象，并在宏观上表现为以旅游中心地为核心向外围呈现不规则圈层状向心空间分布结构，一般都可分为内圈层、中圈层、外圈层。这种圈层结构反映了中心地及腹地的旅游景观由核心向外围的不规则的向心空间分化。

省际边界与国界地区都属于边疆省区旅游圈层结构中的外圈层，由于受到边界效应的影响，同时表现出空间边缘与成长不对称的特征（图3-15）。本书合称为边界地区旅游业边缘不对称原理。

1. 同边疆省区的旅游业核心地区相比，边界地区大都属于旅游业边缘地区和中低梯度地区，呈现一定的边缘特征

由于边疆省区的旅游资源、环境、市场等存在着客观的空间差异，区位偏中、资源丰富地区的旅游资源能获得优先利用并形成空间集聚态势，构成边疆省域空间上的旅游制高点或者中心。随着旅游集聚的累积性发展，中心旅游节点（域面）在旅游业等方面会比其他周围地区强大而带有竞争优势。这些旅游中心地使得外

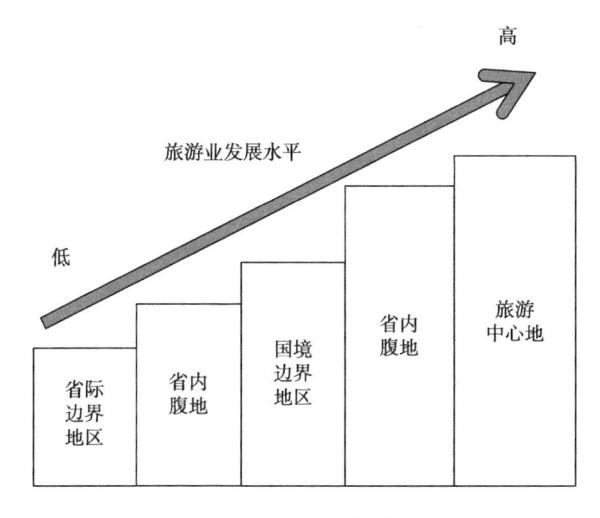

第3章 边疆省区旅游空间结构形成与演进的过程和机理 ·77·

图 3-15 边疆省区边界地区旅游业边缘不对称原理

圈边界地区旅游业的集聚受到抑制而发展相对滞后并依附于它的中心；且在边界屏蔽作用下，边界地区薄弱的生产力水平和交通状况更是加剧了其作为省区内的外围腹地的不利局面。由于圈层理论中旅游经济发展水平呈现距离衰减规律，边界地区是省区内距离核心旅游中心地最远的地方，旅游发展水平往往在省区内较低，同旅游中心地有较大的差距。

2. 边疆省区的国境边界地区与省际边界地区相比，旅游业呈现一定的不对称状况

由于国境边界地区旅游资源异质性更强，能同时兼顾国内、国际两个旅游市场。相对省际边界地区而言，中介作用使得国境边界地区可以同时获取国内外的旅游资金、旅游信息和旅游市场。由于对边疆地区安全与多民族团结显而易见的重要性，国境边界地区无论是旅游基础设施建设还是旅游产业建设极易获得各级政府的重视而实现快速突破。此外，由于流通产业、旅游产业等对设施、资金、技术、人才的要求较低，在短期内能给边境地区带来较高的经济回报，所以边境地区往往选择第三产业而不是第二产业作为发展起步阶段的主导产业和支柱产业（王燕祥和张丽君，2002）。因此，当国家间的关系转为和平与合作，国境边界地区自然就成为国家对外开放的前沿，其旅游业更容易在边疆省区旅游业梯度推移过程中获得青睐，承接中心地旅游推移的能力也更强，往往能成长为边疆省区的旅游业中梯度地区甚至旅游业高梯度地区。

随着我国相继实施兴边富民、脱贫攻坚及乡村振兴战略等，边疆省区省际边界区的基础设施、人民生活水平、特色产业发生了翻天覆地的变化。但必须认识到，省际边界区本身就是行政区划分中自然条件相对恶劣、交通极为不便的地区，

边界效应中的屏蔽效应突出，行政分割剧烈，加上旅游资源相对于周边市（州）或周边省区而言往往有一定的同质性，很难轻易地承接省区内旅游中心地的辐射与扩散。除了部分地区外，省际边界地区往往沦为边疆省区旅游业发展中的欠发达地区、低梯度地区，呈现省际边界塌陷的特点。

国境边界地区旅游经济温热现象与省际边界地区的偏冷现象，反映了边疆省区旅游中心地两侧边界效应的不对称性。受国境边界地区旅游经济的较强重力牵引和政策牵引，边疆省区旅游重心可能会向国境方向迁移。

3. 同其他产业相比，边疆省区边界地区旅游业虽具边缘特征，却并非真正意义上的旅游业低谷区域

根据彭永岸等（1998）的研究结果，内陆边疆边境地区总体有经济斜坡的地理现象，同毗邻国家的经济斜坡相连就构成以国界线为中线的"V"字形曲线，称为内陆边疆经济低谷。从前文的分析来看，边疆省区的边界地区旅游业相对于核心地区具备一定的边缘特征，但是，边界地区旅游业并非如其他产业一样就一定是经济斜坡或低谷，同一般经济产业中的边界地区经济水平与它们和省会之间的距离成反比的结论（郭荣星，1993；肖金成，2004）有一定的差异。由于其边缘效应和旅游业的特殊性等，以国境边界为代表的边疆省区边界地区旅游业具有跨越式发展甚至反梯度发展的可能。

我国旅游业发展与改革开放基本同步，因此边疆的边界地带和国内其他地区的旅游业也几乎是在同一起点上萌芽。旅游资源具有区域性和不可转移性的特点，旅游者的旅游活动在空间上表现为必须主动位移至目的地进行消费，这与其他产业的产品运向消费者进行销售的情况正好相反，因而区位论中的运费因素不宜用来分析旅游业。与省域内的其他很多地区不同，国境边界地区很容易接受旅游高梯度地区的梯度推移而成长为旅游业高地，边境地区与旅游中心地之间则可能因此出现旅游发展洼地。由于国境边界地区的资源异质性、景观特色性可能更为鲜明，部分国境边界地区的旅游业发展水平会高于边疆省区腹地。

边界与腹地、省际边界与国境边界地区之间的旅游经济鸿沟并非不可逾越，而是可以有多重途径使得省际边界地区旅游业实现超常规发展。在边疆省区旅游业成长到一定阶段后，省际边界地区可以依靠自身广域、丰富的旅游资源优势，依靠国内外旅游产业链的联结和先进旅游产品的打造，推动本地区旅游产业急剧扩张。特别是在打通与内地和省域旅游中心地的交通瓶颈后，可以利用靠近内地市场和未来国际旅游市场的突变、转型，实现省际边界地区旅游业的快速发展。毕竟，省际边界地区的旅游资源优势和边界正效应是潜在的、长期的，之所以没有被发现和充分开发，在很大程度上是旅游市场需求在一定时期内的相对有限性、

薄弱的内向型旅游交通及多变的地缘政治环境使然。

4. 不能以"中心—边缘"式发展模式看待边疆省区旅游业发展，必须加快构建边疆旅游高地

由于我国古代王朝的统治中心主要在中原或东部沿海地区，长期以来的"守中治边"形成了对"中心—边缘"式治理模式的强路径依赖。但是，全球化时代彻底颠覆了传统边疆治理的"中心—边缘"模式，边疆地区与国家核心区域不再是一个相对立的概念（史云贵和冉连，2016）。"一带一路"打破了边疆地区的边缘定势、封闭定势等界限，转向为开放包容，边疆由地理的"边疆"推向对外开放的前沿，以去除"中心—边缘"之争的语境来考虑边疆地区建设和可持续发展，实现边疆发展与内地发展的无差别对待（高永久和崔晨涛，2018）。正如2022年7月习近平同志在乌鲁木齐国际陆港区考察时说的，"随着共建'一带一路'深入推进，新疆不再是边远地带，而是一个核心区、一个枢纽地带"[①]。

在此背景下，我们要超越"中心—边缘"式的传统边疆治理思维，以国家协调发展、共同富裕和双向开放为中心，加快推进边疆旅游高质量发展，实现边疆省区旅游业的去边缘化和再中心化，使边疆省区由壁垒前哨变成旅游业高地、跨境旅游合作中心，拓展支撑国家发展的新空间。

3.5.3 边疆省区边界地区旅游业边缘不对称原理产生的原因

1. 边疆省区边界地区旅游业边缘特征产生的边界效应原因

边疆省区边界地区旅游业的边缘特征主要由自然地理、历史、政治、交通等多种因素累积叠加的边界效应而形成。

地处边远、自然条件相对恶劣、交通不便是边疆省区边界地区旅游业边缘特征形成的客观原因。从行政区划或国界、省界划分的角度，国境边界或省际边界主要视屏蔽与安全等为第一要务。因而，边疆省区边界地区多是严寒地区、沙漠、高山、河流、湖泊等线状清晰、交通性差、隔离性强的地带。这里自然条件艰苦，人口稀疏，经济基础和交通基础十分薄弱；周边国家与省区的旅游业一般都不发达，省区内高梯度地区对边界地区的扩散也较为缓慢，受到旅游经济辐射的机会较小，与外界的旅游交往和旅游经济活动微弱。

[①]《习近平：共建"一带一路"，新疆不再是边远地带，而是一个枢纽地带》，https://www.gov.cn/xinwen/2022-07/15/content_5701067.htm。

历史因素是造成边疆省区边界地区旅游业边缘特征形成的重要原因。从边疆地区的角度来看，近代历史上的闭关锁国政策、新中国成立后帝国主义的封锁等原因，使得边疆地区更加落后，错过了第二次世界大战后的世界经济调整期。1978年以来，虽然国家秉承经济改革与和平外交的宗旨，边疆地区对改革开放与旅游业不断推进，但是由于边疆的国家利益敏感性、邻国的政治不稳定性、外交关系的变动性等因素，旅游业能达到温热状态却不能真正达到沸点，边界旅游核心区无法短期内建成。而就省际边界地区来说，这里处于行政区经济发展圈以外的旅游真空地带，区域旅游分工协作很难取得实质性进展，空间替代性竞争关系下的旅游资源和区域旅游形象分割剧烈，行政区划的刚性约束、地方利益本位主义思想等影响了省际边界地区的旅游业发展。

2. 边疆省区边界地区旅游业不对称特征产生的边界效应原因

同省际边界相比，国境边界地区的旅游业虽然也可能缺乏充足的发展条件，但由于资源、区位、要素、发展机制、外部环境等条件的相对优势，往往更容易采取某种典型发展模式而转入旅游业迅速发展的轨道。因此，边疆省区边界地区旅游业不对称特征的产生主要还是国境边界和省际边界地区旅游业边界效应的不同使然。

一是资源因素。国境边界地区由于是同邻国的交界地带而具有国际性、神秘性、异域风情特征，旅游资源异质性强、内涵多元，对国际、国内两个旅游市场都具有良好的吸引力，旅游形象鲜明；省际边界地区旅游业资源虽然也很丰富，但与省域内或周边省区多有同质，很难获得市场的高度反响。

二是市场原因。市场机制是一种自动调节机制，具有自发性、盲目性和无序性，它通过旅游价格机制、旅游供求机制引导资本、人才、技术等旅游生产要素流向收益率高的边疆地区，形成集聚经济性，推动这些区域或产业实现跳跃式经济增长；而省际边界地区由于旅游资源特色性不甚突出，周边同质性竞争较为激烈，加上旅游资本、旅游人才等稀缺要素大量流失，旅游经济增长中产生渗漏机制，导致旅游业无法快速发展。因此，市场机制会引起国境边界与省际边界旅游业发展的两极分化。

三是政策与制度因素。改革开放以来，边疆地区先后放开对外经贸和边境旅游，旅游发展的制度变迁起步早，享受对外开放政策优惠多，并往往成为各级政府旅游规划布局的重点，尤其是进入全面建设边疆地区阶段后（王垚，2020），国境边界地区享受的对外开放及次区域合作等政策红利进一步增多；而省界地区虽不一定属于旅游资源贫乏地区，但却不具备对外经贸的区位优势，涉外旅游发展的制度供给和政策供给不足，成为不甚开放的边疆省区的最封闭地区或最边缘地区之一。政策与制度的差异造成边疆省区旅游发展的明显差距：边疆地区大都实现了跳跃式旅游经济发展，而省际边界地区旅游经济发展则相对缓慢。

四是自增强机制因素。自增强机制是经济体自我繁殖、自我强化的过程和趋势，具有锁定效应和路径依赖性特征，是国境边界地区和省际边界地区旅游经济发展差距扩大的重要原因。制度和政策是可再生的替代性的战略资源，具有累积性、加速性和报酬递增的特点，会给受惠地区带来放大效应，而给非受惠地区带来挤出效应，这在很长时期内都会强化国境边界地区旅游业的优势地位，削弱省际边界地区的旅游经济发展能力，使得省际边界地区的旅游产品规模小、市场辐射有限，并且很多都受限于国内旅游市场甚至周边旅游市场。

3.6 开放与封闭：边疆省区旅游空间结构形成的地缘政治原理

3.6.1 地缘政治学基本理论

"地缘"的基本解释是"地球的、土地的"，是地理环境关系的简称（沈伟烈等，2005）。国家间的地缘关系，指的是以地理位置、综合国力和距离等地缘要素为基础所产生的国家之间的地缘政治、地缘经济、地缘军事、地缘文化等关系，表现为国家间的相互作用（程广中，1999）。两个或两个以上国家间由于地域的毗邻而产生的地缘政治关系，是影响国家关系的重要因素之一（孔强和刘继生，1996）。地缘政治学是以全球战略的观点，分析地理现实与人类事物间的联系，探讨某种能表明世界历史中某些地理因素的规律，为治国和战略制定服务的理论（刘从德，2010）。从传统意义上讲，地缘政治学一般都被认为是政治地理学的一个重要流派，德国地理学家 F. 拉采尔通常被认为是现代政治地理学的奠基者和创始人，他也经常被认为是最早具有地缘政治思想的学术大家（刘妙龙等，1992）。地缘政治学的理论是各国制定国家外交政策，以及军事、政治战略的最重要理论依据，而不管其国家的性质如何（刘妙龙等，1994）。

地缘经济学是地缘政治学发展到一定阶段的产物。以冲突为内核，以地理空间的控制与争夺为主旨，这便是传统地缘政治的精髓；经济全球化的蓬勃发展、科学技术的进步、国际经济交往的频繁使得传统的地理空间被超越，传统的地缘政治观念正让位于新的地缘经济观念。新时代地缘政治研究依然是国际政治研究的重要领域，并被全球化的发展赋予了新的内涵和外延，全球化时代的地缘政治研究需要拓展新的研究视域。其中，区域、非传统安全、经济与政治相结合、地缘空间的拓展等已成为当前地缘政治研究的新领域（刘雪莲和徐立恒，2011）。在经济全球化背景下，各国和地区在整个世界经济体系中相互依赖和相互竞争的关系，使其需要不断调整国际关系以适应国际环境的变化（科切托夫，2007）。地缘经济学就是在世界经济全球化和区域经济集团化不断加深的国际环境下产生的一种解释国际关系和世界秩序的新理论。

1994 年，美国学者提出了"地缘政治经济"的概念，将地缘政治和经济竞争密切结合起来（George and William，1994）。地缘经济学的研究是把世界作为一个统一整体，国家或地区为基本组成单元，以大国为中心，包括区位关系、资源状况、科技教育、资金流动、国际贸易、市场状况、经济互补、综合国力等方面的内容，通过探讨集团间、大国间以及地区间经济关系和地缘经济与地缘政治相互关系等问题，为其国家经济利益、国际竞争服务（陈才，2001）。

3.6.2 地缘政治对边疆省区旅游业的影响

旅游是国际外交和国家对外政策议程的一部分（Hall，1999）。作为祖国领土和主权不可分割的一部分，边疆省区是国家对外政治、经济、军事交往的前沿，一直以来就与地缘政治休戚相关，事关国家的政治安全和经济安全。党的十一届三中全会后，我国的对外关系和地缘政治环境焕然一新，中国与周边国家的关系普遍改善，这有利于中国旅游业的启动，也带动了边疆省区旅游业的发育。

随着全球化的不断深入，边疆地区日益成为关乎国家和谐稳定大局的重要地区。从长远来看，中国势必要成为国际秩序构架中的一个重要支柱，但要成为这样一个支柱，中国首先就要把战略重点放在边疆、周边和亚洲（张军妮，2011）。经过 70 多年的努力，中国在边疆问题上取得了一系列重要成果；不过，从近年来的经验看，中国在边疆、周边外交和区域外交等层面还面临着一定的挑战。因此，边疆省区旅游业与旅游空间结构的发展必然受到国家对边疆地区的地缘环境、战略态势和战略地位的定位与考量，必然受到两国甚至多边国家外交关系、经济交往、实力对比、政治认同等方面条件的约束。边疆省区旅游业发展，尤其是涉外旅游发展、边境旅游开发、跨境旅游合作等方面，一是要服从国家整体外交战略的方向与要求，服从国家与边疆地区和平、繁荣、稳定的地缘战略环境要求，维护祖国统一、领土完整及边疆长治久安；二是要完成国家地缘经济战略的任务与目标，在和平发展道路上加强与邻国经济合作，以开发、开放促进边疆地区繁荣稳定，缓解安全困境并谋求国家利益最大化，促进边疆省区的地缘优势转化为旅游经济优势。共建"一带一路"倡议的提出意味着中国边疆地区的全面对外开放，边疆地区进一步发展成为改革开放的前沿和对外开放的窗口（史云贵和冉连，2016），这成为边疆省区旅游业创新发展的重要契机。

我国边疆省区旅游发展水平各异，接壤国家政治经济条件迥异，周边国家存在利益交错的复杂化局面，这为边疆省区旅游业发展、旅游空间结构的成长带来了一定的制约。一是尽管周边国家同我国的外交关系稳步发展，地区形势趋稳向好，但一些地区形势紧张、动荡，不同程度地存在着民族问题、宗教极端主义、国际恐怖主义及局势动荡，威胁着我国边疆地区的安全、稳定，使得边疆地区旅游业特别是边境旅游开发与合作受到很大的影响。二是边疆地区旅游业既受到两国政策甚至多边政策的影响，也受到周边国家和地区旅游生产力水平的影响。不可否认的是，同我国接壤的多数国家社会经济发展水平不高、旅游业不发达、与旅游贸易等有关的管理政策缺乏稳定性与规范性。三是边疆省区与周边国家和地区的交通网络不够成熟、完善，边疆地区旅游产品特色不足，分工不明显，影响了边疆地区的旅游业交流合作，当然这也从另一方面昭示了边疆省区的旅游业具有巨大的发展潜力。四是尽管后疫情时代跨境旅游逐步复苏，但复苏的速度和范围可能会因周边国家政策的影响有所不同。因此，边疆省区旅游者的流动及边境旅游地的成长会受到一定的影响。

3.6.3 地缘政治对边疆省区旅游空间结构形成与演进的意义

1. 和平、开放的地缘政治环境，提升了边疆省区旅游业的整体区位价值和战略地位，是边疆省区旅游空间结构形成与发展的重要保证

边疆省区地处国家与邻国边境线之间的接壤地带。边境线是划分国家领土与主权的界线，也是国家利益与国家安全的界线，尤其大部分的边疆地区都是民族地区，传统安全与非传统安全问题交织，是两国政治、经济、文化、军事、旅游等方面的异质地域。在冷战期间，边疆往往是国家保卫领土与主权的紧张性前沿，边疆省区并不存在旅游产业，只能在旅游外事接待中面向意识形态相近的国家与民众，旅游者的活动范围受到很大的限制；但随着冷战的结束和国家间关系的缓和，边疆省区成为民族交流、经济文化融合、旅游合作发展的接触地带与渠道，边疆地区也成为一种特殊的旅游吸引物和特殊的消费场景（曹诗图等，2006）。

实际上，边疆省区旅游业的发展和全国旅游业的发展一样，都受惠于国家在十一届三中全会以后的经济改革与对外开放政策，受惠于国家坚持睦邻友好的地

缘政治方针政策及冷战的结束。自20世纪末以来，中国坚持以互信、互利、平等、协作为核心的新安全观，将对外政策的对象，按大国关系、邻国关系和发展中国家的关系进行科学排序，周边外交是中国外交关系的重要一环。中国实行了与邻为善、以邻为伴的政策后，中国与邻国发生冲突的可能性大为降低。在这种互信的地缘政治背景下，旅游业、经济文化交流等被视为地缘经济合作的先行兵，并被中国和邻国高度重视，边疆省区的地缘政治和地缘经济状况因此发生了根本性变化。边疆省区旅游面临的边界效应由屏蔽效应逐步转化为中介效应，真正实现了全方位的对外开放和旅游业的普遍性发展；边境地带的旅游节点（轴线、域面）被开发建设，从而带来全省区旅游整体形态的多向生长，旅游流被导向边疆省区的最外围地带甚至境外，旅游边界被推进到国界一线，实现两者的重合覆盖。特别是21世纪以来，随着我国与周边国家务实外交关系的不断加强、边疆省区旅游业等各项事业的快速发展和亚太地区多项次区域经济合作的推进，边疆省区处于新中国成立以来地缘政治和地缘经济最佳的时期，旅游空间结构发展的外部条件日益优越。

2. 多元、特殊的地缘旅游资源，烘托了边疆省区特别是边境地区的旅游产品独特品位和形象，是边疆省区旅游空间结构形成与发展的重要助力

由于特殊的地缘政治、地缘经济背景，边境地带具有浓烈的中外文化交融氛围与民俗风情，这些与内地或境外均具有较大差异的自然风光、异国情调、神秘的国门等背景有机融合，加上边境贸易的带动，是不可多得的优质旅游资源。为边境地区旅游节点（域面）的生成提供了良好的基础，吸引着国内外旅游要素在边境线附近汇集、融合，使以边界或跨境骨干交通线路为主要廊道的旅游轴线成为可能，进而促成边境旅游高地的形成。随着国家边界从完全封闭转变到多孔隙边界，漫长的边境线、不同的接壤国家、不断酝酿和发展的次区域旅游合作平台，为边疆省区旅游业的发展提供了潜力巨大的旅游发展腹地空间。

3. 互通、流畅的地缘交流条件，提升了边疆省区旅游业的市场区位和可达性水平，是边疆省区旅游空间结构形成与发展的重要基础

边疆省区口岸众多，既有陆路（公路、铁路）口岸，也有水路口岸和航空口岸，为边疆省区拓展周边国家、地区的旅游市场和旅游资源提供了良好的条件，也为旅游线路向邻国或国内腹地的拓展提供了可能。这些口岸往往聚集了大量的旅游流和旅游要素，很容易发展为边境地区的重要旅游节点，成为边境地区旅游线路的重要环节和支撑点；部分交通与经济水平良好、邻国旅游产品相对成熟的旅游节点还有可能发展为边境地区的重要旅游集散地。而随着地缘政治环境的持续向好，中国与邻国交通连接度的提高以及双边经贸关系的加强，

边境地区的重要国际性交通线路更是连接边境旅游节点与省区内旅游中心节点、畅通国境内外的旅游轴线的基础，能够加快旅游中心地向边境地区甚至境外（国内）的辐射速度。

与内地和沿海相比，边疆省区所面对的旅游市场是有一定区别的。内地和沿海地区入境旅游发展面对的是远距离的发达或较发达的国家和地区客源，主要销售的是独具特色的高端旅游产品，在较发达国家或地区客源地进行旅游市场竞争有较大难度；但在良好的地缘政治环境下，边疆省区入境旅游不仅面向发达和较发达的国家，还有中近距离、旅游市场需求相对不高的邻近发展中国家，即由内地、沿海的单一市场转向了沿边的多元化市场。因此，边疆省区不仅可以销售高级别的特色旅游产品，也可以销售传统的或相对初级的旅游产品，客源市场的互补性、可选择性大大增强。

2013年9月和10月，中国国家主席习近平在出访中亚和东南亚国家期间，先后提出共建"丝绸之路经济带"和"21世纪海上丝绸之路"的重大倡议，得到国际社会高度重视和赞扬；并进一步提出要"稳步拓展合作新领域"[①]，为边疆省区旅游业的成长带来了新机遇。共建"一带一路"倡议提高了国内各区域开放水平，内陆沿边地区逐渐成为国土开发的重要空间，有利于边疆省区提升与其他国家之间的互联互通水平，提高旅游口岸与边境旅游城市的发展水平，在沿边地区打造新的旅游增长极，为畅通国内国际的旅游双循环提供有力支撑。

3.6.4 地缘政治对边疆省区旅游空间结构演进的影响过程

边疆省区旅游空间结构的演进过程同我国与周边国家或次区域的地缘政治环境息息相关。不友好、不合作甚至冲突的地缘政治态势不仅威胁边疆省区旅游业的发展，也会成为旅游业发展不可逾越的屏障而引致旅游空间结构的扭曲，边疆省区旅游空间结构的向心效应和封闭效应更为突出，空间联系必然只能面向省区内外主要旅游口岸与旅游市场，加剧了边疆省区相对于国内旅游业核心地区的边缘地位；而在积极友好的地缘政治环境中，边界线会成为两国及两国边疆省区旅游业开放、沟通的桥梁，边疆省区旅游空间结构的外向效应与中介效应会逐渐明显，有助于改善其边缘地位，具体如图3-16所示。

---

① 《以高标准可持续惠民生为目标　继续推动共建"一带一路"高质量发展》，http://politics.people.com.cn/n1/2021/1120/c1024-32287280.html。

(a)地缘政治关系的对抗阶段　　(b)地缘政治关系的接触阶段

(c)地缘政治关系的开放阶段　　(d)地缘政治关系的一体化阶段

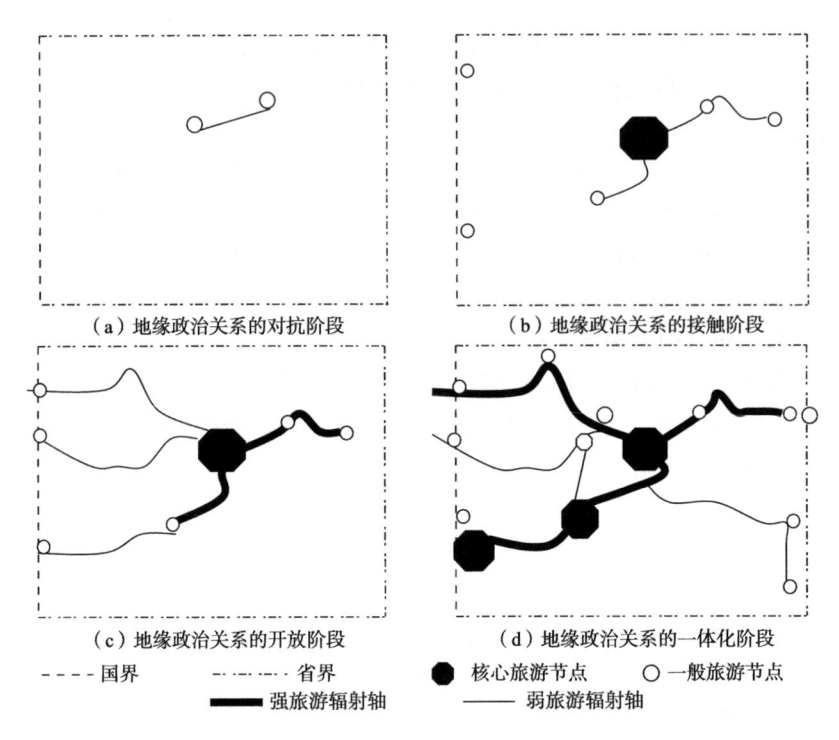

---- 国界　　—·—·— 省界　　⬢ 核心旅游节点　　○ 一般旅游节点
▬▬ 强旅游辐射轴　　—— 弱旅游辐射轴

图 3-16　地缘政治对边疆省区旅游空间结构演进的影响过程

在地缘政治关系的对抗阶段（图 3-16（a）），国家间的控制、争夺及隔膜，使得作为国家战略前哨的边疆省区成为国家被围困、孤立、阻滞的突出部，边境地区成为国家和省域内旅游经济神经的末梢地带，边疆省区旅游业只能在远离边境的地区有限度地发展，整体旅游发展水平有限。在地缘政治关系的接触阶段（图 3-16（b）），由于国家间关系的缓和，边疆地区旅游业迎来了较好的发展环境，边境地区多元的旅游资源和神秘的边地氛围吸引了一定的旅游客流，边境地带出现了最早的一批旅游景点和旅游节点，带动了边境地区旅游域面的有限发展。在地缘政治关系的开放阶段（图 3-16（c）），边境地区的政治文化交流特别是边境贸易交流从较低的水平快速提高，人流、物流、信息流、资金流带动了边境地区的旅游流和旅游投资，边境地区旅游节点进一步发育壮大，旅游基础设施进一步完善，旅游资源进一步开发，旅游域面进一步扩大。虽然部分旅游口岸节点已经向邻国进行了有限的产品连线和旅游辐射，并向省区内旅游腹地进行强度有限的旅游经济辐射，但此时的边境旅游仍然主要依靠省域核心旅游节点的辐射与扩散，由边境旅游口岸节点至核心旅游节点的旅游轴线逐步发育，呈现自省区内核心旅游节点向边境放射性辐射的"梳状"分布格局，边疆省区旅游业重心进一步向边境地区倾斜，边境地区旅游业边界效应日益凸显。在地缘政治关系的一体化阶段

(图3-16(d)),边疆省区旅游业呈现轴网状发展态势,边境地带旅游业内引外联进一步发展,出现了更多的旅游节点,部分边境口岸旅游节点以及连接这些口岸旅游节点的轴线升级为更高级的旅游节点和轴线;依靠逐步完善的跨境骨干交通网络,以大量边境口岸为主要出入口的边境地区旅游业的回流效应凸显,依托边境线为轴的边境旅游发展带基本形成,并向邻国纵深和本国腹地延伸;以边境旅游口岸节点为支撑,边疆省区对周边国家和省区的旅游地缘影响力增强,周边国家和省区逐步成为边疆省区旅游业的腹地,而边疆省区也成为国家对外旅游合作与交流的真正前沿与通道,两个市场、两种资源的综合利用更加成熟。边境地区旅游通道和轴线的扩展强化,促进了边疆省区旅游业中介效应的质的飞跃,边疆省区成为国家旅游业的重要国际性外向通道,由此带动了省际边界地区旅游业的发展和节点的增加、增强,成功将邻国旅游要素、旅游流传导到省区内腹地与省(区)界地区,边疆省区旅游空间结构趋向均衡。

第 4 章　边疆省区旅游空间结构的优化模式

边疆省区旅游空间结构的优化是人为的主观引导过程。由于边疆省区旅游发展条件的差异性和内部旅游发展水平的不平衡性，边疆省区旅游空间结构和形态具有多样性，各种结构类型的边疆省区旅游空间结构优化策略也存在一定的差异。本书试图讨论适合边疆省区旅游业发展方向的普遍而共性的优化策略。

4.1　边疆省区旅游空间结构优化的宏观背景

目前，我国已开启全面建设社会主义现代化国家新征程，向第二个百年奋斗目标进军，为边疆省区旅游空间结构的调控带来了发展机遇。特别是兴边富民战略、脱贫攻坚战略、全域旅游战略、乡村振兴战略、国内国际双循环战略的提出，赋予了边疆省区旅游空间结构优化和重构的动力。

4.1.1　后新冠疫情时代的全球背景

2020 年以来席卷全球的新冠疫情，是近年来对包括中国在内的所有国家旅游业的一次影响大、范围广、程度深的冲击，甚至导致全球旅游停滞（吴巧红和苏晓波，2020）。受此影响，我国出入境旅游在较长时间内处于停滞状态，国内旅游也因疫情局部反弹而偶有波动，疫情确实对边疆省区旅游空间的固有结构及其升级过程造成了一定的冲击。但总体来说，疫情对我国旅游业的影响是有限的、短期的，不可能真正改变边疆省区旅游空间结构的稳定性和成长方向。疫情后会有大量中国公民选择中短程的跨国旅游目的地出行，推动旅游区域化的进程（苏晓波，2020）。从目前来看，国内外疫情得到了较好控制，旅游业正加速复苏。边疆省区恰好可以利用自身区位优势、未来可能较早启动的中短途立体交通口岸，挖掘境外周边市场潜力，率先实现国际旅游的发展、互动。

4.1.2 西部大开发、东北振兴和国内国际双循环战略的发展背景

2016年以来，中共中央、国务院先后发布了《关于全面振兴东北地区等老工业基地的若干意见》（2016年）、《关于新时代推进西部大开发形成新格局的指导意见》（2020年）。2020年8月24日，习近平同志在经济社会领域专家座谈会上强调"以畅通国民经济循环为主构建新发展格局""要推动形成以国内大循环为主体、国内国际双循环相互促进的新发展格局"[①]。

随着这些发展战略的深入实施，西部地区、边疆地区的交通基础设施投资建设力度将不断加大，边疆省区农村与城市之间，以及边疆省区与中东部地区之间的流通循环将进一步打通，这有助于更好地畅通国内大循环。在新发展格局的形成过程中，边疆省区可以跳出现有资源禀赋的约束，找准自身旅游发展定位，补齐短板弱项，加大力度全面深化改革开放，在实现高质量发展的过程中实现文旅产业错位发展甚至赶超，从而为旅游空间结构的调控优化奠定基础。

4.1.3 将旅游业培育为人民满意的现代服务业的目标背景

21世纪以来，人民群众对文化和旅游产品多样化、特色化、品质化发展提出了更高要求，文旅消费需求不断释放。为充分发挥旅游业在保增长、扩内需、调结构等方面的积极作用，国务院较早就提出要"把旅游业培育成国民经济的战略性支柱产业和人民群众更加满意的现代服务业"，更强调"中西部和边疆民族地区要利用自然、人文旅游资源，培育特色优势产业"[②]，以促进区域旅游协调发展，把旅游业作为培育和扶持的新兴产业和新的经济增长点，把新一代信息技术广泛应用于旅游业。同时，在国家深化改革开放和拓展新的开放领域的过程中，作为最早对外开

---

① 《习近平：在经济社会领域专家座谈会上的讲话》，https://www.gov.cn/xinwen/2020-08/25/content_5537101.htm。
② 《国务院关于加快发展旅游业的意见》，https://www.gov.cn/zwgk/2009-12/03/content_1479523.htm。

放和市场化的行业之一的旅游业被要求应该加快转变发展方式，提升行业发展的质量。这将借势推进旅游业的市场化进程，充分利用国内国际两个市场、两种资源进行发展，促进我国与其他国家（地区）、国际组织的旅游交流合作。国家旅游局（2018年3月改为文化和旅游部）高度重视边疆省区在全国旅游业大发展中的探索与创新，在2010年将地处陆疆的云南省、广西桂林市及地处海疆的海南岛共同列为国家旅游综合改革试验区加以建设，其初衷就是希望以国内旅游发展最早、知名度最高、基础最好的一批边疆省区旅游地为突破口，为全国旅游业提供可以借鉴和推广的经验与模式。

4.1.4 脱贫攻坚、乡村振兴及共同富裕的背景

边疆省区经济基础相对薄弱，贫困问题曾经较为突出，我国的集中连片特困区[①]、"三区三州"深度贫困地区等主要分布在边疆省区。在国家精准扶贫和精准脱贫政策指导下，边疆省区打赢了脱贫攻坚战，全面建成小康社会，为促进共同富裕创造了良好条件。党的十九大报告提出乡村振兴战略，以乡村为主体的边疆地区无疑是实施这一战略的重要阵地；党的十九届六中全会强调"构建新发展格局""促进共同富裕"[②]，为边疆旅游业发展带来了历史性的新机遇。

未来，边疆省区要把巩固拓展脱贫攻坚成果同乡村振兴有效衔接，促进边疆民众共同富裕，就必须加快文化旅游业发展，促进旅游与其他产业跨界融合、协同发展，实现富边、稳边、活边，这必然会推动边疆省区旅游业的发展和旅游空间结构的持续发育。

4.1.5 共建"一带一路"倡议与周边外交战略的持续推动背景

全球战略收缩时期，周边外交的重要性更加突出。"大国是关键、周边是首要、发展中国家是基础、多边是重要舞台"一直是中国外交延续着的基本布局框架（张清敏，2009）。面对当前百年未有之大变局与国际格局深刻演变的新情况，

---

① 《中国农村扶贫开发纲要（2011—2020年）》将六盘山区、秦巴山区、武陵山区、乌蒙山区、滇桂黔石漠化区、滇西边境山区、大兴安岭南麓山区、燕山-太行山区、吕梁山区、大别山区、罗霄山区等区域的连片特困地区和已明确实施特殊政策的西藏、四省藏区、新疆南疆三地州作为我国的扶贫攻坚主战场。

② 《中国共产党第十九届中央委员会第六次全体会议公报》，https://www.gov.cn/xinwen/2021-11/11/content_5650329.htm。

中国一直秉持和平发展、互利共赢的政策理念，推动周边和平稳定和构建人类命运共同体。我国与周边国家建立了各种伙伴关系，积极参与周边合作机制，政治、经济、文化、旅游等方面的交流、合作方兴未艾。

特别是在经济全球化趋势下，经济增长和国家安全的联系日益被学术界和政策界所关注（Wang，2004），我国与东北亚、东南亚、南亚、中亚等周边地区发展了双边和多边的多种经济合作，中国—东盟自由贸易区、上海合作组织及各种次区域合作组织成为周边国家与中国进行经济合作的良好平台，经济利益融合日益加深，全方位对外开放的格局正在形成。2020年11月，中国与东盟十国及日本、韩国、澳大利亚、新西兰等十五个亚太国家正式签署《区域全面经济伙伴关系协定》（Regional Comprehensive Economic Partnership，RCEP），这一协定于2022年1月1日开始生效。根据中国旅游研究院发布的《中国出境旅游发展年度报告2020》，2019年中国（内地）出境旅游目的地排名前十五位的国家（地区）中，就有10个RCEP成员国。2021年，中国—东盟携手推进全面战略伙伴关系，使得双方经济联系更加紧密，提升了彼此经济上的相互支持力度。

同时，外交部门全方位、多层次地支持边疆省区旅游业的发展。涉外旅游交通运输建设与通关便利化，中国与周边10多个国家签订了互免签证协议，在部分口岸实施了一日免签措施，方便了边疆省区与周边国家的旅游人员往来；不断协助边疆省区探索旅游业与周边国家的合作机制创新，提升其与周边国家对外旅游交流合作的质量与水平。

边疆省区与内地及境外的交融逐渐增多，成为国家旅游经济的有机组成部分，正经历着从国家边缘到国家重要旅游目的地的空间地位转换，承担着部分旅游中心的职能，并辐射与串联境外区域。

4.2 边疆省区旅游空间结构优化的内涵

边疆省区旅游空间结构的优化是对其进行协调与控制的过程，是在边疆省区旅游空间系统运行的过程中，根据旅游空间要素单元之间相互作用的阶段、状态及时空发育背景，通过利益机制，采取必要的经济、法律、行政、市场规制等手段，对边疆省区旅游空间结构进行有目的性的干预和影响，以实现边疆省区旅游空间结构要素与系统的有机耦合、结构与功能的相互促进、阶段与状态的高度统一，使之最终向着有序化、高效化的方向发展。其实质就是通过控制省域内各空间地域单元间的关系，改变旅游空间结构要素变化的方向和数量，优化边疆省区旅游空间结构与空间形态，以实现边疆省区旅游空间结构系统功能的全面提升，促进边疆省区旅游业的协调与可持续发展。

边疆省区旅游空间结构优化的内涵在于：边疆省区旅游空间结构优化在一定程度上是通过各种客观规律自发进行的自我调节、自我进化过程，具有自组织性；同时，在遵循客观规律的前提下，人类根据自身的需求，通过某种方式和手段对边疆省区旅游空间结构实施调控与引导，具有他组织性；此外，由于边疆省区旅游空间结构演进的模式与形态是可变的，它很有可能没有按照客观规律发展而导致无序混乱状态的出现，或者没有按照合乎人类需求的方向发展。因此，我们必然要对边疆省区旅游空间结构作出合乎人地关系客观规律的优化和调适。

4.3 边疆省区旅游空间结构优化的目标

边疆省区旅游空间结构优化的目标具有时代性、地域性的特征。在不同的旅游经济发展阶段，在不同的区域，边疆省区旅游空间结构优化的目标也不同。其共性的优化目标为以下四方面。

4.3.1 增强边疆省区旅游空间竞争力

优化旅游空间结构本身就是为了促进边疆省区旅游业的跨越式发展，促进边疆省区旅游竞争力由量变向质变的跃进。因此，对边疆省区旅游空间结构实施优化，首要目标就是协调边疆省区的旅游资源、资金、基础设施等旅游要素，推动区域旅游产业结构的合理化，促进全省区旅游经济效益和综合竞争力的提升。

4.3.2 促进边疆省区旅游空间有序化

根据边疆省区旅游空间结构发展的一定阶段、省区内区域经济社会发展的规划安排、旅游经济发展规律的客观要求，边疆省区旅游空间结构要不断地进行调整和完善，形成适应旅游生产力水平和经济发展水平的省域旅游空间结构，以便充分释放边疆省区旅游空间结构的综合效益，使旅游资源、资金和旅游流在不同等级的旅游节点（轴线、域面）之间合理配置与流动，从而推动全省区旅游经济更加协调地发展。

4.3.3 推动边疆省区旅游空间一体化

在促进边疆省区旅游要素集聚的同时，也要促进中心地区与外围地区旅游业的融合，促进各旅游节点（轴线、域面）之间的一体化。通过旅游产业与旅游职能由传统旅游中心地向周边以及全省区有序扩散，促进各地旅游业的全面发展，推进全省区旅游业的整合发展。

4.3.4 提高边疆省区旅游空间开放性

通过有意识地对边疆省区旅游空间结构的科学引导和干预，形成一个开放的、高效率的、同外部联系紧密的新的旅游空间结构格局，使边疆省区成为一个具有全球旅游空间和世界旅游体系节点（域面）潜力的流动空间，一个起连接国内外旅游流动空间和旅游地方空间作用的承转空间，并逐步以边疆省区为中心，将周边省区和邻国边缘空间整合为一个和谐的、互动的有机旅游空间整体。

4.4 边疆省区旅游空间结构优化的非均衡协调发展模式

从目前来看，边疆省区旅游业整体实力在国内普遍排名中后。因此，在较长一个时期，多数边疆省区的旅游经济发展必须要保证一定的增长速度；而为了省区旅游经济协调发展，又必须较好地控制旅游空间结构失衡倾向。为了实现一定的旅游增长速度，边疆省区须从打造旅游增长极入手，继续培育与锻造核心旅游节点（轴线、域面），这在一定程度上会诱发空间失衡，从而与空间结构协调发展的目标产生一定的矛盾。而且，旅游增长极带动边疆省区旅游业发展的同时，又会面临旅游资源的广泛分布、旅游空间单元的离散性、国界（省界）旅游边界效应、边缘区位带来的远距离外地客源的相对有限性以及地缘政治环境的较大影响，核心旅游节点（轴线、域面）的扩散效应发挥面临显著的空间障碍和制约，旅游节点（轴线、域面）的发育速度和效率会降低，辐射力度有限且各方向不均匀。此外，边疆省区的旅游空间要素（节点、轴线、域面）的发育程度普遍还不高，缺乏大规模重构的基础。

因此，边疆省区旅游空间结构的优化策略既难以完全做到全域均衡或网络式发展，也不可能是单纯的极核模式，而应当是非均衡协调发展模式。边疆省区非均衡协调发展模式就是在尊重各省区旅游空间发展阶段和省情的基础上，加强调控旅游空间结构的政策安排，既重视旅游业极化效应，又尽可能地做到极化效应邻近地区的旅游业整体协同，实现效率与均衡的相对统一，是一种非均衡与均衡协调下的旅游梯度发展模式。其主要包含两个方面。

4.4.1　提高局部旅游空间的整体效率

以三核、多中心为主，发挥高等级旅游节点（轴线、域面）的带动作用，充分发挥中心旅游节点（轴线、域面）的极化带动效应，实现区域性旅游业高速发展。只有旅游增长极的有效发展和足够的扩散效应，才能最终实现边疆省区旅游业的全面均衡。因此，在未来很长时期内，旅游增长极的培育和局部旅游空间效率的有效提升依然是边疆省区旅游空间结构优化的重要任务。

4.4.2　促进省域旅游空间的有限均衡

边疆省区旅游协调发展不等同于均衡发展，而是一定地域范围内的相对均衡。应该认识到，如果边疆省区旅游业非均衡的范围和程度持续扩大，势必会拖延旅游极化区的成长，遏制全省区旅游业整体水平和空间结构整体效能的提高。所以，边疆省区需要继续构筑国际旅游大通道，促进旅游轴线的连接与合作，以形成旅游网络密度虽然不一定高，但旅游轴线清晰又协作紧密的准旅游网络模式，进而发挥非均衡旅游发展的动力，防止旅游非均衡倾向的绝对扩大。

4.5　边疆省区非均衡协调空间优化的重点

边疆省区旅游空间结构的优化，必须坚持新发展理念与科学发展观，把握边疆省区旅游空间结构的时空演进轨迹及其变化趋势，从"点、线、面、界"等边疆省区旅游空间结构要素的四个方面促进旅游经济增长与区域空间结构、旅游产业结构演进的有序协调，促进边疆省域旅游要素和国内外要素在空间上的合理组合，形成产业结构、空间结构分工合理，功能先进的旅游空间结构。

鉴于边疆省区在一定时期内难以实现均质、发达的旅游网络状结构，也难以在纵横两个主要方向充分展开旅游空间结构，因此，轴辐式旅游网络空间结构是边疆省区较为适宜的进化方向。在"横向""少轴"的限定下，合理规划、组织、培育、发展边疆省区旅游极核和旅游节点，使之发挥最大空间效率与最大辐射集聚效应，带动旅游网络结构的逐步发育。同时，边疆省区的旅游空间区位劣势的规避与区位优势的发挥，都需要打通国际旅游大通道，以国际性的旅游交通带动边疆省区旅游轴线的发展，使边疆省区真正成为连接国内外的旅游门户和桥梁。

4.5.1　壮大节点，实施三核牵引的边疆省区多中心旅游空间结构战略

1. 促进边疆省区旅游业多中心发展

边疆省区旅游空间结构的优化，主要运用极化手段，在省域内发展多层次、多功能的旅游节点，通过发挥其集聚作用与扩散作用，利用其较高梯度、高品位的旅游产业，强化其在特定旅游轴线和域面的客观存在，从而提高其点面的辐射能力。

为了引导边疆省区旅游空间结构的相对均衡发展，边疆省区在建构多中心的旅游空间格局时，也要促进各级旅游节点主次有序、规模分形，重视次中心旅游节点和中小旅游节点的全面发展。主次旅游节点通过各种旅游交通干线扩大自身的辐射半径，带动周边旅游节点（域面）的发展，并不断将旅游企业、旅游设施、旅游客流、旅游产品等扩散到周边地区，使整个省域长期处于旅游凝聚和旅游扩散相结合的均衡提升过程中，消除了某些域面发展缓慢而产生的省区内旅游业短板现象，从而保证了省域旅游业发展的整体效率。

中心旅游节点与非中心旅游节点应该有各具特色的功能定位与差异，保持旅游节点的合理规模，形成以职能多样化和分布广域化的旅游节点为基础进行空间组合的旅游空间结构，对全省区各旅游轴线、旅游域面的旅游发展规模和特色化起到很好的引导和调节作用。如此一来，全省区的旅游产品分布均衡、相对集聚，使得旅游发展趋于理性，将旅游客流、旅游资金的很大一部分扩散至旅游中心地

周边和中小旅游城镇，在维持较快的旅游发展增速和旅游效益提升的同时，可以保持边疆省区旅游规模与结构的合理进化发展。

2. 促进边疆省区三核旅游空间模式的形成

1）边疆省区三核旅游空间模式的由来

一个旅游核心节点向全省区提供服务的理想空间形态是地处圆形或正六边形省域空间的中心，受限于其半径的有效性，过远距离的旅游经济辐射则力有不逮。而边疆省区地域辽阔、旅游资源广布，地域形状普遍不规则，地貌类型多，且以与东部均质性平原地形迥异的复杂山地为主，极大地扭曲了空间的可达性、协同性。因此，边疆省区的单核旅游节点往往不居于正中，只能直接辐射全省区部分地区，难以完全满足连接与辐射周边国家和地区的要求。在促进边疆省区各级旅游节点快速壮大、特色发展的同时，应该强化各中心地的功能差异化发展，打造多个带动力强的旅游极核。边疆省区的旅游发展必然要从封闭走向开放，从单核走向多核，从极化发展走向集聚演进。多核旅游空间结构体系更容易实现边疆省区的旅游要素资源集聚，通过区域外溢动态增长极的支持而成为全省区和区域的旅游发展引擎，从而分散首位旅游城市的旅游经济功能，挖掘各地旅游经济潜力。

在对个别省区的旅游空间结构的论述中，部分学者曾经提出了双核模式，田里等（2009）认为云南省应该建立昆明—大理双核旅游空间结构，王爱忠等（2006）认为云南应该建立昆明—西双版纳双核旅游空间结构模式。双核模式作为著名地理学者陆玉麒（2002）对国内外临水型地区进行研究后提出的符合流域背景实际的区域空间结构模式，兼顾了大型港口城市的边缘性和区域中心城市（主要是省会城市）的趋中性，是享有水运便利的沿海与沿江地区等比较高效的一种空间结构形态。但双核模式并不完全切合边疆省区的实际。除了辽宁和广西两个兼具海疆、陆疆的省区外，内陆边疆省区并不具备临水条件，而边境线上很难出现如港口般便利、低成本的对外旅游交流窗口和通道；旅游极核除了对交通运输和区域中心性有较高要求外，对地方旅游资源与旅游设施也有较高的区位指向要求；边疆省区的广域性、复杂性和多元组合性决定了仅以两个极核尚不能完全带动全省区旅游业的空间组织与发展，前述云南的相关研究中，究竟是将大理还是西双版纳列为云南省内继昆明之后的另外一核的分歧就在一定程度上说明了这一点。

本书认为，边疆省区亟须继续打造三个核心旅游节点，以三角形态带动全省区旅游空间结构的优化。按照克里斯泰勒的中心地理论，一个区域经济体系中大致由三个低等级的区域组成一个高等级的区域单位。作为空间地域范围广阔、区内旅游业差异性强、旅游资源和旅游流的密度相对较大的旅游空间地域系统，构建边疆省区三核联动、多中心发展的旅游空间结构是非常必要的。通过三核联动的旅游空间结构，可以最大限度地辐射覆盖边疆省域旅游空间，节约各自发展的区域旅游空间成本，提高全省区旅游空间结构的整体功能。同时，这也是旅游经济发展的必然产物，是轴辐式旅游网络空间结构发展和区域旅游一体化推动的必然结果，是广域多中心区域旅游空间结构扁平化的重要调控模式。

2）边疆省区三大旅游极核的定位与区别

当原有的旅游单中心不能完全肩负快速发展的边疆省区中心旅游节点旅游职能时，就有可能在其他地方出现另外的中心旅游节点或次中心旅游节点，或原有的中心旅游功能发生分化，使一部分旅游功能在其他区位集中，逐步形成三核旅游空间结构。当两个以上邻域或远域的旅游中心极核的辐射空间范围出现相互干扰和重叠时，必然会走向多核旅游协调、旅游节点（域面）一体化融合的空间结构系统。边疆省区三核旅游空间模式是旅游功能和旅游产业不断发育后进化为多中心均衡状态，实质是以较发达的旅游域面作为基础、以完善有序的旅游节点群落体系作为保障的旅游空间结构系统。三个旅游极核共同对边疆省区旅游业发展起到龙头作用、支撑作用、带动作用和辐射作用，是全省区旅游经济、旅游资金、旅游客流、旅游人力资源和旅游信息等各种资源要素集聚的最优配置和有效载体。

边疆省区三核旅游空间模式中，肯定存在一个对边疆省区旅游发展起龙头带动作用的首位旅游节点，该节点的旅游市场号召力强、旅游产业实力强、旅游交通可达性优越，是具有全域性影响能力的旅游极核。首位旅游节点很可能为省会城市，譬如云南昆明；但由于对旅游业和旅游资源的特殊要求，也可能是旅游产业高度发达的非省会城市，比如广西桂林。作为边疆省区的中心旅游极核，首位旅游节点是一个高品位旅游产品和特色旅游资源最为集中分布的地方，也是边疆省域内的主要旅游接待中心、旅游集散中心、旅游交通中心，是旅游者进出边疆省区的最重要的出入点和旅游流的省域内核心聚散节点，是边疆省区的国际性旅游门户城市，有能力控制、引导全省区的旅游流。首位旅游节点能通过自身的旅游渠道商集群从国内主要旅游中心地和旅游枢纽中转输入海内外旅游客源，将来还可以借助自身特殊的边疆区位直接承接海外一定数量的旅游客源，在此基础上向全省区输送外来客源和本地客源，通过以国际航空口岸为核心的立体旅游交通体系完善客源的集聚—扩散功能；通过自身的高品位、多层次旅游产品和旅游接待设施成为全省区的游览体验中心、旅游消费中心。

除了首位旅游节点以外，边疆省区三核旅游空间模式中还应有两个承接首位极核旅游经济资源、起着连接作用并辐射周边地区特别是省域内边缘地区的副中心旅游极核，可以弥补首位旅游节点的旅游经济辐射的缺失，共同发挥旅游经济势能并带动全省区旅游发展。这两个次级旅游极核必须是与首位旅游节点有一定距离、拥有自身的较大辐射空间和旅游经济腹地、自身旅游实力较强的次中心旅游节点，肩负着带动全省区一部分地区旅游发展的重任。两个次级旅游极核是在中心旅游极核的带动下，在市场竞争中逐步形成，是旅游经济规模较大、旅游聚集程度较高、旅游产业结构较为优化、旅游外向型程度较高的省域性旅游增长极。需要指出的是，三个旅游极核中，很有可能在国境边界或省际边界地区产生一个以上可以与外国（或外省）连接的旅游极核，这是旅游边界的中介效应作用下贯通内外的必然结果，也是边疆省区旅游业发展到一定阶段之后凸显自身独特区位优势、推动旅游业"走出去、请进来"、融入"一带一路"的必然结果。

从结构上看，多一个旅游极核，就意味着多一个节点，如果边疆省区旅游规模不变，三核旅游空间结构只是将原有过度集中的旅游空间中心分散成多个相对集中或适度集中的旅游空间中心。以相互分工合作为平台，三核联动、多中心发展的边疆省区旅游空间结构是可行的。在边疆省区，有的旅游节点已经成为旅游极核，有的已经具备了旅游极核的潜在条件，有的已经是较为发达的旅游地。由于大多数边疆省区的旅游经济还处于极化发展阶段，尚未真正进入扩散发展的高水平均衡阶段，加上边界效应抑制了省际（国境）边界地区的旅游极核的发育，因此，以三核为代表的旅游业多中心性特征目前还不显著，只有吉林等个别省区初具三核旅游空间模式的雏形（表4-1）。

表4-1 我国边疆省区三核旅游空间模式粗略方向

边疆省区	理想的三核模式				旅游空间模式现状	备注
	首位旅游极核		次级旅游极核		
	名称	区位	名称	区位		
辽宁	大连	海港	沈阳	省会	大连—沈阳双核模式	也是海疆省份；不稳定的东北亚外部环境抑制了国境地区极核发育
			丹东	有边境口岸		
吉林	长春	省会	吉林	省内经济核心	长春单核模式	长吉图开发开放先导区曾上升为国家战略，但发展迟缓
			延吉	有边境口岸		
黑龙江	哈尔滨	省会	牡丹江	有边境口岸	哈尔滨单核模式	我国拥有中俄边境线最长的省份，曾提出打造"中俄边境旅游桥头堡"
			黑河	有边境口岸		
内蒙古	呼和浩特	省会	呼伦贝尔	有边境口岸	呼和浩特单核模式	东西向非常狭长
			锡林浩特或其他			
甘肃	兰州	省会	敦煌		兰州—敦煌双核旅游模式	狭长形,可形成基于丝绸之路和亚欧大陆桥的点轴三核模式
			天水或其他			

第4章 边疆省区旅游空间结构的优化模式

续表

边疆省区	理想的三核模式				旅游空间模式现状	备注
	首位旅游极核		次级旅游极核			
	名称	区位	名称	区位		
新疆	乌鲁木齐	省会	伊犁	有边境口岸	乌鲁木齐单核模式	
			喀什	有边境口岸		
西藏	拉萨	省会	日喀则	有边境口岸	拉萨单核模式	
			林芝或其他	有边境口岸		
云南	昆明	省会	西双版纳	有边境口岸	昆明单核模式	
			大理或丽江			
广西	桂林	历史行政中心	南宁	省会	桂林单核模式	同属海疆省区
			北海	海港		

边疆省区三核旅游空间模式强调在市场竞争中实现三个主次旅游极核的共同发展。这样才能使首位旅游极核的许多旅游业得以从中剥离出来，将主要旅游产品和线路向次中心与周边地区延伸，既减轻了首位旅游极核的负担，为其转型升级、发展高级旅游业提供了新的机遇，也为旅游业的发展和边缘地区的旅游发展提供了广阔的空间。同时，可为旅游产业集群、旅游产业链的分工打造创造优良条件，并合理分配和组织全省区旅游客流，最终形成面状、网络状的旅游空间结构。两个次级旅游极核的功能就是协助首位旅游极核，接收、传递和放大中心旅游极核的辐射，拉动全省区旅游经济的发展。

3）边疆省区旅游极核的选择与打造

边疆省区要建设旅游极核并发挥作用，就应该打造具有较强旅游竞争力和区域认同感的中心旅游节点，并强化其作为区域性旅游中心节点的服务功能和使命担当。为此，必须从旅游经济能量、旅游服务功能、高端旅游产业、旅游极核一体化带动力等四个方面选择与打造三大旅游极核。

一是提升旅游极核的旅游经济能量。旅游经济能量是决定旅游极核在边疆省区核心地位的关键因素。对于边疆省区大多数可能的旅游极核而言，当务之急是提升在省区层面内旅游经济能级与位次，应重点加强旅游资源开发与旅游市场营销，建设布局一批国际性文化旅游项目和新型业态产品，培育一批规模型旅游企业主体和旅游产业集群，在较高端的旅游目标市场具有较高的市场号召力，成为边疆省区内最重要的旅游目的地。当然，次级旅游极核并不是简单地以旅游发展规模认定，而应该综合考虑多种功能。毕竟旅游文化中心度、政治中心度、经济中心度或交通枢纽中心度等地位往往也是很重要的方面；而且，即使中心旅游极核的旅游发展规模过于强大，也不能对次中心旅游极核的旅游经济总量要求太高；同时，和中心旅游极核空间距离太近，容易在其阴影效应下无法成为真正的核心，比如吉林省的四平市交通位置优越，是游客进入吉林省的主要入口之一，但距离省内中心旅游极核长春市太近，缺乏成长为极核的必要旅游经济腹地。

二是强化旅游极核的旅游服务功能。旅游极核应该是"硬"功能和"软"功能共同支撑发展。因此，边疆省区旅游极核既要强化国际性旅游目的地等"硬"功能，更要强化旅游交通中心功能、旅游接待中心功能、旅游商务会展功能、旅游人力资源中心功能、旅游管理功能等"软"功能。特别是加强旅游交通枢纽对区域旅游发展的服务，构建国际性航空港、高速公路、高速铁路等交通基础设施，加强对周边区域的辐射与对接，以"软"功能提升旅游中心节点在服务边疆省区或局部旅游域面时的核心地位，真正成为省域内的旅游要素配置中心。

三是打造旅游极核的高端旅游产业。旅游极核应该是边疆省区的旅游创新中心、旅游信息流转中心和旅游产业扩散中心，能为全省区旅游产业分工和旅游空间结构优化提供创新原动力。所以要顺应国内外旅游市场需求的发展潮流，以发展国内外一流的文化旅游产品、度假旅游产品、康乐旅游产品、生态旅游产品、特种旅游产品等为主促进旅游产业创新，加速推动旅游产业结构向高端化、国际化、新业态化转型升级。

四是增强旅游极核的一体化带动力。旅游极核的选择与发展的核心问题不仅在于培育对象自身的硬实力，更在于所培育的旅游极核对周边地区与全省区的带动和辐射作用的大小。城市群正成为我国新时期发展战略空间组织的基本形式，未来边疆省区的旅游极核很可能是在集群式的旅游节点或旅游城市基础上发展而来。在旅游中心节点发展的基础上，推进旅游城市圈建设，促进旅游节点群落空间的组团化、多层次发展，在密切的旅游经济联系中放大旅游极核的潜在优势，推进区域旅游产业分工协作，最终推动边疆省区旅游经济一体化的进程。

4.5.2 打造轴线，以国际旅游大通道战略促进旅游轴线的耦合发展

1. 促进旅游轴线与旅游交通建设耦合发展

在一定数量的旅游节点较充分发育的基础上，加强旅游交通建设，联点成轴，

形成多个不同能级、纵横交错的边疆省区旅游经济轴带，对于促进边疆省区旅游空间优化具有十分重要的实践作用。这有助于拉动若干具有有利旅游资源条件和开发条件的地区壮大旅游业，增强旅游中心节点的集散、中转与联系功能，促进边疆省区旅游发展轴线和发展中心向旅游经济欠发达地区（包括外围地区，也包括中心地区内部距离旅游节点或轴线较远的地区）延伸，促进线性旅游交通线路上新兴旅游节点的出现，使边疆省区重点建设的旅游产品、旅游节点与旅游交通干线取得一致（图4-1）。陆上高速旅游交通修建前，各旅游节点（域面）只能独立发展，缺乏呼应（图4-1上部）；陆上高速旅游交通建成后，缩短了城市间、景点间的距离，旅游节点（域面）范围扩大，旅游轴线成型，旅游地空间耦合加速（图4-1中部）；陆上高速旅游交通通道进一步丰富，促进了边疆省区多中心旅游节点和轴辐式旅游网络空间结构的形成和发育（图4-1下部）。因此，打造各有特色的旅游轴线是保证边疆省区旅游经济较快发展的必要，是克服区域内旅游经济发展不平衡性、实现长远协调发展的必要，也是边疆省区优化旅游生产力布局和发展骨架的关键环节。

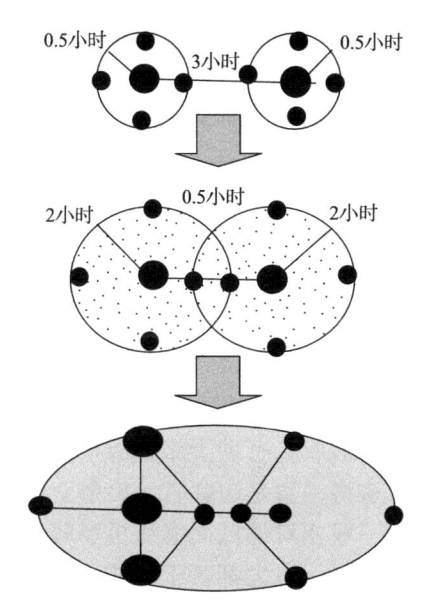

图 4-1 陆上高速旅游交通促进边疆旅游轴线与空间结构优化图

边疆省区旅游轴线发展的一个重要前提是丰富的旅游资源基础和发达的旅游产业前景，而另一个重要前提就是旅游交通基础设施建设。旅游交通基础设施建设与旅游轴线同步是达到边疆省区旅游空间结构优化目标的必要手段，对边疆省区旅游空间结构优化重组的作用主要体现在两个方面：首先，旅游交通基础设施和旅游轴线耦合发展是边疆省区旅游空间结构发展与优化的基本要素。通过旅游交通干线与旅游轴线的建设,逐步完善边疆省区中心与外围旅游空间结构的骨架,促进旅游极核之间、旅游极核与外围地区之间的旅游流扩散与交流,优化与协调省区内部旅游流的流量和流向,从而逐步完善边疆省区旅游空间架构。其次,旅游交通基础设施建设和旅游轴线建设能引导旅游生产要素的流动,逐步引导边疆省区旅游空间结构朝向预期的目标重组。根据边疆省区旅游发展规划与市场需求的方向,以先行建设的多元成熟旅游交通基础设施促进中心与外围地区旅游产业沿交通走廊重新布局,引导旅游产业从边疆省区的高梯度地区向低梯度地区转移,引导极核旅游节点辐射作用的发挥,进而形成畅通、高效的旅游轴线。一个能够适度超前或及时满足外围地区旅游经济发展需要的旅游交通基础设施体系,能够牵引旅游产业的转移与扩散,推动旅游节点连线成轴,推动外围地区旅游空间重组,为边疆省区旅游空间结构的网络化发展提供必要条件。

边疆省区旅游轴线的发展受到地理区位、地域范围、自然地理条件和旅游资源禀赋等多方面的影响和制约,对旅游交通基础设施有特定的要求。内地往往可以将铁路干线沿线或江河沿岸确定为重点旅游发展轴线进行建设。但是边疆省区的铁路密度不高、等级偏低,很多区段以山地、峡谷、戈壁、隧道、桥梁等为主,加上过境货运任务繁忙、运力严重饱和,长尺度客运专列很难在中小站台停靠;边疆省区的很多江河通航条件差,沿河又缺乏现代陆上交通联系手段。除了部分改造扩能或整治通航的江河外,这些轴线是很难全线列为重点旅游开发轴线的。

因此,以航空、高速公路和高速铁路为代表的立体快速旅游交通网络建设对于打造边疆省区旅游发展轴线十分重要,更是促进轴辐式旅游网络空间结构发育的关键。特别是通达速度最快的航空网络的建设,能跳出边疆省区山地、丘陵、高原等地貌条件、偏远区位条件和大尺度地域空间的限制,对于主要旅游节点的生长、发展以及市场联系具有重要意义,有助于大尺度、跳跃式旅游发展轴线和主要旅游枢纽的形成,有助于旅游极核之间的高效连接和短期内外部跨区域性客源的招徕,这将一直是边疆省区旅游交通建设的重点。实际上,边疆省区铁路、公路密度一般相对偏低而支线机场较多,大部分边疆省区即使当前未形成较完善的航空网络,也大都基于国防、社会稳定和经济发展等目的在规划较多的机场建设项目(表 4-2);边疆省会城市或旅游中心极核机场往往是我国通往周边国家或地区的重要国际性航空枢纽,在全球"天空开放"进程和我国国际航空运输市场不断发展的背景下,边疆省会城市或旅游中心极核机场的空域资源一般会得到较深的挖掘。随着航空建设水平的提高,对比边疆地区高昂的公路、铁路建设成本,机场的建设成本正变得可以接受,而且机场不需要建设绵长的线路。

表4-2 "十二五"与"十三五"时期边疆省区机场建设项目

性质	"十二五"时期重点机场项目	"十三五"时期重点机场项目
改扩建	哈尔滨、长春、延吉、沈阳、丹东、长海、大连、呼和浩特、海拉尔、乌兰浩特、通辽、赤峰、包头、鄂尔多斯、南宁、桂林、柳州、百色、丽江、腾冲、西双版纳、拉萨、昌都、林芝、兰州、庆阳、敦煌、乌鲁木齐、哈密、库尔勒、和田等	昆明、乌鲁木齐、哈尔滨、长春、包头、鄂尔多斯、赤峰、锡林浩特、通辽、二连浩特、巴彦淖尔、阿尔山、朝阳、长海、鞍山、吉林、长白山、通化、齐齐哈尔、佳木斯、黑河、漠河、鸡西、大庆、伊春、西双版纳、丽江、大理、德宏、保山、临沧、普洱、文山、腾冲、林芝、昌都、敦煌、嘉峪关、庆阳、金昌、喀什、伊宁、库尔勒、阿勒泰、和田、阿克苏、塔城、哈密、吐鲁番
续建		霍林郭勒、扎兰屯、乌兰察布、松原、白城、建三江、五大连池、沧源、澜沧、祁连、莎车、若羌、图木舒克
迁建	天水、且末等	大连、呼和浩特、长春、桂林
新建	加格达奇、抚远、五大连池、建三江、绥芬河、通化、白城、松原、营口、阿尔山、巴彦淖尔、霍林河、扎兰屯、乌兰察布、泸沽湖、红河、沧源、澜沧、那曲、府谷、陇南、金昌、张掖、石河子、富蕴、莎车等	正蓝旗、林西、克什克腾、阿拉善左旗、四平、绥芬河、红河、元阳、怒江、平凉、昭苏、于田、塔什库尔干
开展前期研究	饶河、宝清、吉林、鞍山、阜新、本溪、图木舒克、林西、贺州、德钦、定边、平凉、楼兰、塔中等	拉萨、桓仁、辽源、敦化、白山、通榆、榆树、珲春、饶河、虎林、鹤岗、尚志亚布力、贺州、防城港、钦州、勐腊、丘北、宣威、亚东、普兰、阿拉尔、和布克赛尔、和静、乌苏/奎屯、巴里坤、准东

资料来源:《中国民用航空发展第十二个五年规划》(2011年);《中国民用航空发展第十三个五年规划》(2017年)

注:所有项目以国家批复意见为准

边疆省区高速铁路建设也在不断提速,未来必然建成以高速铁路主通道为骨架、区域性高速铁路衔接延伸的高速铁路网(表4-3)。高速公路、高速铁路等陆上线状快速旅游交通的建设有助于缩短沿线地区的旅游时空距离,一方面使得以旅游极核为中心的边疆省区主要旅游节点的影响范围进一步重叠,旅游腹地进一步扩大,相邻旅游节点(域面)发生聚合、分工协作,在规模效应、集聚效应和乘数效应的作用下,形成更大旅游经济规模的一体化、同城化旅游域面,为提高旅游增长极竞争力、保持较高的旅游增长水平提供条件;另一方面,促进省区内部旅游总成本的降低,诱增新兴旅游需求,把旅游中心地区的旅游经济势能扩散到外围地区和旅游欠发达地区,促进新兴旅游节点和旅游轴线的形成,缩小区域内部旅游发展差距。航空网络与陆上高速交通网络的衔接,有助于边疆省区逐步建立起多核、多枢纽、多配置的轴辐式旅游网络空间结构,带动边疆省区旅游空间结构在功能和结构上的优化重组(图4-1)。

表4-3 《中长期铁路网规划》中的边疆省区高速铁路主通道

性质	铁路名称	涉及边疆省区或城市
"八纵"通道	沿海通道	大连（丹东）、北海（防城港）
	京哈—京港澳通道	哈尔滨、长春、沈阳
	呼南通道	呼和浩特、桂林、南宁
	京昆通道	昆明
	包（银）海通道	包头、南宁
	兰（西）广通道	兰州（西宁）
"八横"通道	广昆通道	南宁、昆明
	沪昆通道	昆明
	陆桥通道	兰州、乌鲁木齐
	京兰通道	呼和浩特、兰州
	绥满通道	绥芬河、牡丹江、哈尔滨、齐齐哈尔、海拉尔、满洲里

资料来源：《中长期铁路网规划》（2016年）。

当然，由于边疆省区地域广阔，陆上高速交通的建设受到地质、地形等的不同限制，建设与维护成本高昂、辐射范围有限，加上陆上高速交通与境外的相通受到地缘政治和邻国政治、经济的影响，很难全方位衔接、覆盖，边疆省区许多外围旅游节点和旅游域面还将在很长时期内依靠普通等级公路与铁路实现陆上连接。

2. 以"一带一路"跨境通道建设引领边疆省区旅游空间结构优化

边疆省区旅游业区位优势的发挥和边缘负效应的规避，都有赖于"一带一路"跨境通道的建设；而跨境通道建设，也可促进以大通道为基础的旅游轴线发展，为旅游轴线向边界地区、外围地区甚至境外延伸提供必要的条件，最终实现旅游轴线内引外联，在更大范围内沟通国内与国外两个市场，从根本上改变边疆省区的市场区位（黄华和王洁，2005）。

进入21世纪以来，中央先后提出把新疆、黑龙江、云南等分别打造成我国面向西北、东北、西南开放的桥头堡和枢纽站，共同推进沿边开放与沿海开放，边疆省区通向毗连国家和地区的陆路国际大通道建设备受重视（表4-4）。因此，各省区须结合在建、新建的国际大通道项目，努力推进沿线旅游开发与旅游空间要素建设。

表4-4　边疆省区国际大通道建设情况

省区	在建、拟建与谋划的国际大通道	建设目标	备注
西藏	建设拉萨等全国性综合交通枢纽，推进山南、林芝、日喀则、昌都、那曲、阿里等地区综合客运枢纽和货运枢纽建设，开展中尼铁路、亚东口岸铁路、普兰口岸铁路等工作	面向南亚开放的重要通道	
新疆	中吉乌铁路、乌鲁木齐国际航空枢纽、霍尔果斯与喀什国际枢纽港等	面向世界的丝绸之路经济带国际枢纽	新亚欧大陆桥通道已全线贯通
黑龙江	推进哈尔滨国际航空枢纽和乌苏里江、松阿察河等界河航道建设，推动同江中俄跨江铁路大桥、黑河公路大桥投入运营，建成黑河中俄跨境跨江索道，会同俄罗斯有关方面研究推动绥芬河—格罗杰阔沃跨境铁路扩能改造工程，推进东宁界河桥建设	主要面向俄罗斯和东北亚，全方位对外开放	
吉林	打造长春国际性综合交通枢纽，构建长吉珲国际运输大通道，优化长白山通道，打造沿边开放旅游大通道	全国向北开放的重要窗口、东北亚地区合作中心枢纽	
内蒙古	二连浩特至乌兰巴托至乌兰乌德中线铁路升级改造；甘其毛都至嘎顺苏海图、策克至西伯库伦、珠恩嘎达布其至毕其格图等铁路口岸建设；甘其毛都至嘎顺苏海图至塔本陶勒盖等跨境公路建设；呼和浩特等国际航空港物流园区建设，培育至俄蒙主要城市航线	面向蒙古国、俄罗斯和东北亚	
云南	加快打通连接南亚与东南亚国家的公路、铁路国际大通道，建设昆明第二机场，加密面向南亚与东南亚国家的航线，推动中缅陆水联运通道项目合作开发，建设面向南亚与东南亚的国际交通枢纽	面向南亚与东南亚辐射中心	昆（明）老（挝）铁路已开通
广西	推进北部湾国际门户港、南宁临空经济示范区建设，形成多向连通、衔接国际的集成大通道	面向东盟的国际大通道	

一方面，要加强边疆省区重点旅游节点和域面的门户型枢纽机场、主干快速旅游通道建设，特别是把通向周边国家和地区的交通网作为扩大旅游内需、促进轴线发展的重点。对内，把构建通向周边和国内腹地区域的旅游通道作为省际边界地区旅游轴线发展的重要内容，作为深化国内旅游合作的重要推手。贯彻以民航机场、高速公路和高速铁路为骨干、以场站口岸配套、以水陆辅助的思路，推进构建多元化、方便快捷的国际性旅游交通体系，促进国际和国内旅游客流增长和旅游活动便利化。通过对内对外旅游通道的建设，实现旅游轴线内联外展、交叉互动、对内对外旅游开放相互促进，实现国境（省际）边界地区与内陆腹地联动发展。

另一方面，以西部与沿边的综合性交通建设为契机，完善边疆省区内部旅游交通。根据市场需求，建设覆盖边疆省区重点旅游节点（域面）的旅游航空网络，实现干线旅游公路和铁路的高速化、高级化，使省区内旅游通道成为旅游业国际大通道的重要组成部分；促进主要旅游节点（轴线、域面）与国际大通道耦合发展，以纵横交错的交通格局带动边疆省区旅游空间格局的网络化发展，重点旅游交通项目应该争取纳入国家的国际大通道建设战略和国家优先发展的重点或者试点项目；对主要交通节点的旅游功能进行重点培育，使交通节点依托旅游通道和轴线迅速发展，成为新的旅游节点；加快国际大通道沿线的旅游资源开发，以旅游轴线发展带动国际大通道经济走廊发展。

4.5.3 融合域面，实施边疆省区多枢纽轴辐式旅游网络空间结构战略

1. 边疆省区多枢纽轴辐式旅游网络空间结构的构建

在构建三大旅游发展极核之外，边疆省区应选择未开发或有较大发展潜力的中小旅游节点为域面的次级增长极，继续强化旅游发展轴线，新建发展轴线的辅助轴线，使之与原有区域旅游增长极连接，从而有序疏散旅游极核的部分功能，并在便捷、多元的旅游交通线路基础上，促进多个旅游节点、轴线互相交叉、连接，共同形成以三个极核为轴辐中心的、弹性的、相对均衡的轴辐式旅游网络空间结构形态。

轴辐式旅游网络空间模式是边疆省区旅游空间结构演进到高级阶段时的优化方向，是在点—轴旅游空间模式基础上的进一步升级，对于促进边疆省区旅游空间结构的成熟具有重要意义。该网络中一般存在三个或三个以上的旅游极核，并有发达的旅游节点群落作为支撑，是一种多轴辐、多极式的旅游区域，各旅游节点（轴线、域面）之间存在强大的吸引力、流畅的空间联系和有机的制衡关系，是一种相对成熟稳定的旅游空间地域组合。随着旅游交通、信息技术和旅游节点的发展，各级旅游节点（轴线、域面）之间开展更加广泛的旅游开发合作与市场信息交流，多个中心旅游节点（域面）之间由立体式交通线路为基础的旅游轴线连接，边疆省区旅游空间的联系和组合形态发生极大变化，旅游节点（轴线、域面）关系由多回路开放式的网络结构取代了传统的闭合式等级结构，形成三核心、多层次、组团型、交嵌式、开放化的网络化发展模式，旅游经济活动在空间上向更加均衡和分散的方向发展。

以三个旅游极核为中心，边疆省区将构建其影响下的三大旅游域面。三大旅游域面协同发展，确保边疆省区全域的旅游业整体效应，进而培育、发展省区尺度和各域面尺度的次级核心旅游节点（轴线、域面），实现不同旅游域面的相对均衡，提高空间协作效率。三大旅游域面内有鲜明的旅游增长极和多层次的旅游节点，从而形成较为紧密的旅游网络，域面内的旅游协同效应非常突出；不同旅游域面之间、同一旅游域面内仍然会存在一定的旅游发展水平差异和旅游特色差异，

形成有一定协同效应的旅游域面关系。从一定意义上来说，边疆省区旅游网络空间结构的一体化过程，实际上是一个以三个旅游极核带动的三大旅游域面作为三个不同增长极的极化同步过程，是一种相对均衡的极化。

2. 边疆省区多枢纽轴辐式旅游网络空间结构的基本内涵

（1）轴辐式旅游网络空间结构以边疆省区旅游空间结构的网状协调发展为目标。此时，区域发展遵循的是公平与效率兼顾的基本原则，通过轴辐式旅游网络空间结构，旅游经济发展要素在一定密度、相对多样的组合形式下互相影响，从而促进边疆省区旅游空间结构优化。其实质是在比较利益机制作用下的边疆省域内部区域之间的互补，在互补中形成区域外部性的内部化和区域内部性的外部化，进而为旅游要素充分自由流动和区际传递提供便利，缓解旅游要素的稀缺程度，提高旅游资源的配置效率，推进边疆省区旅游产业结构的调整和区域旅游空间结构协调发展，逐步实现边疆省区更加平衡地发展。

（2）轴辐式旅游网络空间结构要求边疆省区旅游空间结构持续发挥旅游极核和不同旅游域面的功能，扩散效应和极化效应同时发挥作用，体现为一种相对均衡的协同效应。由于仍然要发挥非均质空间内旅游极核等重点旅游节点（轴线、域面）的作用，旅游极化效应还将在相当范围内产生作用，部分旅游要素向各等级旅游节点（轴线、域面）的集聚还将持续。同时，旅游扩散效应也将旅游要素资源和旅游生产能力溢出到边疆省区全域范围内，加强旅游节点之间、旅游轴线之间和旅游域面之间的旅游经济合作，缩小旅游业高梯度与低梯度地区的发展差距，实现全省区的旅游业可持续发展。边疆省区轴辐式旅游网络空间结构的形成和相对均衡，包含了三大旅游极核等中心旅游节点（轴线、域面）作为增长极的极化效应过程；反之，三大旅游域面内的扩散效应过程又支撑了旅游极核等旅游节点（轴线、域面）。所以，边疆省区以旅游资源、旅游人员、旅游技术、旅游资金、旅游信息和旅游流等形式，通过旅游经济协作网络和旅游运输体系发挥扩散和极化作用，实现旅游扩散效应和旅游极化效应的有机统一，使边疆省区旅游空间的整体功能得到更好的发挥。

（3）轴辐式旅游网络空间结构是边疆省区实现旅游业空间一体化的必然选择。轴辐式旅游网络空间结构通过边疆省区重点建设的旅游点轴与其腹地之间的综合网，极大地提高了旅游生产能力和旅游经济能量的溢出范围与传导质量，创造出更多的旅游发展机会，优化了边疆省区旅游经济空间结构，进而促进了区域旅游一体化和现代化。

4.5.4 拓展边界，以旅游桥头堡战略带动边疆省区周边旅游经济带（圈）建设

改革开放初期，我国旅游业对外开放的目标主要是吸引入境客源市场，最初主要针对经济发达的国家和地区进行市场开拓、旅游合作，这与我国在改革开放初期旅游基础薄弱、客源匮乏等因素有关。借此，我国的旅游业迅速发展，进而成功融入全球化的旅游产业分工体系中。当前，文化旅游高质量发展的新目标使边疆省区旅游业面临着新的挑战：我国旅游业发展阶段的演进使得许多地区面临旅游产业转型的压力；本地资本量的积累和旅游产业结构的改变，使得海外客源和外来资本不再是推动我国旅游业发展的唯一动力；随着全球化的深入，我国在世界旅游经济格局中的地位和角色发生变化，亟须同周边国家等发展中国家建立更密切的旅游经济联系；国内旅游业的发展面临着资源、环境、市场等方面的局限，亟须通过国际、国内两个市场在全球范围配置资源。

周边国家是共建"一带一路"倡议的首要合作伙伴和西部大开发战略的外部延伸地带，也是中国发展外向型旅游业、建设世界旅游强国的重要战略依托。边疆省区的边境线地区更是区外、区内腹地旅游资源、旅游市场的交汇点，是我国旅游业外向型拓展的重心。边疆省区应利用地缘优势，以内地为依托，把旅游业"引进来"和"走出去"战略紧密结合起来，对外坚持国际化导向，对内实施一体化互动，不断加强与周边国家的旅游经济合作和与内地的旅游产业对接，充分利用国际、国内两种旅游资源、两个旅游市场，构建周边旅游经济带（圈），把边疆省区旅游空间的外围和末梢向省区外推进，从而势必成为我国面向周边国家、地区的旅游桥头堡和次区域一体化先行兵。这是我国旅游业可持续发展、维护亚太地区稳定与发展的共同需要，也是边疆省区实施"走出去"战略和发展外向型经济的最佳切入点，更是促进边疆省区旅游空间结构优化和改变自身区位劣势的必然选择。

1. 边疆省区旅游桥头堡战略的由来

国家邻接的边界区域是邻国之间最易导致政治、经济、战略一体化发展的特殊区域单元，它们往往是一些较易捕捉的敏感点（刘妙龙等，1995）。应该说，世界经济一体化、国家的对外开放政策与和平发展战略正从根本上改变着边疆省区旅游业的区位与地位，推动着边疆省区旅游空间结构的重构和优化。由于全球政治地理格局正由地缘政治向地缘经济转换，国际旅游合作已经成为许多国家的共识并纷纷付诸行动。例如，欧盟国家内部互免签证，形成了巨大的旅游区域合作体；早在2005

第4章 边疆省区旅游空间结构的优化模式

年在昆明举行的大湄公河次区域经济合作（Greater Mekong Subregion Economic Cooperation）第二次领导人会议就已将旅游合作列为会议重要议程；中国和东盟于2018年发布的《中国—东盟战略伙伴关系2030年愿景》专门提出"建立正式高级别合作机制，加强、深化和拓展双方旅游合作"。同时，国内的旅游区域合作也越来越密切，如长三角地区、大湾区，都开始形成一些跨区域的旅游集团和颇具影响力的区域旅游合作网络。

在世界旅游经济空间一体化、区域经济集团化等带有普遍性和长期性的趋势推动下，边境线的封闭效应将逐步被开放效应取代，中介效应正逐步加强。边疆省区旅游空间结构将由内向型逐步向外向型转化，同邻国之间的旅游联系渠道也会由以个别中心旅游节点和少数边境旅游末梢节点之间的单一联系，逐步发展为主要中心旅游节点和边境旅游节点之间的多渠道、多层次联系方式（图4-2），无论是旅游市场进出入口岸和通道还是旅游线路与产品的组合合作都更加富有弹性与活力，边疆省区旅游业空间结构要素及其组合都将逐步改善和优化。在开放状态下，开放战略和经济一体化能使边境地区从"边缘区"转变成为"核心区"，成为"中心边界区"（central border region），极大地提高其市场邻近性、市场潜力和市场规模，吸引要素向边界流动（Niebuhr and Stiller, 2002；Krugman and Elizondo, 1996）。边疆省区作为"中心—外围"结构的外围地区，在旅游桥头堡战略下极有可能发展成为旅游经济要素集聚的中心，成为两国经济交流的"接触带"和区域旅游一体化的先导区、示范区。

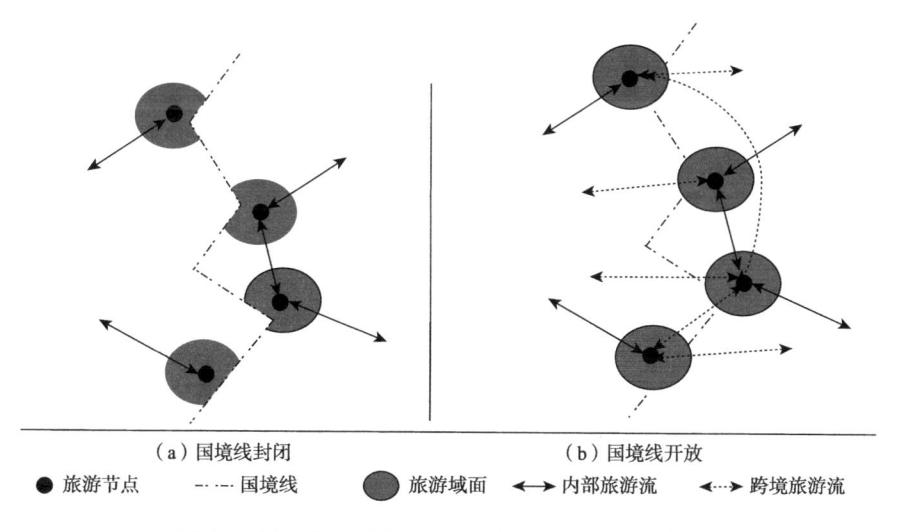

（a）国境线封闭　　　　　（b）国境线开放

● 旅游节点　-·-·- 国境线　● 旅游域面　←→ 内部旅游流　←··→ 跨境旅游流

图4-2　边境线由封闭转向开放后的边疆省区同邻国之间的旅游联系演进

资料来源：Laine（2007）。有修改

2. 周边旅游经济带（圈）战略的阶段性目标

周边旅游经济带（圈）战略要根据不同时间、不同边疆省区旅游空间结构发展水平、不同邻国和次区域条件等，确定其发展的阶段性。考虑到边疆省区跨境旅游合作与旅游空间结构延展的长期性、复杂性和地域性，周边旅游经济带（圈）战略包括三个阶段性目标。

周边旅游经济带（圈）战略的第一阶段是以现有的边境旅游节点为基础，选择合适的邻国和口岸建设国际旅游合作示范区，构建周边旅游经济带（圈）的核心圆点和隆起点。以"一区两国"引入两国旅游企业，整合境内外相关节点的旅游资源，形成重要的跨国旅游节点和旅游信息中心、旅游集散中心。

周边旅游经济带（圈）战略的第二阶段是周边旅游经济带，它是国际旅游合作示范区的连接和扩充，即以边境主要旅游极核和国际旅游合作示范区为中心，以主要沿边交通线路为骨架，以边境两侧旅游资源和旅游产品为依托，形成沿边境线的特色旅游产品线路和高开放度、跳跃式演进的旅游经济增长带，成为通过边境口岸通道的出入境旅游者的第一印象区和游览线路起点（终点），成为跨境旅游合作的改革试验区、磨合区与示范区。

周边旅游经济带（圈）战略的最终发展目标和最终阶段是形成周边旅游经济圈。借助周边旅游经济带（圈）的集聚效应与扩散效应，依托周边旅游经济带（圈）上的主要旅游极核与主要旅游通道，逐步将线路向周边国家（地区）延伸，以主要出入境旅游线路为骨干逐步扩展和充实，进而延伸至本省区主要旅游极核、邻国首都、主要旅游中心地及第三国，充分发挥广域空间尺度下的不同国家（地区）在旅游资源结构、旅游产业结构、旅游产品结构、旅游客源结构等方面的互补性、互换性，逐步引导以我国同周边国家（地区）旅游业混合型国际分工为基础的跨国旅游空间协作体系的形成，带动邻国与我国内陆腹地的旅游经济整体发展，最终成为边疆省区参与全球旅游一体化和区域化的主要载体。

3. 边疆省区旅游桥头堡战略的要点

1) 加强同周边国家之间的国际旅游合作

党的二十大提出"推进高水平对外开放"[①]。改革开放以来，沿海地区取得了很大成功的同时，沿边地区开放进程却相对缓慢、开放程度相对较低。我们需要选择旅游发展基础条件较好的边疆地区率先突破，使之成为我国稳步融入国际经济竞争和国际旅游分工的先行示范区，从而实现中国旅游经济发展和地缘政治布

---

① 《习近平：高举中国特色社会主义伟大旗帜 为全面建设社会主义现代化国家而团结奋斗——在中国共产党第二十次全国代表大会上的报告》，https://www.gov.cn/xinwen/2022-10/25/content_5721685.htm。

局、地缘经济利益的关联、兼容、同步。要积极实施"走出去"战略，加强同周边国家、地区的旅游经济合作、协调，强化两个地区之间在旅游产业结构、旅游产品结构上的差异性，通过互通有无、取长补短来共同促进旅游发展，形成互补的区域旅游经济集团化关系，促进区域经济一体化，拓展海外旅游市场和旅游腹地，将旅游边界和旅游影响力前移至境外。

（1）边疆省区同周边国家和地区进行国际旅游合作的必要性。旅游业是中国最早开放的行业之一，2009年底，《国务院关于加快发展旅游业的意见》中明确提出"支持有条件的旅游企业'走出去'"。中国旅游业快速发展，提升了中国旅游的国际地位和国际形象，方兴未艾的出境旅游更为我国旅游业"走出去"提供了市场条件；国际金融危机导致国外旅游资产贬值，为旅游业"走出去"提供了机遇；边疆省区旅游业良好的发展基础为旅游业"走出去"提供了更大可能性；我国各级政府和旅游管理部门高度重视旅游企业"走出去"（班若川，2010）。

中国旅游业综合素质并不强，全球旅游竞争经验与国际化水平较低，国民旅游需求的溢出效应才开始显现，旅游业全面地"走出去"并同发达国家进行旅游业竞合的时机尚不成熟。以边疆省区为我国旅游业发展的桥头堡，开拓好周边国家和地区的旅游资源、旅游市场，依托边疆省区逐步向周边国家进行旅游业的渗透与扩散，由近及远地渐进式扩大中国旅游业影响半径和产业空间在当前更具现实可行性，也是我国旅游业"走出去"并实现区域旅游一体化、世界旅游强国的一项理性选择。通过依托边疆、联动周边，逐渐推动我国旅游业的圈层辐射开放与轴带开放，将旅游业跨境合作延伸向"一带一路"更广阔的空间，进而逐渐融入世界旅游分工体系，才能缩小中国同世界旅游业发达国家之间的差距，形成周边旅游经济带（圈）。

从目前来看，国家高度重视各行业企业、地区"走出去"，边疆省区旅游业的"走出去"和对外合作是我国推进共建"一带一路"和沿边开放开发的最佳先导（表4-5）。这同我国在"低政治"[①]领域的外交突破理念及周边外交战略相辅相成，能充分利用我国对周边国家客源输出形成的市场话语权相对优势和作为亚洲地理中心的区位相对优势，并将周边国家或地区发展为我国旅游业的重要资源供应地、重要市场客源地和"走出去"过程中的重要通道及"蛙跳战略"基地。

---

① 在国际关系理论中，"高政治"与"低政治"都关注权力跨越国界的分配与运作，但两个概念是相对的，有着明显差异。"高政治"所关注的是与国家权力和国家间政治相关的外交、军事、安全诸议题，而"低政治"则是指国际社会中的经济、社会、文化议题。

表4-5 与边疆省区相关沿边开发开放国家战略及对旅游业的具体要求

省区	战略	年份	目标与内容	核心平台	对旅游业的要求	备注
吉林	长吉图战略	2009	吉林省长春市、吉林市部分区域和延边朝鲜族自治州(简称长吉图)是中国图们江区域的核心地区,要将其发展成为我国沿边开发开放的重要区域、我国面向东北亚开放的重要门户和东北亚经济技术合作的重要平台,培育形成东北地区新的重要增长极	中国(吉林)自由贸易试验区(申建);长春新区、珲春海洋经济发展示范区、中韩(长春)国际合作示范区、长春临空经济示范区	以延边为中心,以长白山、边境和朝鲜族文化为重要特色,打造图们江区域跨境旅游合作圈	2009年,国务院正式批复实施《中国图们江区域合作开发规划纲要——以长吉图为开发开放先导区》
黑龙江	全国对俄合作综合服务高地	2021	以对俄和东北亚为重点的全方位对外开放新格局基本形成,全国对俄开放合作第一大省地位更加突出,成为我国向北开放的重要窗口和东北亚地区合作中心枢纽	哈尔滨新区;中国(黑龙江)自由贸易试验区	以黑河、同江、东宁、绥芬河和抚远等区域为重点,把沿边城市对俄文化和旅游交流纳入中俄文化大集总体框架	
辽宁	辽宁沿海经济带	2009	把辽宁沿海经济带建设成为东北地区对外开放的重要平台、东北亚重要的国际航运中心、具有国际竞争力的临港产业带、生态环境优美和人民生活富足的宜居区	中国(辽宁)自由贸易试验区;中日(大连)地方发展合作示范区	将进一步加强大连、丹东等滨海、边境、湿地、人文、森林等旅游景区的建设	
广西	北部湾经济区	2008	努力建成中国—东盟开放合作的物流基地、商贸基地、加工制造基地和信息交流中心,成为带动、支撑西部大开发的战略高地和开放度高、辐射力强、经济繁荣、社会和谐、生态良好的重要国际区域经济合作区	中国(广西)自由贸易试验区、中国—东盟信息港、南宁临空经济示范区	完善休闲度假旅游产品,培育成为区域性国际旅游目的地和旅游促进中心	
云南	面向西南开放重要桥头堡	2011	把云南打造为我国面向南亚、东南亚的辐射中心	中国(云南)自由贸易试验区为龙头,瑞丽、勐腊(磨憨)国家重点开发开放试验区,中越、中老、中缅跨境经济合作区	把云南建成国内一流、国际知名的旅游目的地	有关各国自1994年就开始推动大湄公河次区域经济合作;2010年中国—东盟自由贸易区全面启动
内蒙古	向北开放桥头堡	2015	深化与俄罗斯、蒙古国等国家的经贸合作与交流,发挥内引外联的枢纽作用,努力构建面向北方、服务内地的对外开放新格局	满洲里和二连浩特国家重点开发开放试验区、呼伦贝尔中俄蒙合作先导区	中华优秀文化保护传承示范区、黄河文化保护传承弘扬先行区、中国北方生态文化旅游目的地、中国向北开放文化和旅游交流样板区	2015年《内蒙古自治区建设国家向北开放桥头堡和沿边经济带规划》获得国家发展和改革委员会批复;《内蒙古自治区建设国家向北开放重要桥头堡促进条例》自2023年9月1日起施行

（2）边疆省区同周边国家和地区进行国际旅游合作的方向选择。我国边境线漫长，邻国众多，当前我国旅游业同周边国家的对外开放和合作可以分中亚、南亚、东南亚和东北亚四大板块（陶岸君和孙威，2010）。由于境内旅游业的发展条件和境外旅游业水平、地缘政治环境、国际旅游线路等的不同，各个板块具有不同的国际旅游合作潜力与限制条件。

在东北同东北亚的国际旅游合作方面，可以辐射和面对日本、韩国、俄罗斯等多个旅游大国，客源市场条件在四大板块名列前茅，且旅游产品互补性很强，中国同俄罗斯、朝鲜等陆上邻国都有着较好的外交关系，具有非常大的国际旅游合作潜力。但是受朝鲜半岛局势、东北亚复杂关系等影响，长期以来该板块难以实现实质性突破。

在西北边疆省区同中亚的国际旅游合作方面，中俄新时代全面战略协作伙伴关系和上海合作组织的建设构建了有利于西北部安全的社会环境，但由于国家和中亚关注的议题长期集中于安全和能源，近年来才更加关注发展议题，旅游合作起步较晚[①]、合作潜力还有待深入挖掘。在西北、西南省区同南亚的国际旅游合作方面，由于我国与之毗邻的地区尚属经济欠发达地区，国际交通受地形影响联系很不方便，加之受到复杂地缘政治的影响，国际旅游合作暂时缺乏有力的带动。

相对而言，西南边疆省区同东南亚板块的国际旅游合作具备的发展条件最理想。一是稳定的政治环境创造了良好的发展氛围。东南亚地区国际政治格局相对平稳，中国东盟全面战略伙伴关系不断向前发展，为西南边疆和东南亚各国进行深入、长久的国际合作创造了理想的外部条件。二是蓬勃发展的旅游经济奠定了扎实的合作基础。马来西亚、泰国、新加坡既是世界著名的旅游胜地，也是重要的旅游出游国；菲律宾、越南、印度尼西亚等国旅游经济发展的势头良好；中国成为东南亚国家最大的旅游客源地；广西和云南的旅游业也已经具备了一定的国际竞争力和东南亚市场号召力，越南和泰国已分别成为广西和云南的最大旅游客源国。总体上看，东南亚的旅游产品和旅游市场运作经验成熟、国际知名度高，同中国具有较大的客源互补、资源互补、经营管理互补条件。三是共同的需求和利益产生强烈的合作诉求。东盟与我国很早就开展了包括旅游业在内的长期深入的合作，中国—东盟自由贸易区的建成使我国与东盟国家的双边合作已经走在了前列。正如习近平同志所指出的："中国和东盟建立对话关系30年来，双方全方位合作不断深化，互为最大贸易伙伴，成为亚太区域最具活力的合作。"[②]双方推

---

① 2021年，上海合作组织国家旅游城市推介会暨旅游合作机制成立仪式在青岛举行，发布14条上海合作组织国家旅游精品线路；2023年5月，中国—中亚峰会在西安召开，形成了包括旅游线路在内的54项合作共识和倡议。

②《习近平向第18届中国－东盟博览会和中国－东盟商务与投资峰会致贺信》，https://www.gov.cn/xinwen/2021-09/10/content_5636568.htm。

动《区域全面经济伙伴关系协定》在2022年生效实施。尽管有着一定的旅游资源同质性与客源市场争夺，但从长远来看，西南边疆省区和东南亚各国的旅游合作远远大于竞争。

有鉴于此，在我国边疆省区与周边国家和地区的国际旅游合作战略格局中，西南边疆省区与东盟国家的旅游合作与开放将是风险最小、利益最大、基础最好、现实条件下实施最为便利的一个板块，云南、广西等将在旅游业对外开放与合作方面走在全国其他边疆省区的前列，因此，应该高度重视、优先发展、重点推进，并为全国其他边疆省区在其他板块的国际旅游合作创造经验；西北边疆省区同中亚地区的国际旅游合作也有一定的条件，在其他板块应该加强相应边疆省区同邻国的小范围务实合作，培养国际旅游合作的前期基础、合作平台与示范基地，在边疆旅游业和国际环境逐步成熟后大规模深入发展。

（3）边疆省区同周边国家和地区进行国际旅游合作的内容。边疆省区的旅游交往、旅游合作和旅游业对外开放，不同于我国其他地区的旅游业对外开放。旅游桥头堡战略中，"桥"是通道、"头"是口岸节点、"堡"是腹地。为促进边疆省区周边旅游经济带（圈）的发展，应该主要从以下几方面着手。

第一，建设大节点，利用国境边界旅游效应和口岸旅游节点优势，积极建设中国四周的点状国际旅游合作示范区和环状的边疆省区沿边旅游轴线。同我国在边疆地区实施的兴边富民工程、边境旅游试验区[1]等政策相协调，边疆省区要以邻近边界的旅游节点为基础，以同国境边界平行的旅游交通线路为依托，做大边境窗口旅游节点的旅游实力，打造前沿性旅游极核、国际旅游合作示范区和沿边旅游轴线，形成周边旅游经济带状基础骨架。在前期可以选择那些旅游基础好、区位特殊、旅游市场潜力大的地方优先发展，即先选旅游节点，再连旅游轴线，最后成旅游带。进而利用自然市场辐射作用，逐步建立国际旅游经济合作区，作为承接世界各地以及国内东部沿海地区旅游产业嫁接、旅游产业配套、旅游产业合作、旅游产业扩张的载体和平台，发展优势旅游产业群，培育和扩大境外旅游空间，发展外向型旅游经济以带动并融合周边国家的旅游业发展。

第二，依托大平台，充分利用大湄公河次区域、上海合作组织、中国—东盟自由贸易区、中日韩合作机制等现有的次区域合作机制（表4-6），使相关边疆省区真正成为我国与相关次区域旅游合作的桥头堡和直接受惠区域，力争逐步使周边旅游经济带进化为以边疆省区边境旅游极核为中心、以邻国主要旅游节点为支点的周边旅游经济圈。逐步以邻国为重点，以亚太地区、印度洋地区乃至中东、

---

[1] 2018年4月，国务院同意设立内蒙古满洲里、广西防城港边境旅游试验区，这是中国首批设立的边境旅游试验区。

中亚、非洲、欧洲等为远期目标，由近及远、由易到难，既吸引相关国家居民和在当地旅行的区外客源直接经边疆省区口岸到中国进行旅游，也推动中国旅游企业到相关国家开发旅游资源、旅游市场，使边疆省区的旅游产品、旅游线路延伸至境外腹地，推动旅游要素向邻国流动和辐射。为此，要尽快使周边国家成为中国公民出境旅游的目的地国家，探索适合边疆省区实际的边境旅游办法和边境旅游合作政策，积极发展边境游、跨国游。

表4-6 边疆省区旅游业国际合作中可依托的区域合作机制平台

区域合作机制	主要涉及省区	主要涉及国家	对边疆省区国际旅游合作的影响
大湄公河次区域	广西、云南	中国、越南、柬埔寨、老挝、泰国、缅甸等湄公河沿岸国家	2005年开始实施《大湄公河次区域旅游发展战略》，2006年初成立了湄公河旅游协调办公室；2018年，中国与大湄公河次区域各国双向互访人数达到4538万人次
上海合作组织	西北边疆地区	哈萨克斯坦、中国、吉尔吉斯斯坦、俄罗斯、塔吉克斯坦、乌兹别克斯坦	旅游合作是上海合作组织成立的宗旨之一；2011年上海合作组织各成员国就讨论了俄罗斯伊尔库茨克州贝加尔湖旅游资源开发问题。先后签署《上海合作组织成员国旅游合作发展纲要》《2017—2018年落实〈上海合作组织成员国旅游合作发展纲要〉联合行动计划》《2019—2020年落实〈上海合作组织成员国旅游合作发展纲要〉联合行动计划》
中国—东盟自由贸易区	广西、云南	中国和东盟国家	合作区建成后，中国和东盟国家的游客有望逐步实现在区内免签证旅游。中国已成为东盟最大的旅游客源国，东盟也是中国游客最喜爱的出境旅游目的地之一。2019年，东盟接待中国游客约3220万人次，占总游客的22.5%；当年，中国主要国际客源市场前20位国家中，就包括有缅甸、越南、马来西亚、菲律宾、新加坡、泰国、印度尼西亚(其中缅甸、越南含边民旅华人数)
中日韩合作机制	东北边疆省区等	中国、日本、韩国	2019年，中国赴日韩旅游人数分别达1677万人次、602万人次，中国是日本和韩国的第一大旅游客源国；当年韩国和日本来华旅游人数分别为434.66万人次、267.63万人次

纵观我国与周边国家、地区的旅游经济关系，它既有旅游资源互补、旅游市场互补的一面，又有旅游产业同构、旅游市场竞争的一面。一般说来，与互补性强的周边国家发展旅游合作关系比较容易，潜力也较大；而与竞争性强的周边国家发展旅游合作关系则比较困难，潜力也较小。但也要看到，互补性与竞争性的强弱是动态发展的，我们应当用发展的眼光来看待我国与周边国家在旅游经济上的竞争性。特别是随着近年来我国出境旅游、国内旅游的不断发展和边疆省区多样化旅游产品的不断开发，边疆省区在旅游市场结构和旅游产业结构上已同周边国家形成一定差异性，为双方的国际旅游合作及周边旅游经济圈的构建提供了良好的条件。

第三，利用大腹地，发挥边疆省区旅游极核的国际旅游合作中心功能，促进边疆省区沿边地区和腹地的旅游经济在互动中向外发展，逐步扩大周边旅游经济带（圈）的影响范围。要使边疆省区沿边旅游开放与旅游合作取得实质性突破，真正将旅游边界外推，必须创新发展模式，即改变过去孤立的据点式旅游开发模式，转为内源式的旅游合作模式，切实加强沿边与腹地旅游经济中心的联动发展。一方面，边境地区旅游业的发展直接受到腹地主要旅游极核（域面）国内客源、旅游交通枢纽等内部需求的内生带动，边境地区的境外客源输入和旅游客源招徕也受到腹地旅游产品结构、旅游线路特色、旅游接待容量等的制约；另一方面，沿边旅游节点（轴线）也为省域内旅游极核（域面）提供了国际通道、旅游线路和新的市场渠道，对腹地旅游经济具有牵动作用。所以，边疆省区旅游业向外的国际旅游合作和旅游边界拓展，既要构筑沿边旅游节点和轴线前沿，也要充分联动旅游腹地，使广阔的旅游腹地成为边疆省区对外旅游开放和旅游合作的重要依托，还要把旅游极核培育为国家向周边开放的门户中心旅游节点，成为在次区域和"一带一路"上都具有重要影响的国际性旅游城市，充分发挥省域内旅游极核和主要旅游域面对边境地区的辐射作用。可以说，边疆省区参与国际旅游一体化的基础和前提，就是沿边地区和主要旅游极核（域面）的旅游业联动发展、一体化发展。

第四，构筑大通道，促进沿边地区的旅游交通设施、通关设施、旅游出入境便利化的建设，合作完善境外关键交通线路与设施网络，构建多元、立体国际旅游出入口岸和线路，搭建周边旅游经济带（圈）的主体构架。要加快与邻国交通运输线路、口岸和主要旅游产品衔接的骨干国际通道的建设与发展，打通对外开放与旅游合作的国际旅游通道，并与有关各国一道共同保证旅游运输通道的通畅、安全、标准化；挖掘与邻国相近的文化、历史及自然资源，共同申报世界文化遗产、世界自然遗产，共同培育跨区域旅游线路与旅游产品，共同开发旅游市场。中国在2014年就同哈萨克斯坦、吉尔吉斯斯坦成功联合申报了世界文化遗产"丝绸之路：长安—天山廊道的路网"。在国际旅游通道建设提升、跨区域文化线路开发的基础上，边疆省区的旅游出入口和线路不断增加，旅游要素流动路径与回路不断完善，进而促进边疆省区旅游网络结构的形成，从而真正发挥边疆省区串联周边国家旅游市场的天然地理优势，使边疆省区的区位优势充分转化为开放优势。

2）加快同周边省区的国内旅游合作

国际化、大开放的旅游桥头堡战略并非排斥和贬低边疆省区的省际边界地区或同周边省区的旅游合作，而是将国境边界地区与省际边界地区、境外地区与国内邻近省区以国际化的市场运作规则、多元的客源结构与方向、畅通的旅游交通体系进行连接，共同将它们融入国际化、开放性的边疆省区旅游空间结构中，成为周边旅游经济带（圈）的重要依托。

在旅游桥头堡的战略中，只有打通了边疆省区同周边省区的旅游要素通道，才能在内部区域旅游一体化的基础上使边疆省区真正成为中国旅游业对外开放和合作的前沿、桥梁，激发周边旅游经济带（圈）的形成与完善。鉴于国境边界地区旅游业和省际边界地区旅游业发展的不对称，边疆省区要以半环形的国境边界地区旅游开放为先导，回填内部旅游业对外开放的"空心"或者"盲区"，带动省际边界地区旅游业的发展。这既是边疆省区旅游桥头堡战略的要求，也是推动省际边界低梯度地区旅游业跨越式发展、实现全域旅游业相对均衡协调发展的要求。为此，需要做好以下几点。

一是要加强省际边界地区的旅游资源开发，提高省际边界地区旅游业的外向型水平，加快省际边界地区主要旅游节点的培育工作，以此作为同周边省区旅游合作的基础。在这个过程中，要深度挖掘省际边界地区后备旅游资源，加快省区内旅游业高梯度地区的旅游要素向省际边界地区的流动和转移。毕竟对于边疆省区内部而言，国境边界地区、省际边界地区和腹地是同一区域的几个部分。只有通过旅游一体化，加强不同边界地区、边界地区同腹地的旅游要素优势互补、分工协作，互动发展，降低各部分之间的旅游交易成本，才能形成区域合力，最终实现边疆省区旅游空间结构的相对均衡发展。

二是要加快省际边界地区的国内旅游交通建设，构建同邻省区和国境边界地区旅游通道全面衔接、内外适应的立体交通网络。以良好的省际旅游交通辐射周边省区旅游市场，承接国内其他省区的旅游要素向边疆省区的流入，构建边疆省区同邻近省区的区域旅游一体化格局，促进以市场为联系的省际边界地区旅游节点的壮大。

三是以省际边界地区为前站，实现边疆省区同邻近省区及内地纵深的旅游合作互补，使国际旅游资源、国际旅游市场同内地甚至沿海地区的旅游资源、旅游市场实现有机对接，使边疆省区真正成为国际、国内旅游要素内外流通的良好中介平台，赋予从沿边到内陆、从内陆到沿海互动互进的新机遇，也使广阔的国内地区为边疆省区国际旅游大通道、旅游桥头堡提供强劲的旅游产业支撑。

第 5 章　云南省旅游空间结构形成与演进的背景

云南省工农业发展相对滞后，但旅游资源丰富，边疆特色、民族特色十分鲜明。自改革开放以来，经过 40 多年的发展，云南省旅游产业经历了从"接待事业型"到"一般产业型"，再到"支柱产业型"的转变和升级，已经成为全省的特色优势产业。云南省是我国边疆地区较早形成并具有完整的旅游地域单位、旅游资源丰富、旅游经济实力雄厚、旅游开发时序性明显的大省，其旅游空间结构的形成与演进在边疆省区和全国范围内都具有很强的示范性、标志性与代表性。

5.1　云南省基本情况

云南省位于中国的西南部，地处东经 97°31′~106°11′，北纬 21°8′~29°15′，面积为 39.41 万平方千米。2022 年，云南省总人口 4693 万人，主要有汉族、彝族、白族、哈尼族、壮族、傣族、傈僳族、纳西族、拉祜族、佤族、景颇族、布朗族、阿昌族、普米族、德昂族、怒族等民族，是我国民族自治州、民族自治县最多的省级行政区。全省合计包括 8 个地级市（昆明市、曲靖市、玉溪市、普洱市、保山市、昭通市、丽江市、临沧市）和 8 个自治州［楚雄彝族自治州、迪庆藏族自治州（简称迪庆州）、德宏傣族景颇族自治州、红河州、西双版纳傣族自治州（简称西双版纳州）、怒江傈僳族自治州（简称怒江州）、文山壮族苗族自治州（简称文山州）、大理白族自治州］，17 个市辖区、18 个县级市、65 个县、29 个民族自治县。其中，1998 年国务院批准撤销地级东川市，设立昆明市东川区，因此本书将 1998 年以前的东川市相关数据并入昆明市计算；2007 年国务院批准思茅市更名为普洱市，普洱哈尼族彝族自治县更名为宁洱哈尼族彝族自治县，思茅市翠云区更名为普洱市思茅区，因此在对 2007 年之前的研究中的思茅市统称为普洱市。

5.2　云南省旅游空间结构形成的地理背景

云南省自然地理与人文地理有着深刻的特色和个性，对旅游业的发展和旅游空间结构的形成与演进带来了较大的影响。

5.2.1　高原山地地形与低纬度多样性气候

云南是世界上罕见的高山地貌及其演化的代表地区，是世界上蕴藏最丰富的地质地貌"博物馆"，也是世界上生物物种最丰富的地区之一。地形西高东低，以云贵高原、横断山脉纵谷等为基础，内部地貌差异较大、地貌类型多样。山谷众多，河流、湖泊密布，岩溶、温泉广泛分布。地势西北高、东南低，从青藏高原—云贵高原—两广丘陵依次阶梯状过渡，山岭连绵、山体庞大、岭谷相间，自然景观地域分布明显。西北部平均海拔在 3000~4000 米，向东南则地势逐步平缓，逐步被低山河谷取代。云南省 94%以上的面积是山地和高原，仅有不到 6%是坝子和湖泊。大小相杂的盆地地势较为平坦，土地肥沃，有河流通过，成为经济较发达、人口较密集的地区。

从气候上来说，云南靠近亚热带低纬度地区，气候类型丰富多样，兼具热带、温带、寒带的气候环境。地势的垂直变化对云南自然地理环境及其要素的影响与纬度的变化对云南省自然地理环境及其要素的影响同向叠加，从而出现了气候带、生物带、土壤带及自然带的垂直变化及其垂直带谱叠加在水平地带上的现象，形成垂直带、水平带重叠出现的景观，使得各种自然条件、自然环境、自然资源都具有多样性、易变性、复杂性的特点，并导致在人文、生产生活条件、民族分布、文化特征和经济特征等方面，也有复杂多变的特点。由于独特的亚热带高原季风气候显著，云南大部分地区冬暖夏凉，气候的区域差异和垂直变化比较明显，但大部分地区气候温和，年温差不大，日照充分，热量较为丰富，是中国少有的生物富集地区之一。加上湿润多雨，云南的水域风光也十分突出，与地文景观形成良好的搭配。

这样的地形和气候特征在面、线、点等方面都对云南省的旅游空间结构产生了深刻的影响，形成了不同于东部地区以及我国周边地区的旅游资源结构特色。从面上而言，云南的高质量自然旅游资源具有遍在性、多样性和封闭原始性，资源禀赋的面积和丰度都较为可观，无论是在避寒还是在避暑方面，优势都较其他地区明显，且开发条件较好，有利于旅游产品的多样化开发和经营；从线上来讲，崎岖地形限制了云南旅游交通线路、旅游线路的发展和组织，增加了高原和山地地区的开发难度，其轴线发展不得不依赖有限的平地和峡谷，但云南与周边国家连接的南部边境地区地形相对平缓，且主要是热带和亚热带地区，农业和集镇得到了较好的发展，有利于边境旅游的发展和跨国旅游合作；从点上而言，山间小盆地（在云南境内被称为"坝子"）成为省域内的政治、经济、文化中心，也成为人口集中、交通干线纵横的地区（童绍玉和陈永森，2007），在国民经济发展和旅游发展中起着重要作用，广大的历史人文资源多集中于各个盆地及周边，而旅游中心地的发展也将更多地依赖于这些基础设施较好、用地条件较佳、产品组合度优良的盆地，空间交易成本大。

5.2.2　西南区位的边缘性

出于国家主权和安全的考量，国界的屏蔽效应往往大于中介效应，边疆地区很容易成为国家经济、社会、文化发展的边缘地区。云南在历史上因为长江天险、高山而与中原隔绝，因此倍显神秘、遥远。直到徐霞客漫游、明清大批中原移民以及近现代外国传教士的"探险"活动，才逐步揭开了云南的神秘面纱，旅游吸引力增强。云南东与贵州、广西为邻，北连四川，西北隅紧倚西藏，西南、东南和南部地区与东盟的缅甸、越南、老挝三国接壤，与泰国、柬埔寨、马来西亚、新加坡和印度邻近。因地处边远，远离国家政治、文化、经济中心，云南成为中心地区旅游经济势能辐射的边缘地区。与旅游客源市场特别是海外旅游市场的联系处于相对困难的境地，其中，入境游客的46.69%曾来自京津冀、长三角、珠三角等东部主要中转地（图5-1）（刘宏盈和马耀峰，2008）。

沿边是云南省的一大省情。云南共有4060千米的边境线，约占中国陆上边界线的1/5；8个州（市）、25个边境县同三个邻国接壤。由于边界的束缚和隔离作用，云南的边境效应被强化（于国政，2005）。包括接壤国家在内的大湄公河流域虽然资源丰富、文化深厚、山川秀美，但社会经济发展水平无论是在东盟内部还是与中国相比，都有一定的差距，缅甸、老挝更是被联合国列入世界最不发达的国家之列（表5-1）。相邻国家经济发展与政治体制的差异使得边境两侧的基础设

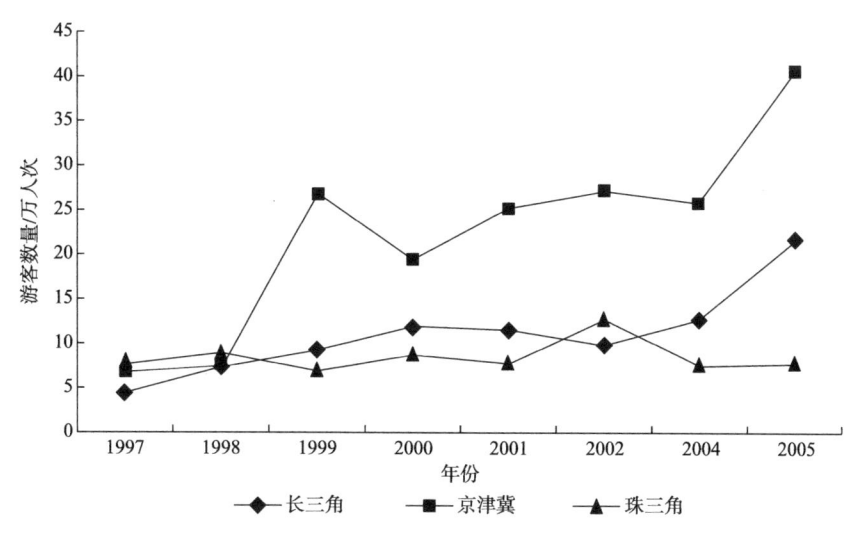

第5章 云南省旅游空间结构形成与演进的背景

图5-1 国内三大旅游圈入境游客向云南扩散转移演变图

资料来源：刘宏盈和马耀峰（2008）

施、旅游产品、市场主体、营商环境都呈现出明显的不平衡、不匹配。比如，在修建连接东南亚的国际大通道时，由于部分国家资金缺乏，无法修建高等级公路和铁路，严重影响到了区域旅游合作的时间进程和合作质量，如昆曼公路老挝段就是由中国和泰国各自承担了 1/3 的投资才得以建成，中老铁路也是以中方为主投资建成的。同时，毗连国家旅游开发与管理的政策和标准不同，形成了边境旅游发展的阻碍和屏障，加上受到边境稳定度、国家关系和国际形势的影响，使得边界的屏蔽效应十分明显，旅游活动的空间有限，与国际接轨的旅游咨询服务网络体系尚未形成，信息共享程度较低，很难实现跨地区的国际化旅游合作开发。云南省旅游的集散和主要市场需要高度依赖内地大都市，远离国内外主要旅游目标市场和国际航空口岸，成为我国入境旅游和国内旅游末梢地带，边缘性色彩明显。同时，旅游资源开发的难度、成本相对较高，受到相邻国家和区域政治关系的制约，存在各种有形或无形的开发障碍。

表5-1 云南省接壤国家概况

国家	与云南省接壤边境线长度/千米	国土面积/万千米^2	2017年总人口/万人	2017年国内生产总值/亿美元	2017年人均国内生产总值/美元	2016年国际旅游收入/亿美元	2016年入境（过夜）旅游人数/万人
缅甸	1997	67.7	5337.1	693	1299	5.8	291
越南	1353	33.1	9554.1	2239	2343	45.6	1001
老挝	710	23.7	685.8	169	2457	5.4	332

资料来源：《中国统计年鉴》（2020年）、《国际统计年鉴》（2018年）

当然，云南具有承接内外的战略区位，是我国旅游经济格局邻近东南亚、南亚地区最便捷的陆上通道和关键性门户，也是我国连接太平洋地区和印度洋地区的中间地带。早在 2000 多年前，云南就有南方丝绸之路，是中国从陆上通向南亚、中东和东南亚的门户。现在全省已经形成铁路、水运、陆路口岸，边民互市通道和边贸互市点齐头并进，陆、水、空交通全方位开放的格局。截至 2023 年 5 月 31 日，云南省共有 21 个口岸（表 5-2）。这对该省发展边境旅游，改变不利的边缘区位产生了积极的影响，使得云南成为国内边境旅游发展中的重要亮点和代表；同时，云南旅游业也成为边界由屏蔽效应向中介效应转化的重要产业载体，有效推动边境线成了旅游发展的重要线路，成了中外旅游交流的重要接合部。国界线和边境口岸的标志物如国门、界碑、界河、边民互市贸易区等风貌特色构成了独特的边关景观、国际风情。

表5-2 云南省对外开放口岸一览表

数量/个	水运口岸	航空口岸	铁路口岸	公路口岸
21	思茅、景洪、关累	昆明、西双版纳、丽江、芒市	河口、磨憨	瑞丽、磨憨、打洛、河口、天保、都龙、勐康、金水河、畹町、腾冲、孟定、田蓬

资料来源：《全国对外开放口岸一览表》，http://gkb.customs.gov.cn/gkb/2691150/2691115/5151718/index.html

5.2.3 文化的多样交错性

具有自然差异的区域内的原料、自然景观等是文化差异的源泉（皮特，2007），云南多样的自然差异既带来了地方的特殊性，也赋予了多元文化的良好生境。一方面，云南的高原面破碎，地形复杂，适合人类生存与文化发展的坝子与河谷之间交通困难，缺少交流，使得本地文化之间缺乏同一性，保存了丰富多彩的民族文化；另一方面，云南一直是中原和西南异域的文化、权力、影响的冲突、交接带，经过漫长的时间而趋向于稳定的边界和多元的文化形态，也是众多历史事件的发生地和文化交流的重要通道。此外，云南与邻国山水相连，地质地貌和气候生态相似，但国家间的文化差异、制度差异、需求差异都有直接的反映，是自然条件相似和连续，社会政治条件、经济条件和旅游资源同境外有差异的特殊区域，具有特殊的旅游地域效应。因此，云南也有条件根据国家间、地区间的旅游资源差异、需求差异，组织腹地旅游资源，发展民族文化旅游、过境旅游和跨境旅游。在沟通国内外旅游经济联系的过程中，云南享有较优的地域效益潜力。

云南在古代就有多种族群的融合，是世界少有的多民族、多文化共居地。从族源及语系角度来看，包括氐羌族源形成的藏缅语族——彝、怒、白、哈尼、纳西、景颇、基诺、傈僳等族，百越族源形成的侗傣语族——壮、傣等族，百濮族源形成的孟高棉语族——佤、德昂、布朗等族。从战国一直到元明清时期，中原的汉族、苗族、瑶族等多民族相继进入云南，使这里的民族文化呈现出多元性和多极化格局。不同族群和文化团体的聚集生活空间相对封闭和集中，在交往中互相渗透并保持着一定的独立性，"五朵金花""云南印象""纳西古乐""东巴文化""勐巴拉娜西""司冈里"等民族文化蜚声海外；而汉族文化在与各少数民族文化的交往整合中起到了良好的带动作用、黏合作用和核心作用，促进了各族群、各地区文化的相互融合、取长补短和适应包容。从长期来看，云南民族关系较为和谐，民族融合程度较深，中华民族共同体认同较为深刻。而西南边陲的边缘性又使得这里处于中原文化、东南亚文化和南亚文化的交汇点，多民族文化与自然风光互为点缀，有机融合，给游客以"天人合一"、自然纯朴的感受和意境。如傣族文化与热带雨林风光相融合，白族文化与苍山洱海相融合，东巴文化与高原雪山风光相融合，红河彝族、哈尼族文化与梯田文化、溶洞景观相融合。云南旅游文化与东南亚旅游圈、南亚旅游圈以及我国西南旅游圈有很强的互补性。

从历史的角度来说，云南是人类最早的发祥地之一，170万年前这里就生活着元谋人，这是我国乃至亚洲发现的公认最早的古人类化石。从远古时期就是人类生活的地方之一，从汉武帝统一"西南夷"后被纳入到中国版图，古青铜文化、贝叶文化、南诏文化、古爨文化等历史悠久。从魏晋南北朝时期以来，大量人口迁入西南边疆地区，大大促进了社会经济发展和民族融合。特别是近现代时期，云南省的重大事件、人物和历史遗迹层出不穷，在历史上意义重大，为这里留下了威信县扎西会议旧址、禄劝县皎平渡、昆明西南联合大学旧址和"一二·一"运动纪念馆、丽江万里长江第一湾、石鼓红军渡口、昆明飞虎队总部大楼、滇西抗日战争纪念碑、陈纳德和龙泉镇名人故居、史迪威公路等现存状况良好的历史遗迹。截止到2023年6月，云南省拥有世界遗产5处，居全国第2位。

特殊的地理环境和地理文化的多元交错，使得云南边疆文化形成对内（国内）的相对封闭性和对外（东南亚和南亚等）的相对开放性，多元、个性、和谐、复杂、开放的地域文化赋予了云南旅游空间结构发展的良好文化氛围，增添了云南的异质性色彩，并与边地秘境的神秘背景互相烘托、交相辉映，成为其他地区无法复制和撼动的旅游吸引地，省域内无论是主要自然景观还是典型的人文景观都层次清晰，各地旅游资源既有相同、相似面也有差异互补面，空间结合度较好。当然，云南省域内遍在、交错的文化旅游资源和自然资源也有一定的同质性，特别是同东南亚某些国家和地区在风俗、自然景观和文化上有一些相似之处。由于东南亚国家在旅游资源组合、品牌宣传上有一定的优势，所以云南针对欧美市场营销不一定能占据优势，但旅游资源对国内的吸引力依然较强，在吸引东南亚游客方面也有很大的潜力。

5.2.4 区域经济发展的低水平性

云南一直远离中国经济中心，生产力水平较低，人均生产总值长期低于全国平均水平（表 5-3），也低于西部平均水平，整体经济发展水平无论是与东部地区还是西部地区相比都存在很大的差距。欠发达的地区经济水平差距产生的循环累积效应，给云南省域旅游空间结构的形成和演进带来了一定的影响。一方面，云南的工业水平不高，工业发展落后于沿海发达地区；另一方面，由于省内城乡二元结构的长期性，主要旅游城镇多为区域性的政治、经济、文化中心，名胜古迹、代表性人物、公共设施和接待设施较多，地方文化的传播与创新力度较大，往往旅游开发条件更优，而边缘的城镇和乡村地区虽然有较好的文化和自然景观，但开发条件不理想，只能视为具有一定开发潜力的洼地。此外，在脱贫攻坚战取得全面胜利之前，云南贫困地区曾经有国家级贫困县 73 个，占全国总体数量的 12.33%。其中，少数民族与贫困人口在地域上分布的范围吻合程度高，省内 60.3%的国家级贫困县同为民族贫困县，使得旅游经济问题更为复杂。

表5-3 云南省人均生产总值及生产总值与全国的对比

年份	人均生产总值/元		生产总值/亿元	
	云南省	全国	云南省	全国
1978	226	381	69.05	3 645.2
1980	267	463	84.27	4 545.6
1990	1 224	1 644	451.67	18 667.8
2000	4 770	7 858	2 011.19	99 214.6
2010	15 752	29 762	7 224.18	397 983
2020	24 521.9	50 299	72 447	1 015 986

资料来源：《云南经济年鉴2021》《中国统计年鉴2021》

这种经济空间结构中的低水平是地区整体经济发展不平衡的外在表现，不可避免地以其有限的资源供给和旅游开发基础，以及内部失衡的经济增长态势反作用于包括旅游业在内的经济全局，势必带来全省旅游资源开发层次低度化、旅游经济非均衡化，对旅游空间结构长期稳定、协调发展产生一定的拖曳作用。调整产业结构、发展旅游业一直是云南各地区兴边富民的优先选择方向，各个市（州）对发展旅游业的热情和期待较为强烈，但薄弱的经济发展基础又无力为地方旅游业发展提供充足的基础设施、接待设施和内部市场，限制了旅游资源的转换能力，造成了云南对于区外旅游经济资源（资金、信息、市场、大城市口岸等）输入的先天依赖性。

5.2.5 旅游要素空间分布的不均匀性

云南地域辽阔，旅游资源具有多样性、独特性、垄断性、广泛性、种类齐全的特征，但是云南旅游要素分布却不甚合理。一方面，云南城市体系长期以小城镇的发展为主要内容，城市化表现出强烈的初级结构的状态特征（表5-4），尚未形成以中心城市为支点的结构完整的城市体系结构，城市化水平较低、城镇基础设施落后，主要旅游设施和产品多集中在以省会为中心的少数城市，无法有效支撑广袤而综合的旅游业发展要求，无论是旅游产业基础、旅游投资、旅游企业成长还是食住行游购等要素都零散而稚嫩；另一方面，由于地理位置的相对封闭、行政区划约束及国界边界约束，围绕旅游经济运行所进行的资源空间配置受到很大制约。

表5-4 2020年云南省地级城市数　　　　　　　　　　　　单位：个

项目	合计	按城市市辖区总人口分组					
		400万人以上	200万~400万人	100万~200万人	50万~100万人	20万~50万人	20万人以下
全国地级城市	297	22	46	96	86	39	8
云南省	8	0	1	1	3	2	1

资料来源：《中国统计年鉴2021》

不同于东西部地区的是，云南作为国家交通网络的末梢和边缘地带，交通基础设施规模小、交通网络的覆盖面不足、技术等级低、覆盖密度较低、综合运输能力低，大大限制了本地区的可进入性，这已经成为云南旅游经济发展的突出制约因素。地貌因素增加了云南旅游交通建设与维护的成本，增加了出入省、出入境的线路距离与时间成本，且出省、出境的交通种类较少，运力不足，内部旅游地与景区分布稀疏分散，内外联系不通畅、不便捷，全方位的对外开放与跨国旅游合作受到制约。

云南曾是中国铁路覆盖率最低的省区之一。旅游业起步时仅有贵昆线和黔昆线，当时管内线路几乎都盘旋在高山峡谷中，修筑标准不高，铁路等级和时速都不高，一直到 2004 年才突破 100 千米时速；毗邻国家和省（区）综合交通总体发展水平也较低，铁路出境通道不足。在党中央的正确领导下，云南在交通建设方面持续投入，2018 年至 2021 年公路、水路固定资产投资连续四年全国第一，"七出省五出境"高速公路网基本形成、"八出省五出境"铁路网不断延伸、"两网络一枢纽"航空网加快推进、"两出省三出境"水路网持续拓展、外联内畅的综合运输大通道加快形成。但是，由于先天基础薄弱，云南交通基础设施才初步实现从"基本缓解"到"基本适应"的转变，全省的旅游交通依然存在短板和不足。

由于云南省水陆骨干交通主要表现为以昆明为中心的放射型线路，铁路成线不成网，公路路网不均衡，这就导致全省缺乏环形旅游线路，外围的迪庆、德宏、西双版纳等旅游地之间缺乏直连的旅游通道。滇西北、滇西南与省内其他旅游景区之间的旅游线路匮乏，尚未闭合。全省旅游环线路网现状与全省丰富的资源禀赋、巨大的发展潜力形成明显反差，影响了游客在全省旅游区的可持续流动与内部循环。

随着中老铁路等骨干跨境交通的建成使用，云南对外联通瓶颈得到一定纾解，但仍然存在"不畅""不密"等问题。铁路建设虽然正在加快，但整体发展滞后，总量不足、结构不合理、运输能力低的矛盾还很突出；根据国家公路网规划，云南境内高速公路还有大量待建设工程。云南省与缅甸、越南、老挝三国的旅游交通主要是公路、铁路，水运作为辅助方式；与泰国、马来西亚、越南和新加坡等国的航空通道相对便捷。

5.2.6 地缘、生态与文化的敏感性

云南地处我国西南边陲，同时具备地缘、生态等方面的敏感性特点，战略地位十分重要，对本地区旅游资源—产品—市场的转换能力、区域旅游空间的成长和演进等产生了许多影响。

从地缘的角度而言，云南是我国面向东南亚、南亚等地区的重要前沿和窗口，周边地缘政治、地缘经济和地缘安全情况较为复杂，为区域旅游发展赋予了"安全、稳定"等要求。东南亚在原有矛盾的基础上，大国的介入、热点问题的发酵使地缘环境日趋复杂（罗圣荣和李代霓，2018）；南亚地缘政治博弈呈现新态势和新特点（王世达，2021）；区域一体化步伐加快，但各种外部势力不断切入和搅局，重叠嵌套的自由贸易协定给周边地区地缘经济空间带来碎片化割裂风险（宋晔，2022）。这样的地缘形势给云南旅游空间结构的发展带来了一定的挑战。

从生态的角度来看，云南省内地质地貌复杂、生物多样性突出，不仅是长江和珠江众多支流的重要水源涵养地，也是全国生物多样性保护和生态建设的重点地区，其发展对于长江流域、珠江流域、三峡库区的生态平衡、多民族地区的可持续发展都有十分重要的作用，并对区内旅游业的建设、开发、适游期、承载容量等都有更苛刻的要求。

从文化的角度而言，云南多样而原生态性突出的文化资源为区内旅游业的发展提供了独特的背景和深蕴的发展元素，这对旅游开发中的文化传承、保护提出了较高要求；且民族旅游开发中蕴含着一定的敏感性（邓永进，2009），需时刻注意其可能产生的消极影响，为铸牢中华民族共同体意识提供有力支撑。

5.3 云南省旅游空间结构形成的旅游资源总体基础

云南的旅游资源，无论是自然资源，还是人文资源品位都很高，带有强烈的边地色彩、多元色彩、复杂性和神秘性色彩。除了沙漠、滨海以外的自然景观外，在云南这片海拔从 76.4 米到 6740 米的地域上，几乎囊括了中国所有类型的自然景观。既拥有北半球纬度最低的雪山冰川，又有茂密苍茫的热带雨林，还有险峻深邃的峡谷、发育典型的岩溶地貌以及种类繁多的生物资源。各民族在长期的生产、生活中，形成了类型多样、风格各异的民族文化、风俗习惯、民族节日、民族服饰和村舍建筑。

云南气候条件优越，生态环境和人文环境良好。云南四季如春，无霜期长，兼有寒、温、热三带气候特点。与全国许多地方因气候制约，在一年之中只有半年或者几个月适宜发展旅游业不同，云南可以全天候地发展旅游业，这是云南的一个很大的优势。云南生态条件很好，素有"植物王国""动物王国""花卉王国"的美誉，是我国国家自然保护区最多的省份，森林覆盖率位居全国前列。除了优越的自然环境，云南民风淳朴，各族人民善良、热情、好客，这为发展旅游业营造了良好的人文环境。

总体来看，云南省旅游资源规模宏大、特色明显、类型多样、品位极高、分布广泛且地域特色明显、民族特色鲜明，是国内绝无仅有的，同我国其他地区的文化与景观有较大的差异性。另外，云南的旅游资源以山水风光、民族文化、自然生态为主，激烈的市场竞争和同质性竞争，也带来了相邻地区的空间竞争、形象重合、品牌摩擦。特别是同邻近的东南亚国家、南亚国家相比，云南旅游产品与之都有一定的相似性，最具有竞争威胁的旅游产品包括泰国的清莱和清迈、柬埔寨的吴哥窟、老挝的琅勃拉邦、缅甸的蒲甘、越南的下龙湾等。当然，云南的旅游资源与这些国家虽有相似性，但其比较优势在于自然景观和民族文化更具有多样的组合性。

5.4 云南省旅游空间结构形成的旅游产业发展基础

改革开放以来，云南旅游业经历了20世纪70年代末到80年代中后期的初步发展阶段和80年代末到90年代中后期的加速发展阶段。1995年云南省委、省政府做出了建设旅游支柱产业的重大战略决策，云南旅游业迎来了新的发展阶段，为云南省旅游空间结构的形成与演进提供了坚实的产业发展基础。

5.4.1 旅游资源开发逐步走向成熟

从新中国成立到改革开放之前，我国的旅游业实际上属于外事活动性质，通常由政府接待与安排，因此，云南并无真正意义上的市场经济性质的旅游业，旅游活动主要限于昆明、西双版纳和大理等少数地区。自改革开放后，经过40多年的探索，云南在省域尺度、市（州）尺度和县域尺度的旅游规划都已经制定并先后批准实施，逐步开发出以岩溶地貌、文物古迹、民族文化、热带风情、山地峡谷等为重点的旅游资源，诞生了昆明、丽江、西双版纳、大理等重点旅游城市，形成了石林、丽江古城等知名景区（表5-5）。旅游产品逐步从观光旅游产品为主向休闲度假、观光、康体、生态旅游、探险徒步等多种产品融合的方向发展。旅游拳头产品的优势正在形成，一批精品旅游项目成为海内外旅游市场上热销的卖点，比如昆明的石林、世博园、丽江的古城、玉龙雪山、大理苍山洱海、腾冲火山热海等。这些高品位的旅游产品所在地同时又兼具浓郁的民族风情，是西部吸引国内外游客的亮点所在，与东部现代都市风貌、名山秀水、古典园林的旅游资源形成鲜明的对比。

表5-5 2021年5月云南省主要遗产、历史文化名城及主要旅游区数量　　单位：个

世界遗产	国家级非物质文化遗产	国家历史文化名城	国家5A级景区	国家4A级景区	国家3A级景区	国家2A级景区	国家1A级景区
5	14	7	9	114	218	73	12

资料来源：中国自然遗产网、中国非物质文化遗产网、云南省住房和城乡建设厅官网、云南省文化和旅游厅官网

5.4.2 旅游供给能力不断完善

改革开放初期，云南只有几家旅行社，旅游景点极少且基本为自然景观的原始开发与历史文物景点，旅游饭店数量稀少且属于事业型单位。随着旅游业的发展和西部大开发战略的实施，云南旅游基础设施、旅游供给能力不断提高，为新时期云南旅游空间结构优化提供了重要保障。

一是旅游交通建设不断推进，以航空、高速公路和铁路为骨干的旅游交通线路格局正不断延伸和强化，运力不断增加，旅游可进入性明显增强。随着旅游业的快速发展，民航、铁路、交通和水运等通达条件不断改善和提高。截至2020年，全省公路总里程达29.2万公里；铁路运营里程达4233公里，其中高铁运营里程达1105公里；民用运输机场达15个，居全国第3位，其中旅客吞吐量百万级以上机场7个，成为全国百万级机场最多的省份之一。

二是旅游景区、景点的数量不断增多，接待质量和层次不断提高，接待服务设施更加齐备，服务水平和综合接待能力增强，旅游宾馆、饭店、度假村等不断涌现。到2020年底，云南拥有旅行社1093家；星级饭店389家，其中五星级酒店17家；A级以上景区426家。基本形成了包括食、住、行、游、购、娱在内的完整的旅游产业体系。

5.4.3 旅游产业地位不断提升

改革开放以来，云南旅游产业规模不断扩大，初步形成了覆盖旅游景区、旅行社、旅游购物、旅游娱乐、旅游餐饮等在内的综合产业体系，旅游生产力快速增长，并树立了良好而鲜明的旅游地形象，已经发展成为中国著名的旅游目的地和旅游大省，建立了包括食、住、行、游、购、娱等较为完整的旅游产业体系。2010年，云南省旅游业总收入首次突破千亿元大关，成为国内旅游界"千亿元俱乐部"中为数不多的成员之一。2019年，云南接待海外入境旅客（包括口岸入境一日游）1484.93万人次，实现旅游外汇收入51.47亿美元。2019年接待国内游客

8亿人次；国内旅游收入 10 679.51 亿元；当年实现旅游业总收入 11 035.20 亿元。

5.4.4 旅游发展的环境和旅游地形象不断提升

虽然云南大多数地区旅游业的发展起步较晚，但发展势头良好。在中央和各级政府部门的领导下，云南省的旅游发展环境不断得到优化，旅游业作为地方的优势产业得到普遍重视和培育。旅游管理机构的健全、旅游发展政策的制定等普遍较早、较规范，旅游投资环境改善，旅游投入不断加大，筹资渠道不断拓宽。经过 40 多年的发展，云南各级干部和广大群众对发展旅游业达成了高度共识，全省上下普遍把旅游业放到一个更为重要的战略层面进行思考，把旅游业同当地经济社会发展更加紧密地结合在一起来推动工作，社会各界的旅游意识、旅游发展的政策氛围得到了加强，形成了浓厚的旅游业发展氛围，这为下一阶段云南旅游空间结构的发展奠定了非常重要的思想基础。而在多年的旅游建设、旅游宣传促销之后，旅游形象绩效较好（汪宇明和吕帅，2008），云南成为在世界范围内有较大影响且在国内有较高知名度的功能全、特色突出的旅游目的地，"七彩云南·旅游天堂"知名度和影响力进一步提升。昆明在全国优秀旅游城市的媒体关注排名和综合关注排名中都长期位列前茅（张广瑞和刘德谦，2009）。

第6章 云南省旅游空间结构形成与演进的历时性分析

为了解 40 多年来云南省旅游空间结构形成与演进的历时性过程,本书将首先运用"重心"方法、首位度理论、位序—规模理论,分析省内旅游外汇收入和国内旅游收入的内部重心变化、规模和等级结构变化,廓清云南省旅游空间结构形成与演进的整体轨迹。为保证数据的准确性、权威性和完整性,旅游经济数据来自云南省文化和旅游厅、《云南省志:旅游志》(云南省地方志编纂委员会,1996 年)(缺 1989 年、1990 年数据)和历年《云南统计年鉴》。

由于我国采取了先入境旅游、后国内旅游的发展模式,起步之初,入境旅游的发展速度和涉及地区较有限,加上中国入境旅游的统计时间尺度相对国内旅游收入的统计更长,因此,国际旅游数据变化能基本反映改革开放以来云南省旅游空间结构的发展过程,国内旅游和国际旅游的综合分析也能很好地揭示近年来旅游空间结构的演替特征。

6.1 云南省旅游空间结构重心的演变路径

由于边疆省区各区域旅游业的发展速度与水平不一,且年际间存在差异,任何一个市(州)旅游业的变化都会影响其旅游重心的变化,因此其旅游经济重心会处于一种动态的变化之中。旅游重心在时间维度上的变化可以揭示省域内主要旅游地的动态转移,反映改革开放以来云南省旅游业时空动态地域演变的总体过程。

6.1.1 研究方法

"重心"的概念源自牛顿力学，是指在区域空间上存在某一点，在该点前后左右各个方向上的力量对比保持相对均衡（黄建山和冯宗宪，2005）。目前，依据"重心"方法对旅游业的研究较少，主要是对我国入境旅游地域结构（孙根年等，2008；赵安周等，2011）和国内旅游地域结构的研究（杨忍等，2008）。关于旅游经济重心，可由下面公式计算得到：

$$\bar{X} = \sum_{i=1}^{n} M_i X_i / \sum_{i=1}^{n} M_i$$
$$\bar{Y} = \sum_{i=1}^{n} M_i Y_i / \sum_{i=1}^{n} M_i$$
（6-1）

式中，X_i、Y_i 为各自治州首府城市或地级市的经度（东经）和纬度（北纬）坐标；M_i 为各市（州）的旅游外汇收入或国内旅游收入。$\bar{X}$ 与 $\bar{Y}$ 分别指云南省旅游经济重心的经度（东经）和纬度（北纬）坐标。

计算云南省域旅游经济重心需要借助各次级行政区域的旅游经济属性和地理坐标来表达。本书所用的16个市（州）的地理坐标来源于《中国地名录——中华人民共和国地图集地名索引》（国家测绘局地名研究所，1995年）。其中，2003年红河州人民政府驻地由个旧市迁移至蒙自县，因此本书统计中，2003年以前以个旧市地理坐标为红河州地理坐标，2003年后以蒙自县地理坐标为该州地理坐标[①]。

6.1.2 云南省旅游重心演变路径

1. 云南省旅游外汇收入重心演变路径

1988~2019年，云南省旅游外汇收入呈"西南—西北—西南"方向规律性移动，基本是顺时针方向转动（图6-1）。1988~1993年，云南省旅游外汇收入重心相对稳定；之后的1993~1999年，重心偏向西南移动，反映出滇西、滇西南入境旅游发展速度较快；1999~2013年，旅游外汇收入重心偏向西北移动；2013年之后，旅游外汇收入重心又向省域西南方向折返。1988年至2019年，云南省旅游外汇收入在东西分布方向上偏移了1.59°，在南北分布方向上偏移了0.12°，向西

---

① 2010年9月，国务院批准云南省撤销蒙自县，设立县级蒙自市。

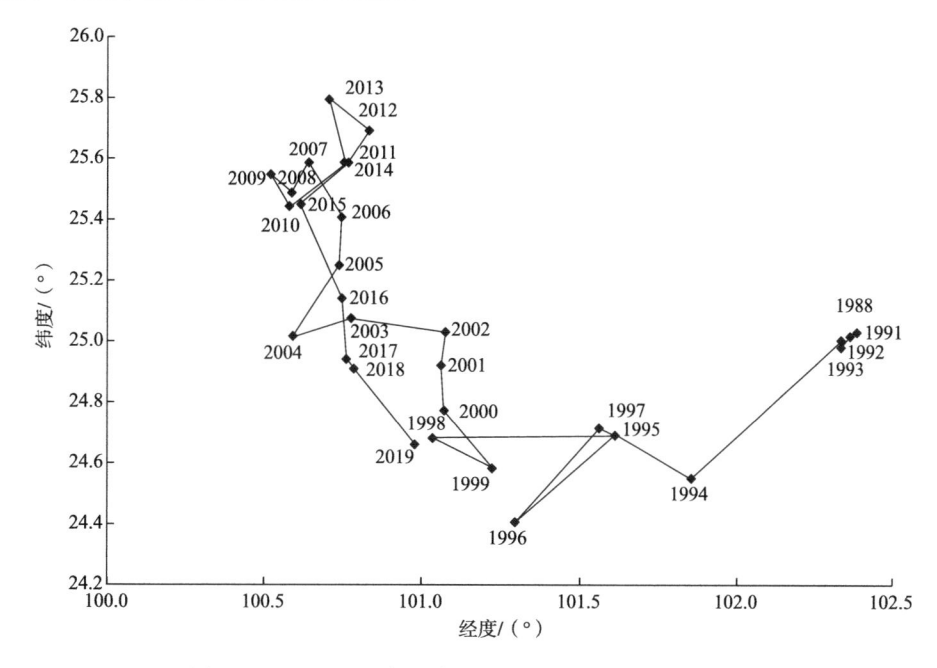

偏移的幅度远大于向南偏移的幅度。

图 6-1　1988~2019 年云南省旅游外汇收入重心演变路径

2. 云南省国内旅游收入重心演变路径

1996~2019 年，云南省国内旅游收入重心迁移性较大，总体呈"西北—东北—西—东南"的移动趋势，整体向北、向西移动后又折返向东（图 6-2）。重心在特定的时间段内呈现一定的方向移动变化。特别是 1998~2002 年在东部徘徊向北迁移，其后就一直总体呈现向西的趋势，旅游收入重心偏西的趋势一直持续到 2011 年，滇西北国内旅游收入的增长拉动十分明显。从近年来看，云南国内旅游收入重心又趋向于稳定，持续向东回摆。自 1996 年以来，云南省国内旅游收入重心向西偏移了 0.02°，向北偏移了 0.49°。说明云南国内旅游业的南北分布动态变化相对于东西分布动态变化更为剧烈。

2019 年，云南省国内旅游收入重心位于北纬 24.86°，东经 101.62°；旅游外汇收入重心位于北纬 24.9°，东经 100.8°。整体来看，云南省的国内旅游收入重心和旅游外汇收入重心均呈现向西北变动继而折返的轨迹，并与全省几何中心（北纬 24.98°，东经 101.71°）接近，说明近年来全省旅游经济发展不平衡有所缓解，其中国内旅游收入更为均衡。同时，云南省国内旅游收入重心和旅游外汇收入重心的移动都由相对剧烈走向缓和，说明前期云南省旅游经济整体处于地区间竞争发展的时期，而近年来的全省旅游业发展整体形势正趋于稳定。

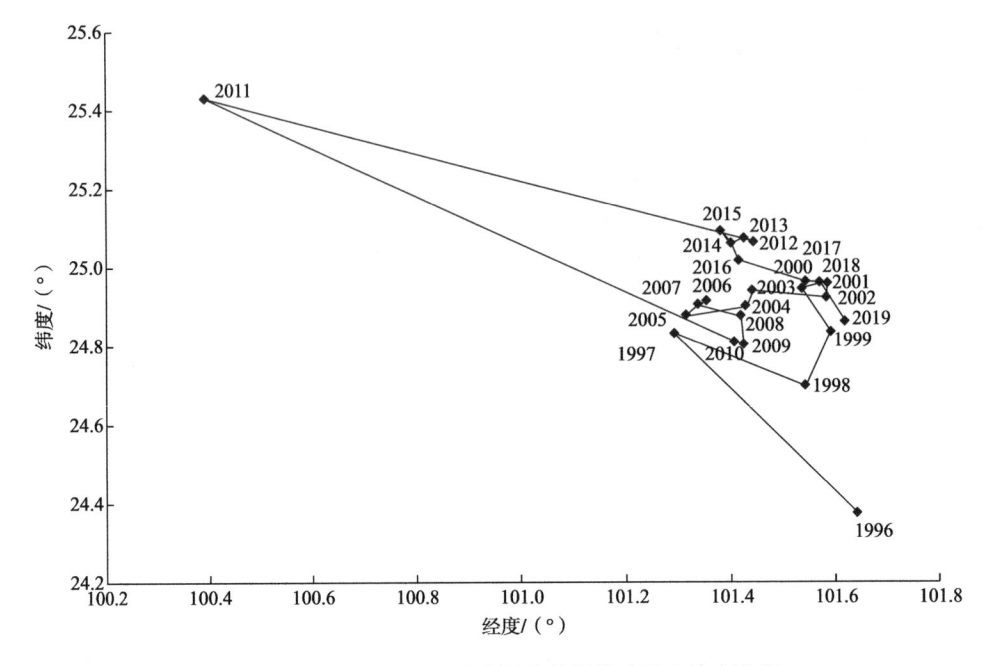

图 6-2　1996~2019 年云南省国内旅游收入重心演变路径

相比较而言，旅游外汇收入重心在国内旅游收入尚未统计的 1995 年以前有一个向西南移动的过程，之后旅游外汇收入重心向西北移动的指向更为突出，推移速度更快。基本上两者的变动轨迹都说明了改革开放以后云南旅游收入重心由低纬度向高纬度再返回低纬度方向移动，逐步远离全省几何中心并最终折返。

6.2　云南省旅游经济收入的首位度分布变动

6.2.1　研究方法

首位度理论是衡量城市规模分布的常用指标，首位度大的城市规模分布称为首位分布（Jefferson，1939）。其后学者为了弥补首位度计算过于简单的缺陷，改进了相关指标的计算方法，由 2 城市指数发展出 4 城市指数和 11 城市指数。正常的 2 城市指数为 2，4 城市指数和 11 城市指数都为 1。首位度公式为

2 城市指数公式为

$$S = P_1 / P_2 \qquad (6-2)$$

4 城市指数为

$$S = P_1 / (P_2 + P_3 + P_4) \qquad (6-3)$$

首位度公式为

$$S = P_1 / (P_2 + P_3 + \cdots + P_{11}) \qquad (6-4)$$

式中，P_1 为旅游总收入规模最大的样本；$P_2 \sim P_{11}$ 为旅游总收入规模第 2 位至第 11 位的样本。本书用首位度来衡量云南省旅游外汇收入和国内旅游收入的集中度，描述与测度云南省旅游空间极化过程和空间结构非均衡性。

6.2.2 云南省旅游经济收入的首位度分析

计算结果显示（表 6-1），云南省市（州）旅游外汇收入和国内旅游收入的首位度指数在很多年以内都明显高于理论值，说明首位城市昆明对全省旅游业的辐射和带动作用非常强，一直是省内的旅游发展龙头。同时，自有统计数据以来，云南省旅游外汇收入和国内旅游收入的规模首位度都经历了逐步上升到一定程度后又整体下降的发展轨迹。云南省旅游外汇收入 2 城市指数自 2004 年开始低于 2，2019 年已经趋近于 1；国内旅游收入的 2 城市指数已经越来越趋向 2 并上下浮动，在 2015 年达到最低值后开始向 2 以上反弹。旅游外汇收入与国内旅游收入的 4 城市指数分别自 2003 年、2009 年开始小于理论值 1；旅游外汇收入和国内旅游收入的 11 城市指数在 1996 年均已经小于理论值 1，虽然其后部分年份指数略有回升，但是旅游外汇收入的 4 城市指数、11 城市指数呈现出不断降低的态势。总体来看，昆明市的旅游中心地位弱化，省内旅游次中心的活力不断增强，使得全省旅游收入首位度指数大幅度下降，云南省各市（州）旅游差距有缩小的趋势。

表6-1 云南省历年旅游收入规模首位度

年份	旅游外汇收入			国内旅游收入		
	2 城市指数	4 城市指数	11 城市指数	2 城市指数	4 城市指数	11 城市指数
1988	93.835 65	55.305 71	55.305 71			
1991	103.409 80	55.823 01	52.566 67			
1992	80.743 90	33.439 39	28.912 66			
1993	76.488 72	35.569 93	32.816 13			
1994	3.199 48	1.503 35	1.118 15			
1995	4.594 33	1.903 56	1.277 77			
1996	2.508 77	1.180 40	0.735 44	2.506 78	1.275 55	0.766 52

续表

年份	旅游外汇收入			国内旅游收入		
	2 城市指数	4 城市指数	11 城市指数	2 城市指数	4 城市指数	11 城市指数
1997	6.416 63	2.433 38	1.325 76	2.588 06	0.963 69	0.533 14
1998	3.010 74	1.293 40	0.632 59	4.370 60	1.784 10	0.993 57
1999	3.954 11	1.534 58	0.721 89	5.315 74	1.989 65	1.171 13
2000	3.238 53	1.451 96	0.691 14	4.112 27	1.802 55	1.029 82
2001	3.408 14	1.477 22	0.770 36	4.602 44	2.039 83	1.155 80
2002	4.224 08	1.434 00	0.771 48	4.458 72	1.862 89	1.026 40
2003	2.138 52	0.890 27	0.509 65	4.567 11	1.706 37	0.905 54
2004	1.468 21	0.677 30	0.425 34	3.142 47	1.294 05	0.685 19
2005	1.751 92	0.815 17	0.495 25	2.705 63	1.184 65	0.566 24
2006	1.370 55	0.661 79	0.413 26	2.679 89	1.121 07	0.511 33
2007	1.168 24	0.601 18	0.398 97	2.410 77	1.068 51	0.509 10
2008	1.318 38	0.599 59	0.373 12	2.724 61	1.094 70	0.509 17
2009	1.583 28	0.695 54	0.424 49	2.474 90	0.958 83	0.464 92
2010	1.432 82	0.604 85	0.363 24	2.562 98	0.974 37	0.487 36
2011	1.395 97	0.592 28	0.308 80	2.556 47	0.975 21	0.072 16
2012	1.296 48	0.514 78	0.181 23	2.100 28	0.797 54	0.076 24
2013	1.236 95	0.472 99	0.141 70	1.913 84	0.766 07	0.067 32
2014	1.197 32	0.446 84	0.122 45	1.668 38	0.685 91	0.054 83
2015	1.169 05	0.428 94	0.111 06	1.533 85	0.641 27	0.052 50
2016	1.147 87	0.415 92	0.103 54	1.803 09	0.705 63	0.049 92
2017	1.131 40	0.406 02	0.098 19	1.995 21	0.841 75	0.035 33
2018	1.118 24	0.398 24	0.094 20	2.239 89	0.908 18	0.041 47
2019	1.107 47	0.391 96	0.091 11	2.595 05	0.985 66	0.029 59

单就旅游外汇收入而言，1988 年的省内首位度的 2 城市指数高达 93.835 65，显示出在改革开放之初云南大多数地方旅游业未起步、昆明一家独大带来的省内明显的强集中度和剧烈的旅游经济不平衡特征；其后，由于 20 世纪 90 年代各市（州）旅游业的普遍发展，2 城市指数从 1993 年的 76.488 72 急剧降为 1994 年的 3.199 48，4 城市指数和 11 城市指数都分别急剧下降；之后，2 城市指数、4 城市指数和 11 城市指数均在 1995 年、1997 年、1999 年、2001 年、2005 年、2009 年等年份有所抬升，说明云南旅游一直呈现扩散分布—集中分布—扩散分布的循环式趋均衡化态势，昆明的旅游外汇收入龙头位置在 2007 年被迪庆超越。

就国内旅游收入来说，1996~1999 年省内首位度指数呈现整体波动性升高的态势，在 1999 年举办世界园艺博览会的昆明，2 城市指数为 5.315 74，4 城市指数为 1.989 65，11 城市指数为 1.171 13，达到有统计以来的历史较高值。除了 2 城市指数下降波动性较为明显以外，4 城市指数和 11 城市指数在 21 世纪以来下降态势稳定，显示出云南省国内旅游的扩散分布趋势显著，但该省国内旅游收入第二大城市大理的旅游发展增速并不稳定。同旅游外汇收入的首位度指数相比，云南省国内旅游收入的 2 城市指数、4 城市指数和 11 城市指数普遍要高一些，其中 2 城市指数、4 城市指数在近年来普遍回调升高。其中，国内旅游收入的 2 城市指数在 2018 年重回理论值 2 以上，在 2019 年更是达到了 2.595 05。这说明：云南省的入境旅游增长平缓、国内旅游快速发展的大背景下，入境旅游的省内扩散相对充分，省内入境旅游的次中心已经在改革开放 40 多年来的成长中发育相对完善，多中心分布态势相对显著；而国内旅游的成长和扩散还在进行中，昆明凭借良好的经济、区位、旅游产品及越来越壮大的本地旅游市场条件而维系着明显的国内旅游首位城市优势，丽江、大理、西双版纳等国内旅游次中心还需要进一步培育。

第7章 云南省旅游空间结构形成与演进的共时性分析

从改革开放以来的云南省入境旅游数量和旅游外汇收入来看，云南省旅游业快速上升势头在1989年、2000年都有一个显著回落的趋势，形成了明显的三个阶段，分别形成了1978~1988年、1989~1999年、2000~2010年、2011~2019年等四个年份区间。这与全国及民族地区旅游业发展的阶段性特征基本吻合（李柏文，2009），也与云南省旅游业的发展阶段基本吻合（王筱春，2002）。因此，本书以1988年、1999年、2010年、2019年等四个年份为时间截面，应用旅游总收入数据分别对1988年、1999年、2010年、2019年等四个典型年份的云南省内的旅游经济联系强度及旅游经济隶属度进行共时性分析和比较，以此来分析和研究云南省各市（州）的旅游经济联系尺度和旅游空间结构的年度特征。

7.1 云南省内旅游经济联系强度变化

7.1.1 研究方法

旅游经济联系强度能比较清晰地表现出市（州）间旅游经济联系量的大小，同时还能表示出此种联系的方向；旅游经济联系量能衡量云南省内市（州）之间旅游经济联系强度大小，既可以反映中心市（州）在省内的旅游经济实力与辐射能力，也可以反映周围市（州）对中心市（州）旅游经济辐射能力的接受程度（陈秀琼和黄福才，2006）。本书借鉴前人对旅游地经济联系强度模型的研究成果（卞显红和沙润，2007；曹芳东等，2010），进行修正后对典型年份的云南各市（州）

旅游经济联系强度进行了计算。

采用的旅游经济联系强度模型如下：

$$R_{ij} = \frac{\sqrt{P_i V_i}\sqrt{P_j V_j}}{D_{ij}^2} \quad (7\text{-}1)$$

式中，R_{ij} 为旅游经济联系强度；P_i、P_j 为 i、j 两城市旅游者总人次（单位：亿人次）；V_i、V_j 为 i、j 两城市旅游总收入（单位：万元）；D_{ij} 为 i、j 城市间最短交通距离（采用区域内的公路、国道、高速公路距离，单位：千米）。将有关数据代入式（7-1）就能得到各市（州）的旅游经济联系强度。由于1988年全国旅游以入境旅游接待为主，国内旅游还处于萌芽阶段而欠缺相关统计，因此1988年采用的旅游者人次为海外旅游者人次（单位：万人次），旅游收入为海外旅游收入（单位：万美元）。

旅游收入数据来自云南省文化和旅游厅、《云南省志：旅游志》，旅游交通数据来自《中国交通营运里程图》（人民交通出版社1991年出版）、《中国交通营运里程图：新编版》（人民交通出版社1998年出版）、《中国城乡道路及行车里程地图集》（湖南地图出版社2011年出版）、《中国高速公路及城乡公路网地图集》（中国地图出版社2020年出版）。

7.1.2 1988年云南省内旅游经济联系强度

从1988年的情况来看（表7-1），由于云南省旅游业和旅游空间结构刚开始成长，旅游节点才开始发育，主要限于昆明、西双版纳、丽江和大理四个地区。大理、西双版纳和丽江三个市（州）之间的旅游经济联系强度确实非常微小。因此，当时昆明是全省绝对的核心和龙头，全省的海外旅游人次与昆明的海外旅游人次大致相同。由于当时昆明有全省唯一的航空港，加上省会昆明在旅游企业、旅游产品与接待设施方面的先天优势，该市是云南省最重要的旅游目的地和旅游集散地，全省不多的旅游地主要依靠昆明的辐射与带动，因此全省旅游首位度高达93.84；大理、西双版纳、丽江之间的旅游经济联系强度很微弱；在昆明与有限的市（州）旅游经济联系强度上，大理排名第一（158），其后分别为西双版纳（34）和丽江（24）；大理与昆明的旅游经济联系强度超过了西双版纳、丽江和昆明之间旅游经济联系强度的总和，说明在非省会市（州）中，滇西传统的中心城市大理此时在旅游资源、旅游区位和旅游交通等方面具有一定的优势。

表7-1 1988年云南省各市（州）旅游经济联系强度

单位：（万美元·万人次）/千米

市（州）	昆明	楚雄	玉溪	红河	文山	曲靖	昭通	保山	德宏	普洱	临沧	西双版纳	丽江	大理	怒江	迪庆	合计
昆明		0	0	0	0	0	0	0	0	0	0	34	24	158	0	0	216
西双版纳	34	0	0	0	0	0	0	0	0	0	0		0	1	0	0	35
丽江	24	0	0	0	0	0	0	0	0	0	0	0		3	0	0	27
大理	158	0	0	0	0	0	0	0	0	0	0	1	3		0	0	162

7.1.3 1999年云南省内旅游经济联系强度

1999年云南省的旅游节点有所发展，基本各市（州）的旅游业都已经启动，各市（州）间的旅游经济联系强度逐渐增强。在旅游经济联系强度总计中（表7-2），前十位依次为昆明（5.874）、大理（2.324）、玉溪（1.220）、红河（1.128）、丽江（1.092）、西双版纳（0.888）、楚雄（0.778）、德宏（0.663）、迪庆（0.623）、曲靖（0.584）。同时，昆明仍然是全省旅游经济的核心和主要联系方向，但对比旅游总收入第二位的西双版纳而言，云南省旅游业的首位度已经下降到了5.31。各市（州）同昆明的旅游经济联系强度最大的7个市（州）依次是曲靖（1.067）、大理（1.066）、玉溪（0.810）、红河（0.654）、楚雄（0.504）、丽江（0.434）、西双版纳（0.326）。同1988年相比，大理、丽江、西双版纳等地的旅游业发展很快，旅游经济联系比较活跃。

表7-2 1999年云南省各市（州）旅游经济联系强度

单位：（亿元·亿人次）/千米

市（州）	昆明	楚雄	玉溪	红河	文山	曲靖	昭通	保山	德宏	普洱	临沧	西双版纳	丽江	大理	怒江	迪庆	合计
昆明		0.504	0.810	0.654	0.186	1.067	0.075	0.162	0.234	0.089	0.037	0.326	0.434	1.066	0.028	0.202	5.874
楚雄	0.504		0.025	0.023	0.008	0.029	0.004	0.015	0.019	0.006	0.003	0.018	0.038	0.067	0.002	0.017	0.778
玉溪	0.810	0.025		0.074	0.019	0.044	0.005	0.012	0.028	0.018	0.004	0.036	0.031	0.097	0.002	0.015	1.220
红河	0.681	0.024	0.077		0.040	0.054	0.006	0.012	0.019	0.014	0.003	0.041	0.033	0.110	0.002	0.016	1.128
文山	0.186	0.008	0.019	0.038		0.015	0.002	0.005	0.008	0.004	0.001	0.015	0.011	0.052	0.001	0.005	0.37
曲靖	0.241	0.039	0.049	0.048	0.021		0.021	0.018	0.014	0.011	0.002	0.011	0.022	0.056	0.007	0.015	0.584
昭通	0.075	0.004	0.005	0.006	0.002	0.010		0.002	0.004	0.001	0.001	0.006	0.006	0.029	0.000	0.003	0.154
保山	0.162	0.015	0.012	0.012	0.005	0.013	0.002		0.066	0.005	0.006	0.023	0.041	0.069	0.008	0.018	0.457
德宏	0.234	0.019	0.028	0.020	0.008	0.014	0.004	0.066		0.007	0.005	0.035	0.054	0.129	0.008	0.025	0.663
普洱	0.089	0.006	0.018	0.010	0.004	0.007	0.001	0.005	0.008		0.003	0.067	0.010	0.041	0.001	0.005	0.275
临沧	0.037	0.003	0.004	0.003	0.001	0.003	0.001	0.006	0.007	0.003		0.010	0.008	0.020	0.001	0.003	0.110

续表

市（州）	昆明	楚雄	玉溪	红河	文山	曲靖	昭通	保山	德宏	普洱	临沧	西双版纳	丽江	大理	怒江	迪庆	合计
西双版纳	0.326	0.018	0.036	0.039	0.015	0.028	0.006	0.023	0.035	0.067	0.010		0.047	0.216	0.004	0.018	0.888
丽江	0.434	0.038	0.031	0.031	0.011	0.035	0.006	0.041	0.054	0.010	0.008	0.047		0.189	0.007	0.150	1.092
大理	1.066	0.119	0.068	0.067	0.020	0.078	0.012	0.137	0.135	0.022	0.021	0.093	0.340		0.019	0.127	2.324
怒江	0.088	0.007	0.006	0.006	0.002	0.007	0.001	0.025	0.027	0.003	0.002	0.012	0.021	0.062		0.010	0.279
迪庆	0.202	0.017	0.015	0.015	0.005	0.017	0.003	0.018	0.025	0.005	0.003	0.018	0.150	0.127	0.003		0.623

7.1.4 2010年云南省内旅游经济联系强度

2010年，云南省的旅游经济联系强度格局又发生了一定的改变（表7-3）。昆明的旅游经济联系强度综合为96.87，在省内的核心地位维持不变，但是整体地位有所下降，对比全省旅游总收入第二位的大理而言，全省旅游首位度已经下降到了2.51。大理与丽江等地的旅游经济联系强度和与昆明的差距已经大为缩小；丽江、迪庆等滇西北的旅游经济联系实力显著提升，其中，丽江已经超过了西双版纳；昆明周边的玉溪、曲靖等地的旅游经济联系强度也大大提升，反映出昆明旅游业的涓滴效应开始增强。

表7-3　2010年云南省各市（州）旅游经济联系强度

单位：（亿元·亿人次）/千米

市（州）	昆明	楚雄	玉溪	红河	文山	曲靖	昭通	保山	德宏	普洱	临沧	西双版纳	丽江	大理	怒江	迪庆	合计
昆明		9.49	28.21	10.64	3.25	12.68	3.34	2.73	2.43	0.27	0.55	2.58	5.9	11.38	0.6	2.82	96.87
楚雄	9.49		1.43	1.07	0.38	0.93	0.37	0.73	0.6	0.04	0.26	0.37	1.52	4.14	0.08	0.38	21.79
玉溪	28.21	1.43		3.03	0.83	1.75	0.58	0.51	0.43	0.06	0.13	0.6	1.11	2	0.11	0.54	41.32
红河	10.64	1.07	3.03		1.5	1.72	0.51	0.51	0.48	0.15	0.26	0.93	1.02	1.79	0.1	0.56	24.27
文山	3.25	0.38	0.83	1.5		0.52	0.19	0.19	0.18	0.04	0.09	0.33	0.43	0.65	0.04	0.22	8.84
曲靖	12.68	0.93	1.75	1.72	0.52		0.56	0.37	0.34	0.05	0.09	0.39	0.81	1.41	0.08	0.4	22.1
昭通	3.34	0.37	0.58	0.51	0.19	0.56		0.18	0.17	0.02	0.05	0.21	0.4	0.63	0.04	0.2	7.45
保山	2.73	0.73	0.51	0.51	0.19	0.37	0.18		2.02	0.05	0.29	0.48	1.23	3.32	0.3	0.54	13.45
德宏	2.43	0.6	0.43	0.48	0.18	0.34	0.17	2.02		0.05	0.3	0.45	1.02	2.19	0.2	0.47	11.33
普洱	0.27	0.04	0.06	0.15	0.04	0.05	0.02	0.05	0.05		0.05	0.65	0.08	0.12	0.01	0.04	1.68
临沧	0.55	0.26	0.13	0.26	0.09	0.09	0.05	0.29	0.3	0.05		0.37	0.31	0.54	0.05	0.14	3.48
西双版纳	2.58	0.37	0.6	0.93	0.33	0.39	0.21	0.48	0.45	0.65	0.37		0.75	1.12	0.1	0.38	9.71
丽江	5.9	1.52	1.11	1.02	0.43	0.81	0.4	1.23	1.02	0.08	0.31	0.75		6.4	0.21	4.01	25.2
大理	11.38	4.14	2	1.79	0.65	1.41	0.63	3.32	2.19	0.12	0.54	1.12	6.4		0.27	2.42	38.38

续表

市（州）	昆明	楚雄	玉溪	红河	文山	曲靖	昭通	保山	德宏	普洱	临沧	西双版纳	丽江	大理	怒江	迪庆	合计
怒江	0.6	0.08	0.11	0.1	0.04	0.08	0.04	0.3	0.2	0.01	0.05	0.1	0.21	0.27		0.08	2.27
迪庆	2.82	0.38	0.54	0.56	0.22	0.4	0.2	0.54	0.47	0.04	0.14	0.38	4.01	2.42	0.08		13.2

7.1.5 2019年云南省内旅游经济联系强度

2019年，云南省的旅游经济联系强度情况持续强化（表7-4）。昆明的旅游经济联系强度总和为2013.10，继续领跑和带动全省旅游经济发展。但是，昆明对比旅游经济联系强度第二位的大理而言，旅游首位度进一步下滑至理论值2。红河州的旅游经济联系强度总和达到752.20，已经接近丽江市（786.88），并已经超过西双版纳（640.60）。这反映出，滇东南红河州的旅游业发展已经渐入佳境，这同第6章中云南省旅游空间结构重心在近年来重新向东部地区回移的趋势是吻合的。

表7-4 2019年云南省各市（州）旅游经济联系强度

单位：（亿元·亿人次）/千米

市（州）	昆明	楚雄	玉溪	红河	文山	曲靖	昭通	保山	德宏	普洱	临沧	西双版纳	丽江	大理	怒江	迪庆	合计
昆明		188	147.8	107.7	172.3	157.7	119.9	128	130.5	39.9	119.9	203	244.4	158.5	18.3	77.4	2013.10
楚雄	123.6		25.3	18.4	29.5	27	20.5	21.9	22.3	6.8	20.5	34.7	41.8	27.1	3.1	13.3	435.80
玉溪	154.9	40.3		23.1	37	33.8	25.7	27.5	28	8.6	25.7	43.6	52.4	34	3.9	16.6	555.10
红河	206.7	53.8	42.3		49.3	45.1	34.3	36.6	37.3	11.4	34.3	58.1	70	45.4	5.3	22.2	752.20
文山	90.9	23.7	18.6	13.6		19.9	15.1	16.1	16.4	5	15.1	25.6	30.8	20	2.3	9.8	322.90
曲靖	125	32.5	25.6	18.6	29.8		20.8	22.2	22.6	6.9	20.7	35.1	42.3	27.4	3.2	13.4	446.10
昭通	77.7	20.2	15.9	11.6	18.5	17		13.8	14	4.3	12.9	21.8	26.3	17	2	8.3	281.30
保山	98.5	25.6	20.2	14.7	23.5	21.5	16.4		17.8	5	16.3	27.7	33.3	21.6	2.5	10.6	355.60
德宏	105.1	27.4	21.5	15.7	25.1	22.9	17.4	18.6		5.8	17.4	29.5	35.6	23.1	2.7	11.3	379.10
普洱	17.6	4.6	3.6	2.6	4.2	3.8	2.9	3.1	3.2		2.9	5	6	3.9	0.4	1.9	65.70
临沧	44.9	11.7	9.2	6.7	10.7	9.8	7.4	8	8.1	2.5		12.6	15.2	9.8	1.1	4.8	162.50
西双版纳	182.7	47.6	37.4	27.2	43.6	39.9	30.3	32.4	33	10.1	30.7		61.8	40.1	4.6	19.6	640.60
丽江	228.1	59.39	46.7	34.02	54.43	49.8	37.87	40.44	41.23	12.61	37.83	64.12		50.08	5.79	24.47	786.88
大理	279.68	72.82	57.27	41.71	66.74	61.06	46.43	49.58	50.55	15.46	46.38	78.62	94.67		7.1	30	998.07
怒江	24.75	6.44	5.07	3.69	5.91	5.4	4.11	4.39	4.47	1.37	4.1	6.96	8.38	5.43		2.65	93.12
迪庆	126.14	32.84	25.83	18.81	30.1	27.54	20.94	22.36	22.8	6.97	20.92	35.46	42.69	27.69	3.2		464.29

7.2 云南省内旅游经济隶属度变化

7.2.1 研究方法

旅游经济隶属度是指一个旅游地相对于另外一个旅游地的隶属（或包含）程度。基于式（7-1），对旅游经济隶属度进行定量计算，公式如下：

$$F_{ij} = \frac{R_{ij}}{\sum_{j=1}^{n} R_{ij}} \quad (7\text{-}2)$$

式中，F_{ij} 为旅游经济联系隶属度；R_{ij} 为旅游经济联系强度，将式（7-1）的计算结果直接代入式（7-2），便可得到主要旅游地的旅游经济联系隶属度。

7.2.2 1988年云南省内旅游经济隶属度

从1988年的数据来看（表7-5），云南省旅游业只在少数市（州）开展，空间相对离散，大理、西双版纳、丽江等地的旅游业在很大程度上均依靠昆明市的拉动。就大理、西双版纳、丽江三市（州）之间的关系来看，丽江对大理有一定的隶属关系，达到0.1%。这一阶段全省以入境旅游接待为主，旅游业尚处于起步发展阶段。

表7-5　1988年云南省内旅游经济隶属度　　　　单位：%

市(州)	昆明	楚雄	玉溪	红河	文山	曲靖	昭通	保山	德宏	普洱	临沧	西双版纳	丽江	大理	怒江	迪庆
昆明												0.16	0.11	0.73		
西双版纳	0.96												0.01	0.04		
丽江	0.89											0.01		0.1		
大理	0.98											0.01	0.02			

7.2.3 1999年云南省内旅游经济隶属度

根据1999年的相关数据测算，该年全省各市（州）的旅游业基本启动（表7-6）。

昆明在省内的旅游经济辐射已经全面覆盖，它是各市（州）的旅游经济隶属度中最高的对象。但省内已经出现了旅游圈的端倪：普洱（35.9%）、临沧（14.2%）对西双版纳的旅游经济隶属度仅次于对昆明的隶属度（47.6%、50.9%），远远高于其他市（州）的影响，滇西南旅游圈初见雏形；迪庆（30.2%）、怒江（32.2%）、丽江（28.7%）、德宏（30.2%）、保山（23.6%）对大理的旅游经济隶属度仅次于对昆明的隶属度，即47.9%、45.8%、66%、54.6%、55.4%，滇西北、滇西对大理的旅游经济隶属正在形成。昆明与大理、西双版纳等市（州）旅游经济实力的差异，使得云南各主要旅游中心地的旅游经济圈之间开始出现错综复杂的联系，这种联系既说明了各个旅游圈层之间存在一定的互补性与交集性，也说明市（州）之间特别是邻近市（州）之间正逐步形成结构性强的旅游空间联系。

表7-6　1999年云南省内旅游经济隶属度　　　　　　　　　　　单位：%

市（州）	昆明	楚雄	玉溪	红河	文山	曲靖	昭通	保山	德宏	普洱	临沧	西双版纳	丽江	大理	怒江	迪庆
昆明		8.6	13.8	11.1	3.2	18.17	1.3	2.8	4	1.5	0.6	5.5	7.4	18.1	0.5	3.4
楚雄	184		9	8.4	2.9	10.67	1.3	5.3	7	2.4	1.1	6.7	13.9	24.4	0.9	6.1
玉溪	198.3	6		18	4.8	10.75	1.3	2.8	6.8	4.4	1	8.8	7.6	23.7	0.5	3.6
红河	152.3	5.3	17.3		8.9	12.18	1.4	2.7	4.2	2.2	0.8	9.1	7.3	24.0	0.5	3.6
文山	100.6	4.3	10.5	20.7		8.32	1.2	2.6	4.1	1.9	0.7	8.4	5.7	28.2	0.4	2.9
曲靖	70.4	11.5	14.2	14.1	6.1		6.1	5.2	4.2	3.3	2	4.3	6.3	16.5	1.9	4.5
昭通	94.7	4.5	6.6	7.5	2.9	12.69		2.9	4.7	1.7	0.7	7.6	7.9	36.2	1	3.9
保山	55.4	5	3.9	4	1.6	4.46	0.8		22.4	1.8	2	7.7	13.9	23.6	2.7	6.1
德宏	54.6	4.5	6.5	4.2	1.8	4.6	0.9	15.4		1.9	1.6	8.2	12.5	30.2	1	5.9
普洱	47.6	3.5	9.7	5.1	1.9	3.89	0.7	2.9	4.3		1.5	35.9	5.6	21.9	0.4	2.8
临沧	50.9	4.1	5.6	4.5	1.8	4.27	0.8	7.9	9.4	3.9		14.2	11.5	27.5	1	3.5
西双版纳	57.9	3.3	6.4	7	2.7	5	1.1	4	6.2	12	1.8		8.3	38.3	0.7	3.2
丽江	66	5.8	4.7	4.8	1.6	5.33	0.9	6.2	8.2	1.6	1.3	7.1		28.7	1	22.8
大理	84.6	9.5	5.4	5.4	1.6	6.22	1	10.9	10.7	1.7	1.7	7.4	27		1.6	10.1
怒江	45.8	3.9	3.3	3.4	1.2	3.76	0.6	13.1	14	1.2	6	11	32.2			5
迪庆	47.9	2	3.5	3.6	1.3	3.99	4.3	6	1.2	0.6	4.3	35.7	30.2	0.7		

7.2.4　2010年云南省内旅游经济隶属度

从2010年的统计分析来看（表7-7），云南旅游经济分化的态势更加趋于明显。昆明作为省内旅游辐射龙头的地位没有发生质的改变，但是其在省内的辐射力度有所弱化，部分市（州）对昆明的旅游经济隶属度下降；但以昆明为中心的滇中旅游经济圈更加凸显，昆明对玉溪（29.1%）、楚雄（9.8%）的旅游经济隶属度都较之1999年的13.8%、8.6%大大提高；楚雄（43.5%）、玉溪（68.3%）、红河（43.9%）、曲靖（57.4%）、昭通（44.9%）对昆明的旅游经济隶属度依然高企，远远高于对其他市（州）的隶属度，这说明就滇中、滇东北和滇东南的旅游业而言，大部分仍然来自昆明的辐射。

表7-7 2010年云南省内旅游经济隶属度　　　　　　　单位：%

市（州）	昆明	楚雄	玉溪	红河	文山	曲靖	昭通	保山	德宏	普洱	临沧	西双版纳	丽江	大理	怒江	迪庆
昆明		9.8	29.1	11	3.4	13.1	3.5	2.8	2.5	0.3	0.6	2.7	6.1	11.8	0.6	2.9
楚雄	43.5		6.6	4.9	1.7	4.3	1.7	3.4	2.7	0.2	1.2	1.7	7	19	0.4	1.8
玉溪	68.3	3.5		7.3	2	4.2	1.4	1.2	1.1	0.2	0.3	1.5	2.7	4.8	0.3	1.3
红河	43.9	4.4	12.5		6.2	7.1	2.1	2.1	2	0.6	1.1	3.8	4.2	7.4	0.4	2.3
文山	36.7	4.3	9.4	17		5.9	2.2	2	0.5	1	3.8	4.9	7.3	0.5	2.5
曲靖	57.4	4.2	7.9	7.8	2.4		2.5	1.7	1.6	0.2	0.4	1.8	3.7	6.4	0.4	1.8
昭通	44.9	4.9	7.8	6.9	2.6	7.5		2.4	2.3	0.3	0.6	2.8	5.3	8.5	0.6	2.7
保山	20.3	5.4	3.8	3.8	1.4	2.8	1.3		15	2.2	3.6	9.1	24.7	2.2	4
德宏	21.5	5.3	3.8	4.2	1.6	3	1.5	17.8		0.4	2.7	4	9	19.3	1.7	4.2
普洱	16.2	2.3	3.8	8.9	2.6	2.8	1.3	3.2	2.9		2.7	38.5	4.7	7.1	0.6	2.3
临沧	15.9	7.6	3.7	7.5	2.6	2.9	1.5	8.4	8.7	1.3		10.6	8.9	15.5	1.4	4.2
西双版纳	26.6	3.8	6.2	9.6	3.4	4	2.2	5	4.7	6.7	3.8		7.7	11.5	1	3.9
丽江	23.4	6	4.4	4	1.7	3.2	1.6	4.9	4.1	0.3	1.2	3		25.4	0.9	15.9
大理	29.7	10.8	5.2	4.7	1.7	3.7	1.6	8.7	5.7	0.3	1.4	2.9	16.7		0.7	6.3
怒江	26.3	3.5	5	4.2	2	3.7	1.8	13.2	8.6	0.5	2.1	4.4	9.4	11.9		3.4
迪庆	21.4	2.9	4.1	4.2	1.7	3	1.5	4.1	3.6	0.3	1.1	2.9	30.4	18.3	0.6	

普洱（38.5%）对西双版纳的旅游经济隶属度已经超过了对昆明的隶属度（16.2%）；同1999年相比，临沧对西双版纳的旅游经济隶属度（10.6%）也已经越来越接近对昆明的隶属度（15.9%），两地显然可以划入西双版纳旅游经济圈。丽江（25.4%）、保山（24.7%）对大理的旅游经济隶属度都已经超过了对昆明的旅游经济隶属度（23.4%、20.3%），同1999年相比，德宏（19.3%）对大理的旅游经济隶属度越来越接近对昆明的隶属度（21.5%），可以划为一个旅游经济圈，即大理旅游经济圈；值得注意的是，迪庆对丽江的旅游经济隶属度（30.4%）已经大于对昆明（21.4%）和大理（18.3%）的旅游经济隶属度，丽江旅游经济圈开始浮现，滇西、滇西北地区出现了大理、丽江两个区域旅游中心的竞合。

从2010年云南省旅游经济隶属度的量化分析结果来看，以昆明、西双版纳、丽江、大理为核心的多个省内旅游圈交错、互补，省内旅游经济辐射已经出现多元化、复杂化的趋向；云南正形成一个旅游核心（昆明），三个旅游次中心（大理、丽江、西双版纳），其都有部分属于彼此控制的范围。昆明作为云南省最大的中心城市和旅游中心地，其辐射与控制范围可以达到整个省域空间。但由于距离等因素的存在，各市（州）在接收旅游经济辐射的时候，旅游经济发展状况差别较大，在一定程度上影响对主要旅游中心的辐射与接收能力，使得边疆省域旅游空间系统出现等级与差异。无论是高级别的旅游空间系统还是低级别的旅游空间系统，都存在空间相互作用，这种作用在空间上体现为竞争和合作（吴晋峰和包浩生，2002）。边疆省域旅游经济联系存在大小之分；边疆省区旅游经济联系越强，所形成的旅游空间系统结构就会越复杂化、高级化。

7.2.5 2019年云南省内旅游经济隶属度

从2019年的统计分析来看（表7-8），云南旅游经济格局进一步变化，省内旅游经济隶属度差距进一步拉大。昆明依然是云南省内文化旅游业的发展龙头，其他（市）州对昆明的旅游经济隶属度普遍已经上升到200%左右。其中，大理对昆明隶属度最高（达到218.3%），距离省城相对较远的普洱对昆明的旅游经济隶属度最低，但也达到了196.3%。这说明，近年来以昆明为中心的旅游交通网络大大提升了省会城市的辐射能力，核心节点地位进一步上升。这同前述研究中有关全省旅游重心向昆明折返的发现是不谋而合的。

表7-8 2019年云南省内旅游经济隶属度　　　　　　　　　　　　　单位：%

市（州）	昆明	楚雄	玉溪	红河	文山	曲靖	昭通	保山	德宏	普洱	临沧	西双版纳	丽江	大理	怒江	迪庆
昆明		70.2	55.2	40.2	64.3	58.9	44.8	47.8	48.7	14.9	44.7	75.8	91.2	59.2	6.8	28.9
楚雄	204.6		41.9	30.5	48.8	44.7	34	36.3	37	11.3	33.9	57.5	69.3	44.9	5.2	21.9
玉溪	207.2	54		30.9	49.5	45.2	34.4	36.7	37.5	11.5	34.2	58.3	70.1	45.5	5.3	22.2
红河	211.7	55.1	43.3		50.5	46.2	35.1	37.5	38.3	11.7	35.1	59.5	71.7	46.5	5.4	22.7
文山	202	52.6	41.4	30.1		44.1	33.5	35.8	36.5	11.2	33.5	56.8	68.4	44.3	5.1	21.7
曲靖	204.7	53.3	41.9	30.5	48.9		34	36.3	37	11.2	34	57.6	69.3	45	5.2	22
昭通	200.9	52.3	41.1	30	47.9	43.9		35.6	36.3	11.1	33.3	56.5	68	44.1	5.1	21.5
保山	202.6	52.7	41.5	30.2	48.3	44.2	33.6		36.6	11.2	33.6	56.9	68.6	44.5	5.1	21.7
德宏	203.1	52.9	41.6	30.2	48.5	44.3	33.7	36		11.2	33.7	57.1	68.7	44.6	5.2	21.8
普洱	196.3	51.2	40.2	29.3	46.8	42.8	32.6	34.8	35.5		32.5	55.2	66.4	43.1	5	21.1
临沧	198.3	51.6	40.6	29.6	47.3	43.3	32.9	35.2	35.9	11		55.8	67.1	43.5	5	21.3

续表

市（州）	昆明	楚雄	玉溪	红河	文山	曲靖	昭通	保山	德宏	普洱	临沧	西双版纳	丽江	大理	怒江	迪庆
西双版纳	209.6	54.6	42.9	31.3	50	45.8	34.8	37.2	37.9	11.6	34.8		70.9	46	5.3	22.5
丽江	213.6	55.6	43.7	31.9	51	46.6	35.5	37.9	38.6	11.8	35.4	60		46.9	5.4	22.9
大理	218.3	56.9	44.7	32.6	52.1	47.7	36.3	38.7	39.5	12.1	36.2	61.4	73.9		5.5	23.4
怒江	196.8	51.2	40.3	29.3	47	43	32.7	34.9	35.6	10.9	32.6	55.3	66.6	43.2		21.1
迪庆	204.8	53.3	41.9	30.5	48.9	44.7	34	36.3	37	11.3	34	57.6	69.3	45	5.2	

丽江、大理、西双版纳等地的旅游业极核作用进一步凸显。其中，丽江、西双版纳和各地的旅游经济隶属度总体水平均超过了大理旅游经济隶属度水平。这显示出随着丽江和西双版纳的航空网络中心地位进一步强化，两地在全省的辐射带动作用得到加强。当然，随着大理铁路中心地位的确立，未来不排除大理的旅游经济隶属度水平进一步提高的可能。

第8章 云南省旅游空间结构形成与演进的总体特征

云南省旅游空间结构的形成与演进，整体上呈现出阶段性、差异性、等级性、空间指向性等特征，本章从不同角度实证了前文关于边疆省区旅游空间结构形成与演进的有关理论，具有一定的启示作用。

8.1 阶 段 性

根据云南省旅游空间结构的历时性与共时性分析，云南省旅游空间结构的整体发展过程具有一定的有序化演进特征。1978~2019 年的云南省旅游空间结构形成与演进过程可以划分为四个阶段（表 8-1），在经历了节点离散型、点轴型、放射串珠型旅游空间结构的发育过程后，2019 年已经进入到"点轴运动活跃，辐射扩散效应强烈"的放射型成熟阶段，内部填充基本完成，轴辐式多中心网络格局初见雏形，旅游经济空间逐步由内向型朝外向型过渡。旅游空间结构正从无序到有序、从低级有序到高级有序转变，符合前文中论述的边疆省区旅游空间结构的阶段性过程原理，初级观光类旅游产品是空间发展的早期主导。

表8-1 云南省旅游空间结构阶段性过程

阶段	时间	标志性事件	旅游市场特征	旅游空间特征	代表性新产品	空间功能演进
起步萌芽期	1978~1988年	1981年第一次全国旅游工作会议	入境旅游接待为主	以昆明为中心的集聚发展阶段，大理、西双版纳等有所发展	石林（昆明）；大理古城（大理）热带植物园（西双版纳）	节点相对独立，依靠少量的交通网络进行沟通，节点离散型向点轴型空间格局过渡

续表

阶段	时间	标志性事件	旅游市场特征	旅游空间特征	代表性新产品	空间功能演进
形成培育期	1989~1999年	1992年邓小平南方谈话；1999年昆明世界园艺博览会开幕	国内旅游迅速发展，海外市场继续扩大	昆明极化和扩散作用继续增强，大理、西双版纳、德宏、丽江、迪庆等依次崛起，基本奠定云南旅游空间格局	世博园（昆明）；洱海（大理）；野象谷（西双版纳）；丽江古城（丽江）	旅游节点增多，旅游域面开始扩散，旅游域面非均衡态势明显，点轴型旅游格局向放射串珠型格局转化
优化发展期	2000~2010年	2004年云南发布《关于进一步加快旅游产业发展的若干意见》	省内休闲市场快速发酵	丽江、迪庆继续快速发展，腾冲旅游业崛起，西双版纳旅游业转型升级，腾冲作为极点开始成长	热海温泉、和顺古镇（腾冲）；泸沽湖（丽江）；松赞林寺（迪庆）；元阳梯田（红河）	点线面关系逐步密切，多个相互联系和竞争的空间单元更为明确
全域提质期	2011~2019年	2016年底沪昆高铁开通；《云南省旅游市场秩序整治工作措施》《云南省人民政府办公厅关于促进全域旅游发展的实施意见》分别于2017年、2018年发布	文化旅游融合加速，"云南只有一个景区，这个景区叫云南"的全域旅游发展理念充分贯彻	腾冲区域中心节点更为突出，红河、临沧等地旅游业开始崛起	建水文庙、元阳哈尼梯田、丘北普者黑、普洱国家公园、沧源翁丁原始部落等	全域旅游发展更为均衡，轴辐式多中心网络格局初见雏形

8.2 差 异 性

在云南省旅游空间结构的起步萌芽期，首位城市昆明在相对封闭的省域单位内得到了极化并基本主导了全省旅游空间结构的形成。受优越的旅游资源条件和相对优越的交通条件的吸引，全省开始出现一些自然集聚而成的旅游节点，但大多数地方旅游业处于低水平甚至空白状态，旅游发展水平呈现因资源丰度和旅游产业历史基础不同而形成的初步地域分异，全省旅游发展重心先是在滇中，后又分别向滇西南和滇西北方向移动，无论是市（州）尺度还是县（市、区）尺度的旅游业发展水平差异，都比较大，全省旅游板块西重东轻、核心与边缘的二元结构等特征十分明显。同时，省域内的国内旅游和入境旅游发展同样具有差异性，导致其集聚空间布局与增长空间的分化。国内旅游发育得相对均衡、协调，但次中心还需要进一步培育；入境旅游次中心发育相对完善，多中心分布态势相对显著,全省空间更不均衡。

从前文来看,近年来虽然全省旅游总收入的集中性在弱化,但空间集聚性却仍在加强。突出表现就是昆明市地位降低和滇西北地区旅游业快速发展,虽然各市(州)旅游总收入相对差异逐步缩小,但区域旅游总收入的差距仍然很大;2005年以来,云南省各市(州)的人均旅游外汇收入的差距持续扩大,表现出了明显的趋异。全省国际旅游与国内旅游经济增长都存在较明显的趋同现象,并出现了空间连片趋势,滇东南地区旅游业的发展有效牵引了全省旅游重心的向东回转。可以看出,边疆省区旅游增长极的极化作用逐渐减弱,扩散作用逐渐增强。但极化作用仍略强于分散作用,旅游发展的空间差异在很长一段时间内难以被完全改变,昆明的核心作用出现了进一步强化的趋势,这也是边疆省区旅游空间结构走向相对均衡协调的必然过程。

8.3 等 级 性

进入形成培育期以来,由于云南旅游业日渐发达,加上全省国民经济的发展、各方面建设的加快和旅游市场的勃兴,旅游空间布局具有了更大的自由度和灵活性,构成了多样化、多层次的等级性旅游空间结构体系,次级旅游节点(轴线)的发展明显受制于高级、早期旅游节点(轴线)吸引力的影响。在以昆明为中心的旅游发展态势下,中心旅游节点在集聚效应下日趋强大,区域次一级中心在中心城市的辐射下逐步进入快速成长阶段,省域内小型旅游节点渐序发育。其中,昆明、大理、西双版纳、丽江等主要节点的等级地位和综合竞争力最高,在旅游空间结构体系中等级地位越高,省域内多种较高等级的旅游产品和旅游经济活动就会分布于多个旅游极核,放射状、多中心组团结构特征越明显。在省域层面,云南正形成由三级旅游中心地向四级、五级旅游中心地发展的局面;旅游轴线也发展出四个层级,非均衡的旅游空间结构体系越来越稳定和成熟。由于近年来边疆省区大中型节点间的通道建设加快,多通道、不同等级的通道连接网络在构建,不同等级的旅游节点(轴线、域面)之间的各类横向和纵向旅游经济联系不断加强,这种联系及其附带的空间效应会使边疆省区旅游空间等级化结构不断得到强化。

8.4 空间指向性

云南省的旅游空间结构形成和演进表现出明显的空间指向性，即中心指向、梯度指向、边界指向、资源指向、交通指向和民族地区指向。

8.4.1 中心指向

云南省旅游空间结构发展以不同尺度区域的中心城镇为主，呈现以旅游核心节点为中心的"强向心非完全集聚"分布特征，这也印证了第 3 章所讨论的边疆省区旅游业核心—边缘结构原理。

在云南这样的边疆省区旅游业完全成熟之前，生产力集中布局是必然趋势。由于中心城镇人文旅游资源较为丰富、旅游产业发展条件良好，积蓄有较强的发展后劲；同时，民航、公路、铁路等快速交通设施能极大地提高这里的旅游可达性，城镇人口收入水平较高，出游力较强，往往更容易形成旅游产业集聚，成为带动全省旅游空间结构演进的主导力量。从市（州）域角度来看，昆明、大理、丽江、西双版纳、迪庆、保山是云南旅游的发展核心。以 2019 年为例，在仅为全省面积 34.37% 的土地上，集中了全省 57% 的旅游总收入、67.16% 的旅游外汇收入、49.25% 的国内旅游者人数、72.79% 的旅游者，旅游发展规模成长明显快于外围地域；而外围边远地区的旅游节点和旅游产品数量少、等级低，高层次旅游客流集聚方向不明，旅游产业规模成长缓慢，各区域试图保持同步增长的可能性很小。考虑到云南这样的边疆省区旅游业整体上处于国内中等水平，只有部分市（州）开始进入旅游业成熟的阶段这一情况，推进旅游业加速发展、扩大旅游规模和总量仍然是较长时期的主要任务。全省旅游业的地区间旅游差异虽有不同程度的缓和，但却无法在短期内完全消除，特别是核心—边缘差异以及全省东西部之间的旅游差异，近年来有逐步加大的趋势。

全省初步形成分别由昆明、大理、丽江、西双版纳为中心组成的四大旅游圈，以主要旅游节点为中心的块状集聚特征明显。从这四个城市圈（群）的形成和成长过程来看，昆明、大理、丽江旅游圈的旅游产业成长要明显快于西双版纳旅游圈，四大中心旅游节点中丽江的旅游规模扩张速度要明显快于昆明、西双版纳和大理。省域内旅游客流进出省与集散主要依靠昆明等少数口岸，旅游空间结构因此也具有一定的内向性。近年来，由于全省旅游资源开发力度的加大、全省经济基础水平和旅游接待基础水平的普遍提高，旅游中心节点的产生地已经由较高级别的中心城镇向边缘地区的中低级别的中心城镇扩散和过渡，腾冲、建水、元阳等一批在各市（州）非行政区中心的旅游中小城镇快速崛起。这也反映出云南省旅游业由中心向外围扩散速度的加快，正如前文边疆省区旅游业核心—边缘空间结构理论中论述的，随着核心地区向周边和外围地区的扩散作用，多层次旅游中心不断出现，全省旅游业空间布局逐步走向相对均衡化。从 21 世纪开始，全省全域旅游发展战略不断推进，旅游节点的全域性滋生、蔓延、连绵的表象特征开始出现，以部分旅游小城镇的兴起为特征的"大集聚、大分散"倾向明显，特别是"昆大丽香"沿线地区，已经形成了较为密集的轴带状旅游连绵区。当然，我们要看到，这种空间连绵并非完全出于加强内部旅游联系的区域自觉意识或空间集聚结果，在一定程度上是各行政区主体纷纷强调自身发展而叠加形成的。

8.4.2　梯度指向

1978 年以来，云南省旅游空间结构的演进过程体现出多样化的梯度推移指向，具有距离衰减性、逐渐加速性和选择性，符合第 3 章中所讨论的边疆省区旅游空间结构梯度推移原理。云南省旅游业的梯度推移中，既有梯度推移也有反梯度推移，既有等级梯度推移也有跳跃式梯度推移，推移方式十分多元。改革开放初期，随着以昆明为极核的旅游中心地的发展，各地区之间的旅游产业分工步伐逐步加快，特别是市场经济体制和竞争机制下旅游生产要素的流动越来越通畅，旅游要素不断在高低梯度地区之间推移，低梯度地区分担旅游中心地的职能与客流更加明显，而既有旅游中心地的功能与定位正随着旅游产业结构的提升更加快速地转型。旅游域面不断拓展，旅游边界已基本同云南省行政区划边界重合，省内旅游首位度下降，全省旅游空间结构的差异有所缩小。

一方面，高梯度地区旅游要素逐步向周边低梯度地区等级推移。虽然主要旅游极核自改革开放以后一直有较为强烈的集聚导向，但这一过程中又蕴含着向周边和外围扩散的趋向，突出表现是中心地周边和外围地区旅游客流的增长和旅游资源的开发，外围地区旅游节点不断增加。以首位城市昆明为例，早期该市国际客流主要集中在以滇池、石林风景区为中心的官渡区、石林彝族自治县（简称石林县）等地；随着昆明市旅游业的发展，旅游客流逐步向西山区、盘龙区扩散；近年来，缘于国民休闲的成熟，市内旅游客源先是以一日游的形式向西山区、呈贡区、安宁市、富民县等近郊常态性集聚，随着自驾车条件的成熟更是向玉溪、红河、楚雄、文山甚至西双版纳、大理、丽江、保山、昭通等市（州）扩散。这说明在昆明旅游产业不断集聚的过程中，仍然伴随着旅游要素向近郊、远郊甚至省域外围地区的梯度推移。借助自身的经济实力、旅游中心地位和本地客源市场的优势，昆明不断向周边的玉溪、楚雄、曲靖等地输送客源、资金、观念和人力资源等旅游要素，形成了初步的昆明旅游圈，这也是云南省多数旅游中心地所共有的特征。

另一方面，由于云南省地域面积的广阔和不均质的自然条件，高梯度地区旅游业向低梯度地区的推移往往具有跳跃性，这种跳跃性往往同低梯度地区的旅游资源禀赋、旅游开发条件、旅游品牌条件特别是旅游通达性有关。从全省来看，云南省旅游经济发达和较发达的县域并不连贯，很显然这是旅游业跳跃式梯度推移的结果。比如，昆明旅游业向大理、西双版纳梯度推移后，中间就分别间隔着楚雄、普洱等旅游业低梯度地区，形成两个高梯度地区之间的旅游业"洼地"。当然，在两边的旅游业高梯度地区的带动和梯度扩散推移作用下，近年来楚雄、普洱的旅游业渐渐活跃，"洼地"逐渐隆起，两个高梯度端点连接起来的轴线都有逐步成为轴带的趋势。

此外，由于云南省内部旅游业发展条件的复杂性和高竞争性，其中也存在着反梯度推移的现象。在旅游业发展初期，丽江同昆明和大理相比还属于旅游业发展的低梯度地区，自20世纪末在接受昆明、大理的旅游业梯度推移之后迅速发展，一直保持着良好的上升态势，已逐步代替之前的大理成为滇西北乃至云南省的旅游"火车头"。2019年，丽江的海外旅游者人数为108.5万人次，旅游外汇收入6.97亿元，均高于大理的93.52万人次和6.18亿元。说明在高端旅游客源方面，大理已经远远落后于丽江。在更富国际吸引力的旅游产品和旅游形象的作用下，大量客源和旅游要素集聚丽江，并向大理反方向推移和流动。同样在20世纪，曾经以大理为中心的滇西北旅游线路转为以丽江为主要卖点，丽江转而向大理输出旅游客源。一个例证是，随着丽江的航空口岸能级不断超越大理，近年已出现部分游客先乘飞机或者火车直达丽江后，转而在丽江参团乘汽车赴大理参观游览并返经丽江离境，这和早先传统的"昆明—大理—丽江（—大理）—昆明"的滇西北旅游线路迥异。须知，由于大理具有重要的品牌地位及在昆明至滇西北陆路交通线上的中点区位，在此前传统的滇西北旅游行程中旅行社在线路包装中往往将大理置于行程居中的位置并分配相对充裕的游览时间。尽管为错开季节性旅游客流高峰，旅行社在旺季时也会为少量团队安排"昆明—丽江—大理—昆明"的被称为"倒行程"的路线，但这种行程设计往往只是特殊时期的权宜之计，在当时并不受业界和市场认可。可以认为，这种旅游业反梯度推移是在经历了复杂的旅游市场竞争、旅游交通变革、散客化旅游客流趋势等内外部因素综合作用后逐步显现出来的，并带有强烈的实力消长变化和市场袭夺特征。

作为云南省旅游业梯度推移的一个结果，云南省核心旅游节点快速成长，每隔一定周期就有新的旅游增长极和热点出现，带动着全省旅游空间结构的日益完善、有序演进。近年来，虽然传统旅游极核加强了产业结构调整升级的力度，旅游业发展态势平稳，但以中小旅游节点和中低梯度地区旅游地的快速启动和发展为特征，主要旅游增长极呈现越来越分散的态势，推动着旅游空间结构的扁平化发展，这也说明了全省旅游空间竞争态势的激烈和传统旅游目的地创新发展的紧迫。

8.4.3 边界指向

在长期的旅游业发展过程中，云南省旅游空间结构的演进也体现了明显的边界指向，国境边界地区旅游业成长态势良好，同省际边界地区旅游业的总体滞后形成鲜明对比。这印证了本书第4章论述的边疆省区边界地区旅游业边缘不对称原理。

由于云南省旅游业从起步之初就是以昆明为绝对核心的旅游发展架构，边界地区在很长时间内都属于相对边缘的外围地区，旅游客流主要集中于省域腹地而较少向边界辐射。在20世纪80年代中后期，西双版纳州景洪县（1993年12月22日撤县设市）的旅游业逐步发展；到20世纪90年代初期，边境旅游的火爆带动了西双版纳、普洱、红河、临沧、保山、怒江等边境地区旅游业的整体发展，少数旅游线路延伸至邻国纵深，其中，景洪、河口、瑞丽等地的旅游业最为引人注目；直到20世纪90年代末，随着滇西北旅游业由大理推向丽江并辐射到迪庆，以及滇东少数景区的开发，省际边界地区才开始有所起色；进入21世纪以后，虽然边境旅游难以达到高峰期的水平，2020年后又受到新冠疫情的影响，但边境旅游仍将是云南省重要的旅游产品，边境一日游一直呈现较好的发展态势（表8-2）。以腾冲、磨憨等为代表的边境地区旅游业的集聚与扩散，使得全省边界地区旅游业发展天平进一步向西南边境倾斜。

表8-2 2019年云南省边境口岸入境旅游情况

拥有边境口岸的市（州）	口岸入境一日游人数/万人次	口岸入境一日游收入/亿美元
保山	10.35	0.08
普洱	20.93	0.17
临沧	47.25	0.38
红河	178.90	1.46
文山	98.90	0.81
西双版纳	78.07	0.64
德宏	300.61	2.45

资料来源：《云南统计年鉴》（2020年）

随着国家兴边富民行动、国境边界地区桥头堡战略、共建"一带一路"的实践的持续，云南省国境边界地区同省际边界地区旅游业的差距可能在短期内无法克服。滇东北、滇东的省际边界地区可能成为全省旅游发展的薄弱地带，是形成全省旅游业东、西部差异的主要原因。

8.4.4 资源指向

旅游资源是旅游目的地用来吸引旅游者的最重要因素，也是确保旅游业开发成功的必要条件之一（保继刚和楚义芳，1999）。云南省旅游空间结构的形成和演进，基本也是在全省旅游资源分布格局的基础上进行的。

由于激烈的省内外旅游市场竞争和较不利的旅游区位，边疆省区只有在国内外具有较强的竞争力、知名度和差异性旅游资源的地区旅游业才能得到较快发展。由于旅游资源的重要性和不可移动性，某一区域的旅游中心地并不一定必然是行政中心，旅游中心地能否与政治经济中心融为一体，主要取决于旅游资源与中心地的距离关系。比如，保山市的旅游中心地是旅游资源富集的腾冲市而非行政中心隆阳区；红河州的旅游中心地并非州府蒙自市，而是弥勒、建水、河口等县市。

由于旅游资源的决定性作用，边疆省区重点旅游地的选择往往都是基于对市场需求下的旅游资源的甄别判断，并反映出开发者对旅游资源的认识以及旅游者的旅游偏好的时代性变迁；高品位的旅游资源往往成为云南旅游业低梯度地区或后发地区启动的突破口与引爆点，在主要目标市场形成口碑与一定的接待基础后，迅速带动周边旅游资源的开发和旅游配套设施建设，形成多样化、多层次的旅游产品集群。比如，昆明作为旅游中心地发展的旅游资源基础是世界级的岩溶景观与高原湖泊风光；西双版纳因神秘的热带风光、边境风情和傣族文化而引人入胜，虽然同东南亚地区略有同质，但在国内旅游市场形象独特；大理、丽江、迪庆等滇西北地区拥有国际品质的雪山湖泊、高原峡谷、非物质文化遗产，以及白族、藏族、纳西族等民族文化，不仅同邻近的东南亚热带风光、海滨度假旅游资源形成鲜明的差异和互补，也以其神秘、古朴、纯净在欧美高端旅游市场拥有良好的吸引力，且恰逢自20世纪末以来，国际旅游观念从"3S"（阳光，sun；大海，sea；沙滩，sand）向"3N"（自然，nature；怀旧，nostalgia；天堂，nirvana）逐步转向（蔡永海，2006）；而腾冲旅游业正是凭借温泉 SPA（拉丁文"Solus Par Agula"）、滇西抗战、腾越文化等具有国际品位的特色旅游资源崛起，迎合了国内外旅游市场追求休闲度假、健康、原真性与文化体验的时潮。全省的旅游空间布局在一定程度上与全省的旅游资源空间分布吻合。

8.4.5　交通指向

在云南省旅游空间结构的发展过程中，以主要交通基础设施架构的全省旅游空间网络化特征初显，全省旅游空间要素表现出沿国道、铁路干线、省道和机场口岸密集分布的特征。随着近年来国家对西部和边疆省区交通基础设施建设的投入加速，以昆明市为中心的放射状旅游轴线形成。云南省多样、立体的区域内综合性旅游交通体系不断完善，为旅游发展提供了良好的基础设施支撑，更成为外围地区旅游业培育和区域旅游经济一体化的加速器（图 8-1）。

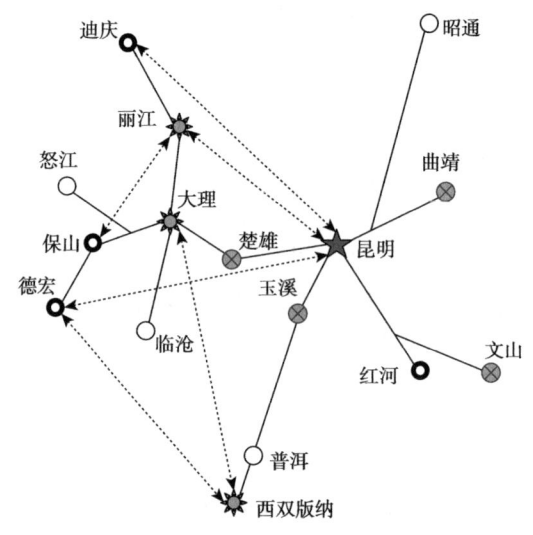

图 8-1　航空线路对云南省旅游空间结构的成网作用

依托"昆大丽香""昆版"等主干旅游交通线路的发展，形成了两条云南省内旅游业成长的主轴线，云南省几乎大多数旅游增长极都集中在这两条轴线及其附属支线上；其中连接"昆大丽香"的国道320、国道214、昆明—大理—丽江—迪庆（或保山）铁路沿线以及昆明、大理、丽江、西双版纳等机场周边地区的旅游产业最为密集，且增长最快。而昆明、丽江、大理、保山、西双版纳等旅游极核之间的旅游航线的开通及全省环飞航线的增加，加上铁路、高速公路的加快建设，使得全省主要旅游极核和旅游轴线初步串联成网，昆明—丽江—大理—西双版纳形成了畅通、陆空兼具的省内旅游环线。2019 年，全省 15 个民用机场的旅客吞吐量已经突破 7000 万人次，位居全国第四，昆明长水国际机场年旅客吞吐量稳居全国第六。随着全省支线机场的建设与航班的不断增加，未来必然形成昆明—迪庆—保山—德宏—临沧—西双版纳—红河（或文山）等更大规模、更多轴辐的"涟漪式"多重组合空间网络。

8.4.6 民族地区指向

云南拥有楚雄、大理、德宏、文山、红河、怒江、迪庆、西双版纳等 8 个民族自治州、29 个民族自治县（其中 9 个位于民族自治州境内）。这些区域在很大程度上反映了云南省的民族分布状况，也是云南民族文化旅游资源较为特色、密集的地区，深刻体现了云南省多民族融合、文化旅游异彩纷呈的优势。云南省旅游空间结构发展也体现出了较为明显的民族地区指向，民族地区与非民族地区之间、民族地区内部的旅游业发展都有着较为明显的空间差异。国际旅游业加剧了中国云南少数民族自治区域之间的差距和民族地区与非民族地区之间的不均衡发展（Zhang，2001）。

从改革开放以来的情况来看，云南省的民族地区所拥有的特色民族风情与高品位旅游资源在入境旅游的发展中正发挥着越来越重要的作用，高端旅游产品在民族地区的集聚效应越来越突出，民族地区与非民族地区、民族聚居区与民族散居区的旅游业发展具有较为明显的差异。同时，民族地区的旅游业也存在着内部的差异，民族自治州的旅游业发展水平多数都高于民族自治县的旅游业发展水平，表明少数民族人口较多、集聚程度较高、民族特色明显和知名的地区往往具有更好的旅游发展前景。

第9章　云南省旅游空间结构的优化对策

根据前文中论述的边疆省区旅游空间结构的优化原理、云南省旅游空间结构的特征及外部环境，云南省要加强旅游空间结构的规划与政策安排，以三核（昆明、西双版纳、丽江—大理）、四带（昆大丽香、昆大保德、昆玉普西、昆玉红）为主干，以五片区（滇西北、滇西、滇西南、滇东北、滇东南）为基础，秉承"扶持外圈""提升东部""充实内圈"的非均衡协调旅游空间优化策略，建设多条旅游轴线连通交错、多个门户连贯境外与省外地区的轴辐式网络结构。

云南省旅游空间结构的优化也应该从"点、线、面、界"等四个方面具体展开。

9.1　壮大节点、培育中心：构建三大极核，完善旅游节点体系

以提高城镇化水平、增强旅游功能和特色化建设为目标，构建以昆明、西双版纳、大理—丽江为核心，香格里拉、芒市、腾冲、瑞丽、楚雄、蒙自、文山、曲靖、昭通等多个区域为次中心，旅游小镇为三级中心的旅游节点体系。继续完善旅游中心节点的交通、通信、金融、卫生等相关配套服务，加强游客集散中心以及旅游咨询服务等公共服务设施建设，完善旅游吸引物和旅游服务设施，增强旅游节点的目的地和集散地功能，有效发挥主要旅游节点在产业发展中的要素聚集和区域辐射作用，促进主要旅游节点旅游产品的特色化、规模化、网络化。以主要旅游节点拉动旅游业后发地区、低梯度地区的发展，充实与延伸主要旅游轴线。

云南省应该在继续保持昆明单极活力的基础上，做强西双版纳，整合大理—丽江，将三者打造为具有世界性竞争力的国际性旅游节点，发挥三者作为省域内中心旅游节点的趋中性、对外交通门户及对全省旅游业的带动作用，构造真正的三核旅游空间结构；与此同时，积极培育红河为省内下一个旅游热点，带动滇东旅游板块的抬升，促进云南省旅游空间结构的可持续发展。

9.1.1 优化昆明

1. 极核地位分析

昆明市是云南省旅游三核结构中最重要的一核。作为云南省的省会，昆明市的旅游经济规模庞大、旅游产业体系基本形成，旅游基础设施和配套设施齐全，旅游管理和服务水平较高，对全省旅游资源、旅游市场、旅游资本等拥有绝对的话语权，省域内的龙头地位明显。特别是高原气候特点显著，古滇文化、民族文化、抗战历史等文旅资源丰富；是中国连接东亚大陆腹地与东南亚、南亚次大陆和沟通太平洋、印度洋的重要链环，区位优势明显，航空口岸核心地位突出；经济相对发达，在省内的客源市场地位较高。

2. 建设思路

随着昆明区域性国际中心城市建设提速，应该继续提高昆明的旅游发展水平，按照春城、国家历史文化名城、国际大健康名城的定位，把昆明建设成全国重要的旅游目的地、连接东盟旅游圈和中国旅游圈的枢纽。应坚持项目带动发展，稳步推进国际都市休闲旅游核、环滇池生态文化旅游圈、大石林世界遗产区、轿子山—红土地康体运动区等重点旅游项目，培育高原休闲旅游业态、商务会展旅游业态、文化旅游业态等新型业态，加快城市中心旅游集聚区（休闲、会展、历史文化、度假）建设，推进城郊游憩圈层建设。

昆明应该在全省率先实现旅游产业现代化和国际化，提升旅游业的综合竞争力，打造成为云南最重要的创新型旅游目的地和旅游集散地，推动全省旅游业快速、健康、持续发展。一方面要壮大滇中旅游集群区，着力把滇中国际旅游城市圈建成云南旅游的中心区及面向南亚、东南亚开放的区域性国际旅游目的地和旅游辐射中心。另一方面，基于昆明位居云南中部偏东的区位优势，通过输送本地客源、人才培养、项目和资金投资、旅游营销合作、交通同城化等方式，进而带动滇中旅游城市群的发展，就近辐射滇东北、滇东南旅游温点和冷点地区的发展，在促进滇东中低梯度地区的旅游业发展中发挥好"传、帮、带"的作用，巩固包括滇中、滇东南、滇东北在内的"大昆明旅游圈"。

9.1.2 提升西双版纳

1. 极核地位分析

西双版纳是云南著名的旅游目的地,具有成为全省旅游三核之一的重要潜力。首先,西双版纳旅游资源丰富,拥有神秘迷人的热带、亚热带雨林、水域风光、珍稀动物,以及绚丽多彩的民族文化、边地风情,无论是自然旅游资源还是民族文化旅游资源,在省内或是国内排他性都很强、知名度很高。其次,西双版纳区位独特。州府景洪距昆明 560 千米,空间距离适中,且西双版纳位于云南省最南端,地处亚洲大陆向东南亚半岛过渡地带,与老挝、缅甸接壤,并毗邻泰国、越南,边境线长 966.29 千米,是云南唯一具有水、陆、空国际口岸的地区,是云南乃至中国通向东南亚、南亚国家最便捷的陆路、水路通道和重要门户。面对着东南亚、南亚庞大的入境旅游客源市场,背靠我国蓬勃的国内旅游与出境旅游市场,西双版纳成为当前云南沿边旅游业对外开放、外拓内联最重要、最理想的通道。

近年来西双版纳水、陆、空交通持续改善。勐腊到勐满高速公路建成通车;玉磨铁路西双版纳段顺利推进;景洪到勐海高速公路通车运营;中老铁路 2021 年 12 月全线正式开通;孟连至勐海高速公路密蚌 1 号隧道全幅贯通;西双版纳嘎洒国际机场旅客吞吐量位居全省第三。西双版纳还开通了景洪到泰国清莱、清迈,景洪到老挝琅勃拉邦、万象,景洪到缅甸勐拉、景栋等水、陆、空并举的出入境旅游线路,初步具备了辐射周边国家和地区的条件。此外,作为 1982 年我国建设的第一批国家重点风景名胜区之一,西双版纳是云南省旅游发展较早、发展较快的地区,旅游业已经成为西双版纳最具活力的新兴产业和重要的经济增长点,旅游产业基础基本齐全。虽然西双版纳旅游业发展速度减缓,甚至部分指标曾下跌,但经过近几年的调整,该州旅游业的主要指标都实现了止跌回升、转型升级、复苏重振初见效果,同老挝、缅甸、泰国等初步形成了互促互进的旅游格局。目前是西双版纳旅游业做大、做强、再创辉煌的关键时期,也是构建云南省三大旅游极核之一的最佳机遇期。

2. 建设思路

未来西双版纳要想真正成为云南省三大旅游极核之一,必须强化旅游经济势能和国际旅游交通建设,建设世界旅游名城,提升其在省内的旅游地位。

未来西双版纳应该秉承"提升中心(景洪),做优东线(勐腊),做大西线(勐海),开发澜湄(水陆跨境),辐射周边"的发展思路,利用"热带雨林、避寒胜地、边地民族风情、对外开放新高地"优势,推进望天树、野象谷、大益庄园争创 5A 级景区，重点建设国家级西双版纳旅游度假区、西双版纳保健品园区、万达西双版纳国际旅游度假区、告庄西双景、明宇·版纳四季国际度假区、雅居乐西双林语等产品。巩固观光旅游产品，发展以西双版纳旅游度假区为主要载体的度假旅游产品系列（温泉型、养生型、绿色健康型、生态型）、民族文化体验产品系列（傣族、基诺族等）、专项化旅游产品系列（自驾车、漂流、探险、边境、科考等），完善旅游基础设施条件，提升旅游服务水平，努力形成旅游产品特色化、旅游服务国际化、游客进出便利化、旅游环境优质化的发展新格局，实现西双版纳旅游的全面、快速、协调发展，使其旅游势能达到省内旅游极核的要求。

西双版纳应该依托国家级口岸和国际大通道，推进与周边国家互联互通，提升机场、景洪港、磨憨口岸、打洛口岸的服务功能，特别是抓住中老铁路通车机遇，使其成为中国面向东南亚旅游市场的重要通道和旅游出入境通道。争取多样化的边境口岸政策，依托勐腊（磨憨）重点开发开放试验区、中国老挝磨憨—磨丁经济合作区、勐腊（磨憨）边境旅游试验区等平台，加强西双版纳与老挝琅勃拉邦、南塔、勐赛、万象，泰国清迈、清莱、孔敬、廊开、彭世洛，缅甸大其力、景栋、勐拉等地的跨境旅游合作，把西双版纳真正建设成为云南南部旅游极核、连接大湄公河流域国家的重要国际旅游集散中心和连接中国西南与东南亚两大旅游区的旅游廊道门户。同时，也要加大同普洱、临沧的协作，拉动滇西南旅游板块的整体发展，巩固以西双版纳为中心包括普洱和临沧在内的"西双版纳旅游圈"。

9.1.3　整合大理—丽江

1. 极核地位分析

作为滇西北旅游业发展的两大中心，大理和丽江目前都有成为旅游极核的优势、劣势。早在 20 世纪 90 年代，大理已经发展为云南省的重要旅游目的地和集散地，对云南省旅游业特别是滇西地区具有明显的辐射带动作用。不过面对丽江的快速发展势头，大理虽然在旅游总收入等方面略有优势，但入境旅游者人次、旅游外汇收入、旅游接待人数和旅游收入的增长率等指标被拥有多项"世界遗产"的丽江超出，游客滞留时间、市场反响度整体不如丽江，传统旅游产品更新相对迟缓。当然，从旅游资源角度来看，大理的白族文化、高原湖泊风光、历史文化同丽江的纳西族文化、高原山地风光相比各有特色，旅游资源级别和品位都较高。巍山古城、喜洲古镇、双廊艺术小镇等旅游度假区的建设，杨丽萍大剧院、剑川先锋书店等一批文旅融合新产品的涌现，都极大地提高了大理康养度假地的综合吸引力。丽江是全国唯一拥有"三项世界遗产"桂冠的城市。自20世纪末以来，丽江市创造了令人瞩目的民族文化与经济对接的"丽江现象"，实现了文化旅游产业的快速发展，丽江古城、玉龙雪山、老君山、泸沽湖等核心产品引领了滇西北旅游业的整体发展。

整体来看，大理和丽江都有较好的发展潜力，未来两地旅游势能如何此消彼长，在很大程度上取决于大理能否充分利用好旅游资源优势和区位优势实现传统旅游目的地的转型，取决于丽江旅游业的良好发展态势能否持续。

从区位的角度来看，大理位于滇西中部，历史上就是连接滇西各州的陆路交通重镇，建有公路、铁路、航空等基础设施，大丽铁路、广大铁路、大保铁路在此交汇，被云南省作为滇西中心城市和桥头堡建设的四大枢纽之一进行重点打造，具有辐射保山、德宏等滇西地区及东南亚、南亚、印度洋的相对区位优势。丽江是大香格里拉生态旅游圈的门户。丽江机场历经多期改造，旅客吞吐量在省内仅次于昆明，早在2012年就成为继昆明、西双版纳之后云南省第三个口岸机场。但是，由于滇西北横断山脉的阻挡和澜沧江、怒江等河流由北向南的流向切割，深居一隅的丽江辐射滇西、联动境外就比较困难，这种必须经大理才能联系滇西的区位格局已延续千年，虽然民航发展后可以在一定程度上进行改观，但短期内依旧很难完全改变陆上联系的窘迫格局。所以，大理的旅游区位相对优越一些。大理机场已经完成了应急改扩建工程、中期改扩建工程；昆楚大铁路于2018年7月1日全线开通运营，大理正式迈入高铁时代；中国连接东南亚的泛亚铁路西线经过大理，大（理）临（沧）铁路在2020年底建成通车，中缅国际通道大（理）瑞（丽）铁路大理至保山段2022年7月开通运营；大丽攀铁路正在规划之中。大理成为昆明之外云南第二大交通枢纽，是贯通滇西片区与滇中腹地的交通辐射中心。

因此，还处于快速成长期的丽江旅游业的旅游经济发展质量与效益已经逐步超过大理，对滇西北和全省的支撑带动作用相对明显；但丽江的区位优势却不如大理优越。两地都很难单独扮演辐射滇西、滇西北地区旅游业发展的极核角色。实际上，大理、丽江两地在旅游产业发展上有着个性、共性和互补性等特征，从根本上还是属于互利共赢的关系。早在2011年，丽江、大理就促进两地间政府、企业、社团和民间旅游的全方位深入合作达成广泛共识，签署了《大理—丽江旅游区域合作协议》；2019年4月以来，"大滇西旅游环线建设"成为云南省委、省政府的重要战略举措。由于大理、丽江已经成为滇西旅游业最发达片区的龙头，加上连接两地的铁路、高速公路的发展及鹤庆等地旅游业的发展，大理、丽江旅游业是具有一体化的基础和可能的，旅游一体化"大丽"极核将是带动大滇西环线发展的中枢。

2. 发展思路

未来大理、丽江旅游业应该推动观光型向康养型、古城雪山游与湖泊山地游向全域旅游转变。在产业升级上，从单纯依赖提升传统要素向促进关联产业融合、形成新业态转变；在发展空间布局上，打造丽江古城世界文化遗产旅游地、苍洱旅游区、玉龙雪山、老君山、泸沽湖等重点旅游片区，积极融入滇西旅游环线。

同时，大理、丽江应该完善两地之间的城际轨道交通网、公路交通网和航空运输网，充分发挥丽江国际机场口岸优势和大理陆上交通枢纽优势，加快旅游信息基础设施的共建和共享；推动以旅游企业为主体的跨城市合作、扩张和经营，按照市场经济的要求在两地形成一种紧密的旅游产业地域分工和旅游资源配置关系；探索建立跨区域的共建共管协调机制、利益分享机制，充分利用"一部手机游云南"既有资源；对鹤庆、三江并流、大香格里拉等重点旅游项目进行合作规划、合作开发，以大理、丽江的旅游一体化推动滇西、滇西北旅游的一体化进程。

通过丽江、大理旅游业的发展和一体化的建设，将丽江—大理旅游集群建设为滇西具有独特的历史文化特色、鲜明的民族风情和多样的山水景观的国际性旅游度假区域和发达旅游目的地，打造为辐射东南亚、南亚、滇西片区的国际旅游集散中心。丽江—大理旅游集群应该利用滇西、滇西北旅游业较发达的背景，带动与迪庆、怒江、保山、德宏的区域旅游合作，逐步形成以丽江—大理旅游集群为核心，以保山、德宏、迪庆为两翼的"丽江—大理旅游圈"。带动迪庆打造世界的"香格里拉"，带动保山打造国际文化旅游胜地，带动德宏打造国际知名的四季康养旅游胜地。同时串联四川、西藏等周边省区，辐射东南亚、南亚和印度洋地区，特别是要成为中国旅游业对接南亚、印度洋地区旅游业的最便捷、实力最雄厚的旅游极核，成为"中国香格里拉生态旅游区"的前哨性旅游极核与深度拓展的大后方。

9.1.4 做热红河

云南省自21世纪初将腾冲打造为新兴旅游增长极以来，需要甄别和打造下一个旅游热点与具有带动性的旅游中心地。本书认为，红河州具有成为未来云南省新兴旅游热点的潜能，将其打造成为省内带动性旅游增长中心的时机不断成熟。

1. 可能性分析

地处滇东南边陲的红河州自然资源独特，是云南省两大生物多样性中心之一；历史悠久，民族多元，边境线长达848千米，是我国生物资源特别丰富的地区之一，也是滇南文化的发祥地之一。云南省的最低海拔、最大文庙、最长古桥、最早的出境火车和邮政局等都分布在红河州境内。根据红河州 2022 年文化和旅游相关统计数据，截至 2022 年 10 月 31 日，红河州共有 A 级以上旅游景区 40 个，其中，4A 级旅游景区 19 个，4A 级景区数量居全省第一。湖泉·水乡生态园、建水古城成功创建省级旅游度假区；千年哈尼梯田、千年临安古城、千年建水紫陶、百年云锡矿业、百年滇越铁路、百年开埠通商、百年过桥米线等均闻名遐迩。

红河州旅游资源数量多，旅游资源类型全，文化内涵丰富且与中原文化、异域文化结合完好，包括民族文化、儒家文化、近代工商文化、国门文化、农业文化、红色文化等。红河州是云南省开发较早、工业门类齐全的地区，生产总值约占全省的 1/10，外贸进出口额居全省第二；随着蒙自、个旧、开远、建水四县市区域一体化协同发展和高水平滇南中心城市的建设，"蒙个开建"将形成全省第二个"半小时城市经济圈"。根据《云南向西南开放的重要桥头堡专项规划制定指导意见》，蒙自市将成为全省的四大运输枢纽之一。泛亚铁路东线玉蒙段于 2013 年开通运营；2016 年，云桂铁路红河州境内弥勒段开通，标志着红河州进入了高铁时代；2019 年，昆明市至蒙自市至河口县开行了"复兴号"动车，标志着红河州在全省率先实现国门直通动车，进入昆明"两小时经济圈"；弥蒙铁路在 2022 年底开通；红河州南岸高速公路实现了"零"的突破；红河州蒙自机场于 2020 年底正式开工建设，弥勒通用机场建成正式开航，元阳民用机场预可研报告通过国家发展和改革委员会评审。总而言之，作为云南省自然和人文旅游资源的富集区，红河州旅游发展的经济基础与交通基础较好，完全具备成为省域内旅游热点和带动性节点的基础条件。

红河州是云南省旅游业较早发展的市（州）之一，在 20 世纪 80 年代中后期建水燕子洞和泸西阿庐古洞的开发就催生了红河州旅游业的发展。尽管其后的红河始终处于旅游业"不温不火"的状态，但以《大地之上》《婼玛的十七岁》《花腰新娘》为代表的优秀民族题材影片在全省乃至全国打响了"红河影视"崭新品牌，河口、大围山、建水、元阳梯田、滇越铁路、过桥米线等主要旅游产品始终在法国等国际市场具有较高的吸引力。像欧美许多游客就很喜欢哈尼梯田、建水汉文化、泸西彝族城子村等相对非主流的旅游线路；省内自驾游游客、散客游市场等都比较青睐昆明市到河口的旅游线路，发展势头良好；弥勒市成功创建为第二批国家全域旅游示范区；建水县、弥勒市创建为省级全域旅游示范区。据云南省假日办统计，2019 年国庆、2021 年清明假期等黄金周期间，红河州接待游客位居全省第二；2019 年国庆节期间，进出红河州自驾车达 272.7 万辆次，居全省第一位。2019 年，红河州接待旅游者 6782.28 万人次，实现旅游收入 931.25 亿元，均提前实现"十三五"规划发展目标。与 2016 年相比，年均增长率分别为 24.25% 和 30.23%。

与此同时，红河州发展旅游业的热情高涨。《红河哈尼族彝族自治州国民经济和社会发展第十四个五年规划和二〇三五年远景目标纲要》提出：打好世界一流"健康生活目的地牌"，高标准推进文旅产业深度融合发展，打造滇南文化旅游经济带，提升"云上梯田·梦想红河"文化旅游品牌影响力。

另外，红河州的旅游业还有毗邻周边国家的地缘优势。在云南相邻的三个邻国中，越南是人口较多、经济水平较高、旅游业发展基础较好的国家，这既可以让红河州获得稳定的越南客源和第三国客源，又为红河州同越南的旅游线路组合提供了十分有利的条件。2019年，越南已位居红河州海外客源国首位，河口口岸出入境人数达661万人。同年，红河州与越南老街就共同打造"昆明—红河（中国云南）—老街（沙巴）—河内—海防—广宁"两国六个目的地旅游产品达成共识，并于2020年1月14日分别在中国河口、越南老街举行了中越"两国六目的地"旅游黄金线路首发仪式。

随着云南省西部地区旅游业的逐步成熟，云南省东部地区等旅游业的中、低梯度地区的旅游业发展势在必行。从滇东北和滇东南的旅游资源条件、旅游交通条件及旅游产业基础等方面来看，红河州是推动滇东旅游进入上行通道的最佳切入点，这也是云南建设面向西南开放的桥头堡战略的必然要求。

2. 发展思路

根据红河州旅游业发展的实际及云南省内旅游热点地区发展的经验和规律，本书认为，将红河州打造为全省旅游新兴热点和增长极，须做好以下工作。

第一，交通先行。以红河蒙自机场、元阳民用机场、弥勒东风机场、弥蒙高速铁路、蒙自至文山铁路、普洱至蒙自铁路等核心交通建设为契机，争取早日同全省快速交通网络联通，彻底改善州内旅游可达性，加快景区与高等级公路、交通口岸的连接。

第二，遗产牵引。为制造旅游热点效应，提升旅游产品核心竞争力，建议以元阳梯田和滇越铁路的申遗为契机，加强宣传、组织和策划，提高红河旅游知名度、美誉度。红河的建水古城在1994年就被列入国家历史文化名城，被誉为"古建筑博物馆"和"民居博物馆"；进入21世纪，哈尼梯田申报联合国教育、科学及文化组织"世界文化遗产"的工作开始进行，在2013年顺利入选。因此，应加快推进建水古城和元阳哈尼梯田国家5A级旅游景区建设，使其成为该州文旅融合发展的引爆点。

第三，文化包装。充分利用红河州的哈尼族、彝族、苗族等民族文化，展示红河"文献名邦"、中西方交流的历史文化、烟草、葡萄酒、特色果蔬等产业文化，打造和省域内其他市州迥异的历史文化旅游产品，提高红河旅游业的文化含量。

第四，产品跟进。以哈尼梯田世界文化遗产文旅集聚区、最美乡愁"一城两湖"文旅集聚区、滇南中心城市文旅集聚区、弥泸康养运动文旅集聚区、沿边国际开放文旅集聚区等区域为主要载体，以哈尼梯田、滇越铁路、历史文化、名村名镇、地质旅游资源、民族文化、边境风情为主线，以弥勒、泸西、建水、石屏、河口、元阳、蒙自等为重心，把红河州建成面向越南和东南亚的多元文化休闲度假旅游胜地和世界一流的"健康生活目的地"。

第五，内外联动。云南有两个国家级口岸，是中国面向西南开放的重要桥头堡前沿阵地，要充分依托中国—东盟自由贸易区，加快昆（明）—河（内）—海（防）经济走廊的建设，建成沿边开放示范区，提升与以越南为主的东盟各国的旅游合作水平，并逐步带动滇东南地区的旅游业发展。借助河口跨境旅游区这一重大文旅项目，加快中国河口—越南老街、中国麻栗坡—越南河江等跨境旅游合作区和红河河口、文山麻栗坡等边境旅游试验区的建设。

9.2 促进交通、打造轴线：深化国际大通道建设，整合省域旅游空间网络

云南省旅游空间结构的优化，必须把交通基础设施建设和旅游轴线建设放在优先位置，按照旅游空间结构的优化方向统筹兼顾、适度超前，打破省内各市（州）旅游发展的交通瓶颈制约，突破边疆省区半封闭式的旅游交通区位约束。通过打通多条国际通道、形成多个轴辐式旅游交通出入口，改变以昆明为单一核心的放射状旅游交通模式，增加区内联系的路径和可选择性，以旅游轴线带动旅游经济后发地区、中低梯度地区的旅游业发展，构筑串联省域内各旅游极核、次中心的相对均衡的旅游网络格局。

9.2.1 旅游交通设施建设

依托"一带一路"平台，云南省要继续突出"交通+旅游"加速融合、"交通围绕旅游优先发展"，提升旅游交通的省时性、合理性、安全性、舒适性、便捷性，持续完善"快进慢游"的旅游综合交通运输体系，并以通往东南亚、南亚的国际旅游交通体系为目标，通过交通建设促进云南省旅游空间轴线的完善与结构的优化，形成"1233出行交通圈"（滇中城市群1小时通达、全省主要城市间2小时

通达、全国主要城市3小时覆盖、南亚东南亚主要城市3小时覆盖），打造孟中印缅国际综合交通经济走廊、中国—中南半岛国际综合交通经济走廊。

在航空方面，须打造昆明国际航空枢纽，提升昆明长水国际机场保障能力和运行效率，使之成为我国面向南亚、东南亚的主要航空枢纽；加快州市支线机场建设改造与新建布局，基本实现民用运输机场对全省各州、市全覆盖；对丽江、西双版纳、大理、腾冲、保山等地既有支线机场基础设施进行提升改造；以昆明、西双版纳、丽江等主要极核的口岸机场为中心，加强同国内外航空公司的合作，增开国际性航线、旅游包机，特别是需要加强对东南亚、南亚城市的航线覆盖，并逐步向欧洲、中东及非洲扩展，打造以三大极核为中心的轴辐式航空交通网络；积极支持开通省内主要支线机场直飞华东、东北、华南、华北、华中等重要客源市场的新航线。

在公路交通方面，以"加密滇中、沿边拉通、滇西循环、互联互通"为重点，新建陆良—寻甸、孟连—勐海、玉龙（雄古）—维西、泸西—丘北—广南—富宁等高速公路，推进高速公路互联互通与普通国省道升级改造，加快省内州市间快速旅游通道建设。在建设以昆明为中心的放射状高速公路网络的同时，加快实施二级干线公路的建设项目，尤其需要解决的是滇西陆上旅游交通环线的建设和沿边旅游交通的拉通工作。大理、保山、德宏、普洱、临沧、西双版纳等地区的公路交通等级低、线路长，不利于省内旅游发展水平较高、最有可能在省内形成陆上旅游环线的滇西和滇西南地区的发展、协作，也不利于国家兴边富民战略的推进。近期可以考虑打通大理—云县—临沧—宁洱的高等级小交通环线；远期应该结合兴边富民沿边干线公路的修建，建设芒市—镇康—耿马—沧源—西盟—澜沧—勐海交通线，将德宏同西双版纳联结为一体。

在铁路交通方面，积极推进泛亚铁路建设，加快推进渝昆高铁、大瑞铁路保瑞段建设；尽早启动建设蒙自至文山铁路、大理至丽江至攀枝花铁路等项目；全面提高现有干线铁路运营能力、技术标准，增开省内城市之间的旅游直达列车。

在水运方面，加强澜沧江—湄公河等国际水路和金沙江、珠江等省际旅游水路建设，适时推动中缅瑞丽江、中越红河等跨境水上旅游产品建设，丰富云南省交通旅游的新业态。

推进中越、中老泰、中缅瑞丽、中缅清水河、中缅印5条国际大通道建设，以沿边铁路、沿边公路为重点，加快构建东连太平洋（北部湾）、西至印度洋（孟加拉湾）的国际旅游交通走廊。推动以中老泰、中越为重点的国际班列班车高效运行，尤其要持续维护好、运营好中老铁路，依托中老铁路打造国际旅游轴。

9.2.2　省内旅游轴线建设

1. 强化以昆明为中心的放射状旅游轴线

强化全省旅游要素资源配置，以旅游线路为核心，以旅游交通线路为基础，加大沿途的旅游交通、旅游节点、旅游景区、旅游配套服务设施的统筹发展力度，着力打造以昆明为中心、呈放射状的旅游轴线。巩固滇西北香格里拉生态文化精品旅游轴线、滇西南热带雨林及多国精品旅游轴线、滇西火山地热及跨境精品旅游轴线，将其升级为省内重点旅游连绵带；在打造红河为省内新兴旅游热点的基础上，提升滇东南岩溶地貌景观及跨境精品旅游线路，逐步发展滇东北生态及历史文化精品旅游线路。

结合国际大通道建设与国际旅游合作发展，云南省的旅游交通和旅游轴线可以耦合成三条纵向的国际旅游发展轴，分别是：以滇西、滇西北的"瑞丽（腾冲）—大理—丽江"旅游轴线串联起境外的"缅甸—东南亚（南亚）"和国内的"攀枝花—成都"旅游轴线，以滇西南、滇东北的"磨憨—景洪—昆明—昭通"旅游轴线串联起境外的"老挝—东南亚"和国内的"宜宾—重庆（成都）"旅游轴线，以滇东南的"河口—文山—曲靖"旅游轴线串联起境外的"越南—东南亚"和国内的"六盘水—贵阳"旅游轴线。三条国际旅游发展轴将成为中国同邻国强化旅游合作的重要通道，将有力地促进云南辐射两亚（东南亚、南亚）、两洋（印度洋、太平洋）的重要旅游发展轴，促进内地与境外旅游要素的对流，彻底将云南省由国内旅游空间结构的末端变成前沿和门户。

结合线性自然景观空间的利用及大河流域航道建设，云南省还可以围绕金沙江、澜沧江、滇中旅游城市圈集中建设省内旅游轴带：一是金沙江沿江旅游经济带，将金沙江沿江地区打造成云南新兴旅游经济带，带动乌蒙山区、滇西边境片区、迪庆旅游业的整合；二是澜沧江沿江旅游经济带，带动澜沧江流域地区旅游整合；三是昆玉红旅游文化产业经济带，打造为云南旅游产业转型升级的重要引擎和旅游与文化产业融合发展的新高地。

2. 围绕主要旅游轴线，发展旅游环线

在省内航空环线和主要旅游区之间的陆上交通线的建设基础上，以昆明、西双版纳、丽江—大理三大旅游极核为中心，以香格里拉、腾冲、芒市、景洪、蒙自、昭通、怒江等末梢旅游节点为中点，以省域内边缘性旅游地的发展为背景，构建省内横向连接轴线和外围旅游环线（表9-1）。

表9-1 云南省亟待发展的主要旅游轴线

项目	轴线名称	主题特色	主要旅游地	发展思路
以昆明为中心的放射状轴线	昆明—大理—丽江—香格里拉旅游轴线	香格里拉生态旅游与多元文化	昆明、楚雄、大理、丽江、迪庆	优化昆明集散地功能，整合大理、丽江、香格里拉，着力提升楚雄、德钦、鹤庆等地的旅游业发展水平，打造为省内重点旅游带
	昆明—西双版纳旅游轴线	热带雨林、边关风情、民族文化	昆明、玉溪、普洱、西双版纳	优化昆明和西双版纳的集散地功能，提升旅游产业的吸引力和国际竞争力，促进玉溪、普洱旅游业提档升级，打造为省内重点旅游带
	昆明—大理—保山—德宏旅游轴线	多元文化、火山地热、多样生态	昆明、大理、保山、德宏	优化昆明与大理旅游极核功能，继续壮大腾冲、瑞丽、芒市的旅游业实力，启动龙陵、盈江、隆阳等旅游节点，打造为省内重点旅游带
	昆明—红河旅游轴线	岩溶景观、跨国风情、民族文化	昆明、红河	加强旅游交通建设，全力提升蒙自、河口、屏边、弥勒、开远等地旅游发展水平
	昆明—曲靖—昭通旅游轴线	多样生态、历史文化	昆明、曲靖、昭通	壮大会泽、昭阳、盐津等节点，启动嵩明、寻甸、会泽、鲁甸、昭阳、大关、盐津、水富等地旅游业
横向连接轴线	大理—普洱旅游轴线	多样生态、民族文化	大理、临沧、普洱	提升祥云—临沧—宁洱的交通可达性，启动临沧、景谷、宁洱、云县等地旅游业
	德宏—西双版纳旅游轴线	边境风情、民族文化、亚热带风光	德宏、临沧、西双版纳	构建沿边旅游交通，启动镇康、耿马、沧源、澜沧、勐海等地旅游业
	玉溪—红河—文山旅游轴线	生态旅游、文化旅游	玉溪、红河、文山	深化元江—石屏高速公路建设，提升石屏、建水、富宁等地旅游发展水平，推动开远、个旧、砚山等地旅游业发展
	丽江—昭通旅游轴线	生态文化、长江旅游	丽江、昭通	建设丽江（迪庆）—四川攀枝花、西昌—昭通跨省旅游交通、金沙江沿江旅游交通，加快昭通旅游业发展，加强与成渝地区双城经济圈旅游合作
	曲靖—红河—文山旅游轴线	地质景观、民族文化	曲靖、红河、文山	提升公路可达性，提高曲靖、陆良、泸西、丘北、砚山、文山、麻栗坡等地的旅游业发展水平，强化越南客源市场开发
	保山—怒江—迪庆旅游轴线	国家公园、民族风情	保山、怒江、迪庆	提高腾冲—泸水—贡山—德钦公路等级，发展泸水、福贡、贡山等旅游节点

结合各旅游区之间的陆路通达性建设和各市（州）旅游发展水平，主要旅游轴线应该分近期和远期进行建设。

近期而言，应该重点构建大理—临沧—普洱旅游轴线和玉溪—红河旅游轴线，分别将滇西南同滇西、滇东南旅游板块结合，将省域内主要发达旅游地串联成网，初步形成云南省的轴辐式旅游空间结构。①应该将大理—临沧—普洱旅游轴线打通，首先在昆明、西双版纳、丽江—大理三大旅游极核之间形成陆空结合的旅游环线，形成云南省旅游发展的内圈环线，构成云南省旅游空间结构的骨干环路。②在滇东南方向，在打造丰富红河旅游业态的基础上，完善蒙自机场、蒙自高铁站的枢纽配套设施，推进与以越南为主的南亚和东南亚国家在文化旅游领域的交流与合作，打造"昆明—红河—沙巴—海防"和"昆明—红河—老街—河内"国际自驾游精品路线，推动中越车辆出入境申报手续互认，人员落地签或免签证，从而将滇东南与滇西南的旅游业串联、将云南与越南及东南亚的旅游线路整合。

远期而言，应该着力在东西南北四个方向打通旅游交通环线，推进旅游环线建设。①滇西南方向，在新建滇西沿边旅游交通的基础上，构建芒市—临沧—西双版纳旅游轴线，使得昆明—大理—德宏—西双版纳大旅游环线逐步确立，以特色旅游轴线推动沿边经济带的建设，形成带动全省，辐射沿边，对接东南亚、南亚的省内旅游大环线，促进旅游要素在省域内的相对均质性流动，促进滇西、滇西南、滇西北、滇中这些旅游业相对发达板块的一体化进程。②滇东方向，构建一条红河—文山—曲靖—昭通的旅游轴线，串联起丘北普者黑、罗平、陆良等旅游节点，带动滇东地区由旅游业"温点"向"热点"的发展。③规划建设丽江—攀枝花—昭通高速公路和铁路，建设穿越川南、联动四川的丽江、攀枝花、昭通的旅游轴线。④在腾冲—泸水—贡山—德钦—香格里拉交通环线建设的基础上，拉动怒江旅游的发展，构建滇西北旅游环线。

鉴于特殊的交通基础条件，云南有必要进一步推进省域航空环线，为省内旅游业串线成网、区域一体化奠定基础。稳定运营丽江—芒市、丽江—腾冲、大理—西双版纳等环飞航线，打造以西双版纳、丽江、"保腾芒"机场群为核心的次区域枢纽，推动云南省内旅游热点城市间环飞航线全覆盖、常态化、天天班。

9.3 拓展腹地、省内一体：加快省域边缘地区发展，促进省内旅游一体化发展

按照"点、线、面"有机结合的旅游空间组织体系这一建设目标，云南需要加快旅游业欠发达地区的发展，促进省域内旅游业高梯度地区的一体化进程，逐步缩小省域内的旅游空间差异，促进云南省旅游业在空间异质下的空间相对均衡。

9.3.1 促进中低梯度地区旅游业起步发展

应该强化昆明、西双版纳、丽江—大理等旅游极核对全省旅游业中低梯度地区的龙头带动作用，加快旅游中心地向中低梯度地区的旅游产业推移进程。在旅游温点地区和各级旅游中心地之间采取线状开发，在旅游冷门区域采取点状开发，培育小引爆点，在较短时间之内解决制约温点、冷点区域发展的问题，逐步加快旅游业后发地区的发展进程。在近期，逐步将滇东南、环昆明的滇中等旅游温点地区打造为旅游热点地区，缩小全省旅游业东部与西部之间的差异；并逐步培育外围冷点地区，在远期实现滇东北、滇西南、滇东南的旅游业低梯度地区的跨越式发展。

（1）就旅游温点地区而言，具有相当发展潜力的滇东南旅游区是旅游资源高度密集区，无论是在国外还是省内都已经有一定的知名度和相对稳定的细分市场，但仍然受到骨干旅游产品发育不足、旅游交通不便、核心竞争力不强、区域旅游空间要素不够紧凑等因素的制约。因此，需要通过政策引导，加强滇东南主要旅游产品的开发，尽快弥补机场与航线的不足，加强旅游产品的空间集聚及交通衔接，加强与昆明、越南等的旅游联系。文山州要坚持用好普者黑、麻栗坡老山、广南坝美、"三七之都"等旅游"王牌"，建设一批田园综合体，打造山水田园风光旅游目的地。

（2）玉溪、曲靖、楚雄等环昆明滇中地区所处区域虽然旅游资源品位和组合稍逊，但地方经济发达、交通便利且毗邻昆明这一旅游极核，近年来旅游业发展较有起色。一方面要依托昆明到滇西南、滇西北的两条省内主干旅游轴线，打造澄江古生物化石群、阳宗海旅游度假区、哀牢山、红河谷、通海国家历史文化名城、禄丰恐龙文化等新型产品，丰富沿线旅游产品供给与旅游要素配套，使玉溪、楚雄等成为省内旅游轴线的重要组成部分与新兴亮点；另一方面则要充分依托以昆明为主的滇中城市群本地旅游市场，加大休闲度假、康体健身、会议疗养等新型旅游产品的开发力度，使环昆明的滇中地区从昆明同滇西、滇西南之间的旅游发展"洼地"转变为云南省旅游业"二次创业"的"转型高地"，实现从旅游过境地向旅游目的地的转变。

（3）地处滇西北的怒江州旅游资源丰富，从 20 世纪末开始，云南省各级政府就希望启动该州旅游业发展，但由于长期受旅游交通可达性和薄弱的经济基础的制约，旅游业缺乏大规模客流的进入条件。该州地形复杂，地处三山两谷之间，没有水路运输和铁路运输的条件，高山峡谷的特殊地势特征也导致机场选址难度较大。怒江曾是一个没有机场、没有铁路、没有水运、没有高速公路的"四无"

地区，州府到外界的交通不便，州内的通县道路更差。在以习近平同志为核心的党中央领导下，怒江顺利完成脱贫攻坚任务。随着 2019 年底兰坪丰华通用机场的正式通航和怒江美丽公路①的建成通车、2020 年底保泸高速公路的通车，怒江旅游业升温提速的条件更加成熟。未来怒江依然是围绕补齐交通短板开展工作，推进怒江民用机场、贡山通用机场、保山至泸水铁路、澜沧江库区航运等建设，打通泸水至腾冲等骨干路网"断头路"，建设滇藏新通道（云南怒江泸水—福贡—贡山—西藏林芝察隅县—昌都市八宿县）、云龙至泸水高速公路，有序推进保山—怒江（片马）—密支那—加尔各答（孟中印缅通道）的境内及境外通道建设，加快形成"东连大理、南通保山、北进川藏、西出缅甸"通道体系；同时，怒江要积极开发独龙江、丙中洛、罗古箐、石月亮等景区，擦亮高黎贡山、怒江大峡谷、三江并流、傈僳族文化、片马边境旅游等特色旅游产品，完善泸水市、兰坪县、贡山县的旅游接待能力，改变有"景"无"点"的局面，建设世界级的高山峡谷旅游胜地。

（4）滇东北的昭通市山高谷深，经济基础相对落后，身处四川、贵州、云南三省接合部，是云南通向四川、贵州两省的门户和我国南方丝绸之路的要冲。其山水峡谷风光优美，历史文化资源厚重，同省内的主要旅游地资源具有较好的互补性，是全省旅游经济可持续、协调发展的重要组成。近年来，成贵高铁、渝昆高铁、叙毕铁路等铁路通车或即将通车，昭通机场航线不断增加，初步解决了昭通旅游的外部可进入性问题。未来应该加强滇东北的旅游产品建设、内部通达性建设和旅游基础设施建设，依托长征国家文化公园、南方丝绸之路、乌蒙山、金沙江等优势旅游资源，重点打造"大山包""昭通古城""小草坝""云上马楠""扎西红色旅游"等核心产品。先以省内市场和西南市场为抓手，依托长征国家文化公园、长江旅游带等跨省区旅游线路，将其打造为云南面向四川、贵州及全国的旅游门户，成为连接内陆的重要旅游发展通道，打造滇川黔渝区域旅游综合枢纽。

（5）滇西南的临沧、普洱地处低纬度地带，气候温和，森林覆盖率高，边境线漫长，是我国著名的茶马古道的缘起地和少数民族聚居区。但由于其基础设施建设、旅游产品建设、旅游形象推广都十分薄弱，曾长期是省内旅游业的低梯度地区。随着大临铁路提前建成通车、澜沧景迈机场、沧源佤山机场建成通航、临沧机场改扩建，临沧至普洱段铁路开工建设，本区域的交通瓶颈制约初步得到有效缓解。未来要依托昆明—临沧—缅甸国际大通道、昆曼国际大通道和泛亚铁路中线，紧紧依托西双版纳这一极核，大力改善区内航空、陆路、水路旅游交通，

---

① 怒江美丽公路是国道 G219 的重要组成路段，起于贡山县丙中洛镇，经贡山县、福贡县，止于泸水市城西，沿线有老虎跳、石月亮、怒江第一湾等自然景观。怒江美丽公路的建成通车，极大地提升了怒江州内连外通的快速运输能力，也为串联西藏及西部边境地区奠定了良好基础。

融入滇西与滇西南的旅游环线；发挥茶文化、佤族文化和边境风情的优势，推进景迈山古茶林文化景观申遗，加大国内旅游市场开发力度，构建澜沧江水域风光带、昆曼旅游带、边境风情走廊，把临沧和普洱打造成支持滇中、西双版纳旅游发展的腹地，以及辐射东南亚、南亚，连接两洋的旅游经济高地。

9.3.2 推动高梯度地区旅游业一体化融合

滇西、滇中、滇西南、滇西北地区是云南省旅游业较为发达的区域，这既为其率先实现旅游一体化提供了必要条件，也对其旅游一体化提出了更高的要求。因此，要以昆明旅游圈的建设为依托，推进滇中地区以昆明为核心的旅游一体化融合；以大理—丽江旅游圈建设为依托，推进滇西、滇西北地区以大理、丽江为中心的旅游一体化进程；以西双版纳旅游圈的建设为依托，加快以西双版纳为中心的滇南旅游一体化进程。接着通过区域间旅游低梯度地区的发展来带动这四大区域的逐步一体化，进而最终实现全省旅游业的一体化终极目标。为了推进滇中、滇西、滇西北、滇西南旅游一体化，应该首先以旅游经济最为发达的滇中、滇西北为先行示范，以旅游经济发达、旅游发展水平和规模相对均等的县（市、区）为重点进行"面状开发"，整合旅游产业结构、畅通旅游要素流动、推进无障碍旅游，依托主干旅游轴线形成分工明确、协作紧密的旅游连绵带，带动不同片区的旅游一体化。

以昆明为极核中心的滇中地区是云南省旅游发展基础最好、旅游交通条件最便利、旅游经济实力最强的地区；经济基础良好，滇中四城步入1小时城市圈范畴，区内自驾游等休闲度假旅游市场不断发展。在此基础上，应当促进旅游产业结构的优化升级和整合，继续保持区域旅游经济的中心地位，成为辐射和带动整个区域发展的核心。因此，将来要以昆明为中心，实现滇中其他城市旅游业的错位发展、一体发展和互补发展，从根本上改变滇中以昆明为主单打独斗的格局。以官渡区、石林县、澄江市、盘龙区、江川区、红塔区、安宁市等重点县（市、区）为重点，以环滇池旅游圈、环抚仙湖旅游圈为交叉逐步向外扩展，以良好的旅游基础设施、本地出游市场和休闲度假旅游产品集群为依托，推动滇中旅游一体化。

滇西北地区旅游业在21世纪的发展速度超出全省平均发展速度,围绕点、线、面交叉相连的区域旅游网络正在形成，还成立了多市州的旅游联席会议（王子新和明庆忠，2002），是云南省未来发展前景最好的区域之一，已具备了一定的一体化基础。因此，应该充分发挥其既有的旅游产业基础作用，擦亮三江并流等世界遗产旅游地产品。未来滇西北要以丽江—大理之间的一体化为主导，充分利用丽江—大理极核的旅游集散功能，依托大理—丽江—香格里拉的公铁交通通道，将旅游经济发达的大理市、宾川县、鹤庆县、古城区、玉龙县、香格里拉市等作为旅游连绵带进行发展，逐步构造大香格里拉旅游环线，实现滇西北地区的旅游业快速融合。

9.4 外展空间、跨界互动：因应中国—东盟合作，促进面向国内外的旅游融合

云南省旅游空间结构必须突破现有的行政区划与边疆区位的约束，构建面向境外与省外纵深的国际、国内旅游合作体系，成为中国同南亚、东南亚、印度洋、太平洋国家和地区旅游合作的重要跳板、通道与基地，增强云南旅游空间结构的外向型功能，拓展云南旅游的市场空间和资源空间，成为我国周边旅游经济带（圈）的先行区、示范区。

9.4.1 积极加强跨境旅游合作

早在"十三五"时期，云南就提出了建设国内一流、国际著名的旅游目的地和面向南亚与东南亚的旅游辐射中心的宏伟目标。

随着中国—东盟自由贸易区建设的深入推进，云南要逐步深化与东南亚、南亚、中东、非洲甚至地中海沿海等地区的区域旅游合作。积极发展同邻国的双边和多边友好关系，以昆明、西双版纳、丽江等国际航空口岸和主要边境口岸为依托，发挥西双版纳极核辐射中南半岛的区位优势，以中远距离的国际航线为骨干，逐步强化境外陆上国际大通道的对接。以中南半岛为主体，重点开展大湄公河次区域（明庆忠和白廷斌，1997）、云南与老泰越等国北部、孟中印缅地区等跨境旅游合作。在完成"中老泰缅湄公河上游河段（金四角）旅游区""香格里拉—腾冲—密支那（滇西—缅北）旅游区""元江—红河旅游区"三个跨国旅游区规划编制的基础上，完善政府、旅游企业和相关组织多元合作主体互动机制，联合开发旅游资源和开展旅游宣传促销，培育以澜沧江—湄公河水上跨境旅游线和昆曼公路旅游线为主的一批跨国精品旅游线路，打造西双版纳—万象—曼谷—吉隆坡—新加坡、河口—河内—金边—曼谷—新加坡、腾冲（瑞丽）—密支那—仰光等跨国

旅游轴线，作为未来云南跨境旅游合作向印度洋、太平洋等纵深地域扩展的基地，把跨境旅游产品打造成云南最有影响力的旅游产品之一。

在三大跨国旅游区范围内，重点建设西双版纳勐腊（磨憨）、德宏瑞丽、红河河口、保山腾冲、文山麻栗坡等五大边境旅游试验区，培育中国磨憨—老挝磨丁、中国麻栗坡—越南河江、中国瑞丽—缅甸木姐、中国河口—越南老街、中国腾冲—缅甸密支那等五个跨境旅游合作区，逐步构建国门文化旅游项目及沿边跨境文化旅游带，推进沿边旅游城镇及国家级口岸的基础设施和服务设施建设；加快推动中越、中老、中缅边境旅游的复苏与创新升级，加快恢复跨境组团游、自驾游，使边境口岸成为云南省境内客流、境外客流出入的重要通道。在昆明等口岸逐步增开直航欧美班机的同时，云南应该借助东亚合作的"10+3"机制，与泰国、新加坡、马来西亚等东南亚旅游发达国家的旅行业者合作，加强中泰、中新、中马等连线旅游产品的设计、整合与促销，真正实现从东南亚吸引欧美游客进入云南。

云南沿边旅游开放与合作的重要内容除了"引进来"，更要"走出去"，云南也成为中国旅游业"走出去"的前沿与排头兵。要鼓励成立一批外商独资、合资旅行社及分支机构，开拓国际客源市场；同时也要鼓励云南旅游企业到境外投资和设立分支，依托国家出境游的发展热潮、人民币国际化和国内旅游转型升级的长期趋势，开发整合境外旅游资源、旅游基础设施、旅游客源市场。因应数字化经济的热潮，在昆明建设中国旅游大数据中心，打造我国面向南亚与东南亚网络交易平台，提高云南对境内外旅游电子商务的辐射力。逐步形成以昆明、西双版纳等为极核，以境内的河口、勐腊、腾冲及境外的琅勃拉邦、密支那、河内等为主要支点的周边旅游经济带，打造西双版纳—琅勃拉邦（老挝）—万象（老挝）、西双版纳—蒲甘（缅甸）、河口—老街（越南）—河内（越南）、清水河—腊戌（缅甸）等一批跨境线路。为此，云南未来要与"一带一路"发展同步，培育打造澜沧江—湄公河、孟中印缅、滇老缅（中南半岛）、滇越等四大跨国旅游走廊和国际精品旅游线路，将云南旅游空间向中南半岛逐步扩展，远期还要依托昆明、丽江、西双版纳等国际口岸和邻国口岸，逐步将旅游线路覆盖到中南半岛以外的马来群岛、南亚、中东、非洲等区域，使云南真正成为中国旅游业面向印度洋、太平洋地区的窗口和通道。

9.4.2 逐步升华省际旅游合作

省际旅游合作不仅是云南省建设畅通国内外旅游大通道、成为中国西南旅游业国际交流和合作前沿的需要，也是推动云南省际边界地区和外围边缘地区旅游业摆脱低梯度状态的需要。根据目前云南省旅游业发展的态势和周边省区旅游发展的各方面条件，云南省的省际旅游合作应该以"中国香格里拉生态旅游区"合作和粤港澳大湾区旅游合作为重点，逐步加强滇黔桂"金沙江下游"旅游合作，逐步把滇西北、滇东和滇北地区发展为云南省面向内地的旅游前沿和出入口。

"中国香格里拉生态旅游区"较早就被列入《中国旅游业"十二五"发展规划纲要》重点旅游开发区，且事关藏区的发展与稳定。随着丽江—香格里拉高速公路、铁路的修建和丽江、迪庆机场的不断发展，滇西北地区已经成为大香格里拉生态旅游圈的重要门户和集散地。云南同西藏、四川、青海等省区共建大香格里拉生态旅游区，也是发挥丽江—大理极核的旅游辐射作用，带动滇西北地区旅游不断拓展的必然要求。在完成编制滇川藏青"中国香格里拉生态旅游区"规划的基础上，整合旅游资源，联合策划营销"茶马古道""泸沽湖""藏彝民族走廊"等一批跨省区旅游专线，在加速建设滇藏铁路的同时，加密丽江、迪庆同昌都、拉萨、成都、林芝等地的民航线路，推进滇藏公路新通道建设与公路升级串联，使滇西北旅游同西藏和四川的旅游线路实现对接、成环，推出旅游便利化措施，强化香格里拉生态旅游区整体形象，增强区域旅游品牌的吸引力。

粤港澳大湾区中的香港、澳门和广东等地经济发达，一直是云南省的重要旅游客源地和国际旅游交通门户。要逐步加强滇东南旅游业的发展，推进昆深高速铁路建设，依靠云桂客运专线、罗（村）富（宁）高速公路、南昆铁路、富宁港等主干交通线路，打通滇东南同泛珠三角地区的旅游通道。以富宁、文山、丘北、罗平等重要出入门户，借助沪粤港澳等较成熟的市场营销网络，联手开发客源市场。

"金沙江下游"地区包括昭通、楚雄、曲靖和四川、贵州两省的接合部，而四川和贵州人口众多，是云南重要的国内客源市场。未来云南要积极发展滇东北的旅游业，以昭通为突破口，构建同宜宾、毕节的三角形旅游圈，辐射成都、重庆和贵阳等周边旅游市场，并成为云南旅游的"北大门"；以丽江、楚雄为基地，加强同攀枝花的旅游合作，积极辐射成都等内地市场。通过加速本区域内部省际旅游交通干线建设，以"金沙江下游"旅游业的整体优势、规模扩张和崭新形象在国内外旅游市场中形成强劲的竞争力和吸引力。应积极开发向家坝、溪洛渡、白鹤滩等电站旅游、水上旅游、高峡平湖旅游产品，加强与四川、重庆等区域旅游合作，将滇东北打造成国内外知名的金沙江旅游带和连接川渝的旅游集散地。按照长征国家文化公园（云南段）建设要求，提升红军长征过云南沿线地区的长征文物遗址遗迹、纪念设施的保护修缮水平，推进威信扎西、寻甸柯渡、禄劝皎平渡、元谋龙街渡、丽江石鼓等红色文化区建设，使"重走长征路"红色旅游精品线路成为"金沙江下游"地区文化旅游业的金字招牌。

参 考 文 献

班若川. 2010-04-30. 支持旅游企业"走出去"提高国际竞争力. 中国旅游报.
保继刚, 楚义芳. 1999. 旅游地理学. 修订版. 北京: 高等教育出版社: 15-26.
卞显红. 2003. 城市旅游空间结构研究. 地理与地理信息科学, 19（1）: 105-108.
卞显红. 2008. 长江三角洲城市旅游空间结构形成机制. 上海: 格致出版社, 上海人民出版社: 12-32, 44-53.
卞显红, 沙润. 2007. 长江三角洲城市旅游空间相互作用研究. 地域研究与开发, 26（4）: 62-67.
蔡永海. 2006. 从"3S"到"3N"看旅游观念的环境伦理价值走向. 环境教育,（11）: 61.
曹芳东, 吴江, 徐敏, 等. 2010. 长江三角洲城市一日游的旅游经济空间联系测度与分析. 人文地理, 25（4）: 109-114.
曹诗图, 闫秦勤, 周宜君. 2006. 国际地缘政治环境变化与旅游业发展. 世界地理研究, 15（2）: 61-65.
陈才. 2001. 地缘关系与世界经济地理学科建设. 世界地理研究, 10（3）: 1-7.
陈鸿. 1990. 中国自然资源手册. 北京: 科学出版社.
陈秀琼, 黄福才. 2006. 中国入境旅游的区域差异特征分析. 地理学报, 61（12）: 1271-1280.
程必定. 1989. 区域经济学: 关于理论和政策问题的探讨. 合肥: 安徽人民出版社: 45-49.
程广中. 1999. 地缘战略论. 北京: 国防大学出版社: 13.
邓永进. 2009. 民族旅游研究. 天津: 南开大学出版社: 8-9.
杜能 J. 1986. 孤立国同农业和国民经济的关系. 吴衡康译. 北京: 商务印书馆: 35-42.
方铁. 2011. 历代治边与云南的地缘政治关系. 西南民族大学学报（人文社会科学版）, 32（9）: 5-20.
福尔曼 R, 戈德罗恩 M. 1990. 景观生态学. 肖笃宁, 张启德, 赵羿, 等译. 北京: 科学出版社: 59-60.
高永久, 崔晨涛. 2018. "一带一路"与边疆概念内涵的重塑: 兼论新时代边疆治理现代化建设. 中南民族大学学报（人文社会科学版）, 38（2）: 36-40.
龚永林. 1989. 在改革开放中发展的桂林旅游业. 社会科学探索,（6）: 46-50.
顾朝林, 甄峰, 张京祥. 2000. 集聚与扩散: 城市空间结构新论. 南京: 东南大学出版社: 163-192.
郭凡生, 朱建芝. 1985. 西部开发与"西部理论". 科学管理研究, 3（6）: 8-10.
郭荣星. 1993. 中国省级边界地区经济发展研究. 青岛: 海洋出版社: 25.
郭熙保. 1998. 发展经济学经典论著选. 北京: 中国经济出版社: 345-359.

国家测绘局地名研究所. 1995. 中国地名录：中华人民共和国地图集地名索引. 2版. 北京：中国地图出版社.

赫希曼 A. 1991. 经济发展战略. 曹征海，潘照东译. 北京：经济科学出版社：10-17.

黄华，付磊，明庆忠. 2010. 扩大内需战略下的本地居民旅游市场营销依据与对策. 社会科学家，（11）：90-93.

黄华，王洁. 2005. 国际大通道建设对云南旅游业的影响及对策. 云南地理环境研究，17（4）：62-65.

黄建山，冯宗宪. 2005. 我国产业经济重心演变路径及其影响因素分析. 地理与地理信息科学，21（5）：49-54.

黄俊杰. 2007. 边疆再定义. 新周刊，（15）：23.

科切托夫 Э. 2007. 世界跨文明和谐与地缘经济学范式. 上海财经大学学报，9（5）：3-10.

克里斯塔勒 W. 2010. 德国南部中心地原理. 常正文，王兴中译. 北京：商务印书馆.

孔强，刘继生. 1996. 东北亚地缘政治关系及区域经济合作前景. 人文地理，11（3）：50-53，49.

勒施 A. 2010. 经济空间秩序. 王守礼译. 北京：商务印书馆.

李柏文. 2009. 中国少数民族地区旅游业发展30年：业绩、经验及趋势. 广西大学学报（哲学社会科学版），31（6）：10-16.

李根蟠. 1993. 中国农业史上的"多元交汇"：关于中国传统农业特点的再思考. 中国经济史研究，（1）：1-20.

李昆伟. 2015. 民国时期（1911—1949）昆明旅游业探究. 旅游纵览（下半月），（14）：292-294，296.

李铁立. 2005. 边界效应与跨边界次区域经济合作研究. 北京：中国金融出版社：1-3.

李小建. 1999. 经济地理学. 北京：高等教育出版社：35.

李孝聪. 2004. 中国区域历史地理. 北京：北京大学出版社：5.

李志华. 1997. 中国民族地理. 上海：上海教育出版社：9-51.

林刚. 1996. 试论旅游地的中心结构：以桂东北地区为例. 经济地理，16（2）：105-109.

刘从德. 2010. 地缘政治学导论. 北京：中国人民大学出版社：7-8.

刘宏盈，马耀峰. 2008. 基于旅游流转移视角的云南入境旅游发展历程分析. 旅游学刊，23（7）：23-27.

刘君德. 1996. 中国行政区划的理论与实践. 上海：华东师范大学出版社：1-6.

刘君德，靳润成，周克瑜. 1999. 中国政区地理. 北京：科学出版社：45-60.

刘俊. 2003. 区域旅游目的地空间系统初探. 桂林旅游高等专科学校学报，（1）：42-45.

刘妙龙，孔爱莉，涂建华. 1995. 地缘政治学理论、方法与九十年代的地缘政治学. 人文地理，10（2）：6-12.

刘妙龙，孔爱莉，张伟. 1992. 对地缘政治学批判的再思考. 人文地理，7（3）：48-55.

刘妙龙，孔爱莉，张伟. 1994. 地缘政治历史、现状与中国的地缘战略. 地理研究，（3）：69-75.

刘雪莲，徐立恒. 2011. 当代地缘政治学研究的新视域与新动向. 山东社会科学，（1）：134-137.

刘再兴. 1996. 区域经济理论与方法. 北京：中国物价出版社：3-10.

刘再兴，郭凡生. 1985. 发展战略概述. 北京：《科学管理研究》编辑部，87：338.

卢云亭. 1988. 现代旅游地理学. 南京：江苏人民出版社：652-663.

陆大道. 2002. 关于"点-轴"空间结构系统的形成机理分析. 地理科学, 22（1）：1-6.
陆玉麒. 2002. 区域双核结构模式的形成机理. 地理学报, 57（1）：85-95.
罗圣荣, 李代霓. 2018.东南亚地缘环境变化与中国的应对. 东南亚纵横,（4）：21-29.
马大正. 2004. 关于当代中国边疆研究中的几个问题. 当代中国史研究, 11（4）：86-89, 127.
马歇尔 A. 1964. 经济学原理. 朱志泰译. 北京：商务印书馆：54-57.
马耀峰, 李永军. 2000. 中国入境旅游流的空间分析. 陕西师范大学学报（自然科学版）, 28（3）：121-124.
明庆忠, 白廷斌. 1997. 澜沧江—湄公河次区域旅游合作的基本设想. 旅游学刊, 12（6）：24-26, 56.
缪尔达尔 G. 2015. 亚洲的戏剧：南亚国家贫困问题研究. 方福前译. 上海：商务印书馆：88-98.
钮仲勋, 王守春, 谢天滔. 1991. 中国边疆地理. 北京：人民教育出版社：4.
帕杜洛 L, 阿比布 M A. 1986. 系统理论. 北京：科学出版社：88-89.
彭秀丽. 2006. 论落后地区的工业化道路与后发优势的发挥. 吉首大学学报（社会科学版）, 27（4）：108-111.
彭永岸, 等. 1998. 中缅边疆地区经济发展互补研究. 昆明：云南大学出版社：1-2, 110.
皮特 R. 2007. 现代地理学思想. 周尚意译. 北京：商务印书馆：4-6.
乔纲. 2018. "一带一路"背景下的"文化边疆". 湖北民族学院学报（哲学社会科学版）, 36（5）：120-124.
秦永红, 付乐. 2020. "一带一路"背景下中国边疆形象构建的历史基础与文化战略意义. 民族学刊, 11（3）：13-20, 125.
任佩. 2013. 民国时期广西旅游业的发展. 桂林：广西师范大学.
沈伟烈, 陆俊元, 李江平, 等. 2005. 地缘政治学概论. 北京：国防大学出版社：4.
史云贵, 冉连. 2016. "五大发展理念"视域中的边疆安全问题及治理创新. 学习与探索,（7）：56-63.
宋才发. 2021. 中国陆地边疆的价值性、基础性及基本特征. 石河子大学学报（哲学社会科学版）, 35（5）：44-55.
宋皞. 2022. 从 RCEP 签署分析东南亚地缘经济空间演化进程. 现代商贸工业, 43（13）：39-40.
苏晓波. 2020. 旅游停滞与中美地缘政治危机. 旅游学刊, 35（8）：13-15.
孙根年, 杨忍, 姚宏. 2008. 基于重心模型的中国入境旅游地域结构演变研究. 干旱区资源与环境, 22（7）：150-157.
汤建中, 张兵, 陈瑛. 2002. 边界效应与跨国界经济合作的地域模式：以东亚地区为例. 人文地理, 17（1）：8-12.
唐顺铁, 郭来喜. 1998. 旅游流体系研究. 旅游学刊, 13（3）：38-41.
陶岸君, 孙威. 2010. 中国—东盟自由贸易区的建立对我国区域发展格局的影响与对策. 经济地理, 30（5）：705-710.
田里, 杨懿, 李雪松. 2009. 建立昆明—大理"双核"旅游空间结构的构想. 旅游研究, 1（1）：50-53.
童绍玉, 陈永森. 2007. 云南坝子研究. 昆明：云南大学出版社：20-23.
汪宇明. 2002. 核心—边缘理论在区域旅游规划中的运用. 经济地理, 22（3）：372-375.
汪宇明, 吕帅. 2008. 长江流域 12 省区旅游形象绩效评估研究. 旅游科学, 22（1）：15-21.

王爱忠, 杜双燕, 王婷, 等. 2006. 昆明—西双版纳区域旅游"双核"结构模式研究. 国土与自然资源研究, (4): 81-82.
王丰龙, 刘云刚. 2011. 空间的生产研究综述与展望. 人文地理, 26 (2): 13-19, 30.
王世达. 2021. 南亚地缘博弈的新态势及中国的角色分析. 南亚东南亚研究, (3): 17-30, 152.
王先锋. 2003. "飞地"型城镇研究: 一个新的理论框架. 农业经济问题, 24 (12): 21-31, 80.
王小玉. 2007. "核心—边缘"理论的国内外研究述评. 湖北经济学院学报 (人文社会科学版), 4 (10): 41-42.
王筱春. 2002. 论云南旅游业发展的持续性. 思想战线, 28 (4): 49-52.
王燕祥, 张丽君. 2002. 西部边境城市发展模式研究. 大连: 东北财经大学出版社: 78-81, 288-300.
王垚. 2020. 中国边疆经济70年: 政策演变与发展挑战. 当代经济管理, 42 (3): 12-20.
王子新, 明庆忠. 2002. 滇西北旅游发展一体化建设浅析. 云南师范大学学报 (哲学社会科学版), 34 (3): 113-116.
韦伯 M. 1997. 工业区位论. 李刚剑, 等译. 北京: 商务印书馆: 64-69.
魏后凯. 1995. 区域经济发展的新格局. 昆明: 云南人民出版社: 36-50.
魏后凯. 2006. 现代区域经济学. 北京: 经济管理出版社: 28-30.
魏敏, 李国平. 2005. 基于区域经济差异的梯度推移粘性研究. 经济地理, 25 (1): 33-37, 48.
翁瑾, 杨开忠. 2005. 旅游空间结构的理论与应用. 北京: 新华出版社: 1-5.
吴必虎. 2001. 区域旅游规划原理. 北京: 中国旅游出版社: 71.
吴国清. 2010. 都市旅游目的地空间结构嬗变与优化. 北京: 中国旅游出版社: 65-67.
吴晋峰, 包浩生. 2002. 旅游系统的空间结构模式研究. 地理科学, 22 (1): 96-101.
吴巧红, 苏晓波. 2020. 中国旅游发展笔谈: 新冠肺炎疫情与全球旅游停滞. 旅游学刊, 35 (8): 1.
肖金成. 2004. 省域中心与边缘地区的经济发展差距: 一个长期被忽视的现象. 重庆工商大学学报 (西部论坛), (3): 22-26.
谢五届. 2009. 旅游轴—辐系统空间开发模式探讨. 经济研究导刊, (31): 157-159.
杨安华, 梁宏志. 2008. 旅游研究的政治学维度. 旅游学刊, 23 (1): 81-85.
杨忍, 孙根年, 吴晋峰, 等. 2008. 基于重心模型的国内旅游地域结构演变分析. 陕西师范大学学报 (自然科学版), 36 (6): 80-85.
杨新军. 1999. 区域旅游的空间结构研究. 北京: 北京大学.
于国政. 2005. 中国边境贸易地理. 2版. 北京: 中国商务出版社: 12.
于小秦, 张晓东. 2006. 边疆定义综述. 和田师范专科学校学报, 25 (3): 214-215.
余繁, 戴斌. 2010. 中国东盟旅游合作论坛文集. 昆明: 云南大学出版社: 65-81.
云南省地方志编纂委员会. 1996. 云南省志: 旅游志. 昆明: 云南人民出版社.
张凡, 薛惠锋. 2004. 西安城市旅游空间结构初探. 西北工业大学学报 (社会科学版), 24 (3): 9-12.
张广瑞, 刘德谦. 2009. 2009年中国旅游发展分析与预测. 北京: 社会科学文献出版社: 178.
张军妮. 2011-10-13. 中国地缘政治的战略重点应在亚洲. 中国社会科学报.
张玲. 2005. 旅游空间结构及演化模式研究. 桂林旅游高等专科学校学报, (6): 65-68.
张清敏. 2009. 六十年来新中国外交布局的发展: 对党代会政治报告的文本分析. 外文评论 (外文学院学报), (4): 32-42.

张善余. 2003. 中国人口地理. 北京：科学出版社：37-44.

赵安周，白凯，卫海燕. 2011. 中国入境旅游重心演变与省域空间分异规律. 陕西师范大学学报（自然科学版），39（4）：97-102.

中共中央，国务院. 2016. 关于全面振兴东北地区等老工业基地的若干意见. 中华人民共和国国务院公报，（13）：5-12.

中共中央，国务院. 2020. 关于新时代推进西部大开发形成新格局的指导意见. 中华人民共和国国务院公报，（15）：6-14.

周平. 2008. 我国边疆概念的历史演变. 云南行政学院学报，10（4）：86-91.

Butier R W. 1980. The concept of a tourist area cycle of evolution: implications for management of resources. Canadian Geographer,（24）：5-12.

Crawford D. 2008. Hub and spoke. ITS International: Advanced Technology for Traffic Management and Urban Mobility,（4）：14.

Dredge D. 1999. Destination place planning and design. Annals of Tourism Research, 26（4）：772-791.

Evans C L. 2003. The economic significance of national border effects. American Economic Review, 93（4）：1291-1312.

Foschi A D, Francesetti D C. 2001. The Impact of "Hub and Spokes" Port Networks on Transport Systems. SSRN Electronic Journal.

Friedman J R. 1966. Regional Development Policy: A Case-Study of Venezuela. Cambridge: Mass M.I.T. Press：36-39.

George J D, William B W. 1994. Reordering the World: Geopolitical Perspectives on the Twenty-First Century. Boulder: Westview Press：10-11.

Greenhut M L. 1956. Plant Location in Theory and in Practice: the Economics of Space. Chapel Hill: University of North Carolina Press：37.

Haggett P. 1965. Locational Analysis in Human Geography. London: Edward Arnold Ltd：33-40.

Hall C. 1999. Tourism and Politics: Policy, Power and Place. New York: Wiley.

Heimpold G. 2000. Consequences of an opening border for the regional policy in a border region-the case of the German border with Poland. Discussion Paper, No.25.

Hoover E M. 1963.The Location of Economic Activity. New York: McGraw-Hill.

Isard W. 1968. Location and Space-economy. Cambridge: MIT Press：5-11.

Jefferson M. 1939. The law of the primate city. Geographical Review, 29（2）：226.

Kenwick M, Simmons B. 2020. Pandemic response as border politics. International Organization, 74（S1）：1-23.

Krugman P, Elizondo R L. 1996. Trade policy and the third world metropolis. Journal of Development Economics, 49（1）：137-150.

Laine J. 2007. Incommodious border? Rethinking the function of the Finnish-Russian border. Fennia,（1）：49-62.

McCallum J. 1995. National borders matter: Canada-U.S. regional trade patterns. The American Economic Review, 85：615-623.

Niebuhr A, Stiller S. 2002. Integration effects in border regions—a survey of economic theory and empirical studies. Discussion Paper Series.

Pearce D G. 1995. Tourism Development: A Geographical Analysis. New York: Longman Press: 1-25.

Pearce D G. 1999. Tourism in paris studies at the microscale. Annals of Tourism Research, 26 (1): 77-97.

Perroux F. 1970. Note on the Concept of Growth Poles, in Regional Economics: Theory and Practice. New York: The Free Press: 93-104.

Prescott J R V. 1987. Political Frontiers and Boundaries. London: Allen & Unwin: 98.

Simmons B A. 2019. Border rules. International Studies Review, 21 (2): 256-283.

Smith S L J. 1984. A method for estimating the distance equivalence of international boundaries. Journal of Travel Research, 22 (3): 37-39.

Wang Z Y. 2004. Conceptualizing economic security and governance: China confronts globalization. The Pacific Review, 17 (4): 523-545.

Zhang Y. 2001. Tourism and Regional Imbalance in Yunnan (China). Canberra: University of Canberra Press.

后　　记

　　旅游地的演化、发展与优化是旅游地理学研究的主要内容之一。旅游地空间结构是旅游地的旅游业与国民经济、社会、文化不断发展、长期互相影响的结果，也是旅游地根据区域旅游资源、交通、经济、历史、区位、文化、政治、市场等因素的特点实施相应的区域旅游发展方针的结果。

　　本书是对陆域边疆省区旅游空间结构演进的理论与经验探索。边疆省区的旅游业发展战略必须考虑到其特殊空间区位特征和空间战略，遵循边疆省域空间规律的内在属性，研究边疆省区旅游空间结构，也因此需要具备区域观点和全球观点。边疆省区是一种特殊的行政区类型，旅游资源具有独特个性，由于历史的、自然的、政治的原因，边疆省区的经济基础相对薄弱，多远离祖国的政治、经济中心和国内外主要客源市场；边疆省区毗邻外国，具有与相邻国家强化旅游联系的区位优势。我国是世界上陆地邻国最多、边界线最长、边界情况最复杂的国家之一，这种情况在世界并不多见；同世界其他大国相比，中国的内陆边疆地区和周边地缘环境最为复杂，边疆地区经济、社会、文化呈现多元、发展不足的特征，绝大部分邻国是经济落后但又较为重视或依赖旅游业的发展中国家。人为划分的国界线，使得边疆省区所处区位具有特殊的意义和性质，其区域旅游空间结构不同于内陆腹地或沿海地区。我国全域旅游战略、共建"一带一路"倡议，为边疆省区旅游空间结构的协调、创新提供了良好机遇。

　　本书是在笔者华东师范大学博士学位论文基础上进行修改的结晶，也是三峡大学巴楚艺术发展研究中心资助的研究成果。感谢云南财经大学明庆忠教授为本书提供的研究方向和方法论指导。感谢三峡大学社会科学发展研究院、三峡大学发展规划与学科建设办公室、三峡大学经济与管理学院、三峡大学巴楚艺术发展研究中心对笔者的大力支持。感谢云南师范大学付磊师弟的协助，感谢周正、胡萌、杨玉娇、苏健康等研究生的出色助研工作。感谢科学出版社编辑的倾力帮助。

　　感谢妻子王洁的支持和对家庭的无私奉献。感谢黄翊云和黄鸿云，两个可爱的孩子带给笔者无限的温馨陪伴。